实用文体翻译

时宇娇 ◎ 著

知识产权出版社
全国百佳图书出版单位

图书在版编目（CIP）数据

实用文体翻译 / 时宇娇著 . —北京：知识产权出版社，2019.7
ISBN 978-7-5130-6324-1

Ⅰ. ①实… Ⅱ. ①时… Ⅲ. ①英语—文体—翻译—研究 Ⅳ. ①H315.9

中国版本图书馆 CIP 数据核字（2019）第 118347 号

内容提要

本书主要对法律、商标、影视、新闻四种实用文体的翻译难点进行研究和探讨，其中对于法律文体的翻译，侧重探讨其中法律术语和法律文本中模糊词语的翻译。对于商标文体，则主要探讨商标名翻译的基本原则和方法，并分析我国出口产品商标翻译中存在的主要问题，提出针对性的优化策略。对于影视文体，则主要以东西方文化差异以及归化和异化为视角探究电影片名的翻译原则和策略。对于新闻文体，则主要探讨英语新闻标题的特点以及英语新闻标题中修辞格的翻译。

责任编辑：彭小华　　　　　　　　　责任校对：王　岩
封面设计：韩建文　　　　　　　　　责任印制：孙婷婷

实用文体翻译
时宇娇　著

出版发行：	知识产权出版社 有限责任公司	网　　址：	http://www.ipph.cn
社　　址：	北京市海淀区气象路 50 号院	邮　　编：	100081
责编电话：	010-82000860 转 8115	责编邮箱：	huapxh@sina.com
发行电话：	010-82000860 转 8101/8102	发行传真：	010-82000893/82005070/82000270
印　　刷：	北京九州迅驰传媒文化有限公司	经　　销：	各大网上书店、新华书店及相关专业书店
开　　本：	720mm×1000mm 1/16	印　　张：	13.5
版　　次：	2019 年 7 月第 1 版	印　　次：	2019 年 10 月第 2 次印刷
字　　数：	253 千字	定　　价：	58.00 元
ISBN 978-7-5130-6324-1			

出版权专有　侵权必究
如有印装质量问题，本社负责调换。

前　言

本书研究实用文体的翻译，首先我们要了解文体的类型。按照不同的分类标准，文体可分为不同的类型。如果按照交际的目的来划分，文体可分为实用文体和文艺文体。文艺文体是指文学艺术文体，强调文学性及艺术审美性。而实用文体，顾名思义就是其具有实用性的特点，如法律文体、商标文体、影视文体、新闻文体等，而其文学性及艺术审美性相对较弱。这也就决定了实用文体的翻译主要强调传达原文的信息，以服务特定的现实目的，而不必过多地考虑文学审美方面的因素。当然在传达原文信息并实现特定功能的基础上，又能兼顾其艺术审美性则是实用文体翻译的更高境界和追求。

实用文体翻译与文艺文体翻译两者之间必然是有很大的区别。但要说具体的不同，目前没有绝对的统一的标准来衡量。最广为人知的翻译标准是清末严复提出的"信""达""雅"翻译三准则。严复是我国思想史上第一个比较系统地介绍西方近代思想的思想家，同时也是一位杰出的翻译家、翻译思想家。严复是中国翻译史上第一个明确提出翻译标准的人，开启了我国近代和现代翻译活动全面蓬勃发展的新时代。其提出的"译事三难"说为我国自成体系的翻译标准理论奠定了基石。

严复认为翻译的首要标准——"信"，即忠实可信。也就是强调翻译应当忠于原文、原话。这是对译者最重要、最基本、最起码的要求。严复所谓的"信"要求译者既不依葫芦画瓢地硬搬原文字句顺序，也不能使原文意思有所增减。由此可见，翻译最重要的目的就是将意思传达给不懂原文或者原话的读者或者听众。所谓"达"，即翻译应该顺达通畅。这要求译者在翻译时所用的词汇、短语及语法等都必须符合译入语的一般规范和语言习惯，否则就会出现中文西化、西文中化的毛病，使得翻译读起来佶屈聱牙，给人一种扭捏之感，令人极为不快。中外两种语言结构差异很大，如若按字面意思翻译必将晦涩难懂。对此我们要采取一定的翻译策略把意义理顺，即用译入语的表达方法去把源语所表达的意思顺畅地表达出来。所谓"雅"，就是要求翻译传神，给读者或者听众以美感。

可以说，"信"和"达"是实用文体翻译最需要达到的标准，而"雅"则是在"信""达"基础上的更高要求。而对于文艺文体的翻译而言，"雅"则是其翻译时最为重要的考量。但是，实用文体翻译与文艺文体翻译有一个共同的要求，就是两种语言转换时一定要注意中西文化差异。由于中西文化差异较为显著，尤其是具体事物代表的文化意象往往有明显差别[①]。因此，无论是实用文体的翻译，还是文艺文体的翻译，都需要注意文化意象的转化，倘若直译会使读者不明就里，甚至得到与原作原意完全相反的理解，如此就会造成翻译的错误和失败。

本书以学术研究的视角，根据作者的兴趣选择探讨实用文体中的法律文体、商标文体、影视文体、新闻文体的特点及翻译的原则和策略，重点研究以上四种实用文体中的术语、修辞以及所涉及的文化因素等翻译难点的翻译策略。作者在学术前辈有关实用文体翻译研究的基础上，力争在学术上有所创新，但水平有限，还请各位专家学者批评指正。

---

① 如狗在西方文化中代表忠诚、忠实、可靠，而中文中关于狗的文化意象大多含贬义，如走狗、狗东西、狗奴才、狼心狗肺等。还例如中国人喜欢红色，因为它表示喜庆、热闹、吉利，所以中国新娘子通常穿着大红色的衣服，喜帖、红包、婚房等都会用红色来装点，"红色"在汉语中含有极强的褒义色彩，"大红大紫"显示的是成功、富贵、喜庆和吉祥。与此相反，"red"（红色）却常常让西方人想起流血、战争、恐怖、愤怒、残暴和危险，含有较强的贬义。

目录
CONTENTS

1 法律文体的特征与翻译 ·· 1

  1.1 英美法律文本中专业术语的特征 ··· 3
      1.1.1 引言 ·· 3
      1.1.2 法律专业术语与其他专业术语共有的特征 ······················· 5
      1.1.3 法律专业术语特有的特征 ·· 8
      1.1.4 小结 ·· 13
  1.2 法律术语的英汉翻译策略 ··· 14
      1.2.1 引言 ·· 14
      1.2.2 广博深厚的法学专业知识 ·· 17
      1.2.3 在具体文本和语境中确定词义 ·· 22
      1.2.4 直译与意译相结合 ··· 24
      1.2.5 小结 ·· 27
  1.3 法律文本中模糊词语的翻译策略 ··· 27
      1.3.1 引言 ·· 27
      1.3.2 法律英语中模糊词语的翻译方法 ·· 29
      1.3.3 汉语法律文本中模糊词语的英译策略 ······························ 40
      1.3.4 小结 ·· 49

2 商标文体的翻译 ·· 51

  2.1 英文商标汉译的基本原则 ··· 52
      2.1.1 引言 ·· 52
      2.1.2 重视文化差异 ·· 53

         2.1.3　突出商品特色 ……………………………………………… 57
         2.1.4　力求简洁通俗 ……………………………………………… 61
         2.1.5　小结 ………………………………………………………… 63
　　2.2　翻译目的论指导下英文商标汉译方法 …………………………… 64
         2.2.1　翻译目的论 …………………………………………………… 64
         2.2.2　英文商标的翻译方法 ………………………………………… 67
         2.2.3　小结 ………………………………………………………… 77
　　2.3　我国出口产品商标英译的原则和方法 …………………………… 78
         2.3.1　引言 ………………………………………………………… 78
         2.3.2　我国出口产品商标英译的原则 ……………………………… 79
         2.3.3　我国出口产品商标英译的方法 ……………………………… 81
         2.3.4　小结 ………………………………………………………… 86
　　2.4　我国出口产品商标英译存在的问题及优化策略 ………………… 87
         2.4.1　我国出口产品商标英译存在的主要问题 …………………… 88
         2.4.2　优化我国出口产品商标英译的策略 ………………………… 97
         2.4.3　结语 ………………………………………………………… 104
　　2.5　以文化为视角论我国出口产品商标的英译策略 ………………… 105
         2.5.1　引言 ………………………………………………………… 105
         2.5.2　展示中国文化特色 …………………………………………… 107
         2.5.3　注意中西文化差异 …………………………………………… 109
         2.5.4　小结 ………………………………………………………… 115

3　影视文体的翻译 …………………………………………………… 117

　　3.1　英文电影片名汉译的原则和方法 ………………………………… 118
         3.1.1　英文电影片名汉译的原则 …………………………………… 119
         3.1.2　英文电影片名汉译的方法 …………………………………… 124
         3.1.3　小结 ………………………………………………………… 131
　　3.2　以东西方思维差异为视角论汉英电影片名互译 ………………… 132
         3.2.1　引言 ………………………………………………………… 132
         3.2.2　中西方思维方式的差异 ……………………………………… 134

  3.2.3 考虑中西方思维方式差异进行汉英电影片名互译 ……… 143
  3.2.4 小结 …………………………………………………… 145
 3.3 以归化与异化为视角论电影片名的翻译 ………………………… 146
  3.3.1 引言 …………………………………………………… 146
  3.3.2 归化与异化翻译法 …………………………………… 147
  3.3.3 归化法在电影片名翻译中的运用 …………………… 151
  3.3.4 异化法在电影片名翻译中的运用 …………………… 158
  3.3.5 归化和异化融合进行片名的翻译 …………………… 161

4　新闻文体的特征与翻译 ……………………………………………… **167**
 4.1 网络英语新闻标题的文体特点 ………………………………… 167
  4.1.1 引言 …………………………………………………… 167
  4.1.2 网络英语新闻标题的词汇特征 ……………………… 169
  4.1.3 网络英语新闻标题的句法特征 ……………………… 174
  4.1.4 网络英语新闻标题的修辞特征 ……………………… 178
  4.1.5 结语 …………………………………………………… 189
 4.2 英语新闻标题中的修辞格的翻译方法探析 …………………… 190
  4.2.1 引言 …………………………………………………… 190
  4.2.2 通过直译保留原文修辞格 …………………………… 192
  4.2.3 通过归化翻译再现原文修辞格 ……………………… 196
  4.2.4 舍弃原文修辞格进行归化翻译 ……………………… 200
  4.2.5 小结 …………………………………………………… 204

后　记 ……………………………………………………………………… **207**

1 法律文体的特征与翻译

2001年成功加入世贸组织将我国纳入国际一体化的大环境中,随着世界经济全球化和一体化的发展趋势,我国的法律也要与国际接轨,遵守国际惯例。由于目前我国法律制度还没有完全与国际接轨,为了更好地参与到国际社会的政治经济活动中去,我国开始加快了向发达国家学习的步伐。这就要求我们必须大量地翻译外国的法律、法规,以便于学习借鉴。同时,随着我国依法治国建设法治国家以及"一带一路"倡议的实施和推进,我国对外交往范围不断扩大,中国逐渐走向世界舞台中央,在国际事务中话语权越来越大,中国法制化进程加快,对外法律文化交流逐渐增多,我国每年也有大量的法律文献被译成外文。但是受法律翻译人员专业水平的限制,法律文件的翻译质量不容乐观。随着中外经贸、文化交流的发展,人们对法律翻译工作提出了越来越高的质量要求。然而,由于这方面的实践还缺乏系统的理论指导,许多翻译的质量并不尽如人意[①]。有些法律法规的翻译,并没有尽最大的可能体现出法律文体同其他文体的差异[②]。

法律术语是法律文体翻译的难点和重点。法律术语是用于表达法律概念,指称和反映法律领域特有的或与法律相关事务的现象和本质属性的法律行业专门用语。法律术语具有法定的语义,有法定的适用对象或支配对象,要求特定的语境,是代表性的法律语言核心词汇。每个行业都有代表本行业基本特点的专门术语,即使这些术语与社会通用语有一定的重叠。它们所表达的概念也不同了。法律术语所表达的概念限定在法律范围内,所指称或反映的现象和本质是从法律角度观察和理解的。法律术语用于特定的语境,因此,在应该使用法

[①] 樊一群. 法律术语翻译 [D]. 苏州大学硕士学位论文,2005.

[②] 随着全球化的发展,中国与西方国家的联系进一步加强,面对复杂的国际环境和日益激烈的商业竞争,必须充分了解各国的法律以避免产生不必要的法律纠纷,在此过程中法律翻译发挥着重要作用。但是法律语言与其他日常用语相比,有着巨大的差异。法律语言是指用于立法、司法以及其他法律专业领域的语言,具有权威性、精确性以及排他性等特点,因此法律文体的翻译必然不同于其他文体的翻译。

律术语的语境中随便改用其他语词，所表达内容的特点也将随之改变。法律术语的正确使用是法律严肃性和准确性的保证。法律术语代表完整的法律概念，这一法律概念是一系列元素经过长期的积累沉淀，经过演变、淘汰，最后凝缩而成。法律概念又是法律系统的基本组成部分，一个概念与其他概念之间存在有机的联系，它们相互依存，相互制约。因此，理解和使用法律术语必须以整个法律系统为参照系，以法律概念作为支持。

法律语言是具有特殊词汇的普通语言的功能变体，它形成和使用于一个国家的立法、司法以至执法的活动中。法律语言具有大量的专门术语，这些术语构成了法律语言区别于其他语言形式的显著特点。英汉法律语言和法律术语当然也具有这些特点。因此，在英汉法律文本的翻译中，法律术语的正确翻译决定了整个法律文本的翻译质量。然而，正确的法律术语翻译并非易事，它涉及许多因素，在翻译的过程中，译者不仅需要对源语言及目的语言具有纯熟的转换技能，而且需要对源语言的法律术语及目的语言的法律术语有足够的了解和把握。

法律术语的翻译是法律翻译的关键。术语翻译的准确性和规范性直接影响对西方法律的研究、涉外法律工作的开展以及法律语言自身的发展。国内对法律术语的研究主要是静止孤立地对比分析具体术语的翻译方法。有的论述主要集中于个别的具体术语的对比分析，通过追溯源语术语的词典意思，相关法律资料和文献来寻找其意义和用法，并提出对应的译文。这种研究方法的优点是从对比法学的角度寻找对等译文；而缺点是孤立地分析，而不去考虑系统语境：没有从语言学理论的高度分析法律术语翻译的问题。致使我们并不知晓其中的决策过程和方法。有的论者从翻译对等结合语义学的角度具体分析法律术语翻译中的不对等现象，提出不对等的分类和相应的翻译对策或方法。现有的法律翻译研究给我们提供了不少有益的启示，他们把注意力集中在语义和文本层次，在绝大多数情况下具有可操作性。然而，现有的关于英汉汉英法律术语翻译研究还没有从系统的、理论的高度来进行。没有把握法律术语的翻译的本质，没有把它放到现实的语境中去研究，更别提从译文接受者的角度分析问题了。从以上的分析可以看出，现有的研究不能给我们提供关于法律术语翻译的译者思维和决策过程的知识。因此，我们尚不能从学理上清楚了解法律术语翻译决策过程的全貌。为了提高法律翻译的质量，有必要在全面了解法律术语的特征的基础上深入探讨其翻译的方法和策略。

法律文体的难点除了法律术语之外，法律文体中模糊词语的翻译也是一个难点。模糊性是自然语言的固有属性，国内外已有许多专家学者对其进行过不少的研究。法律语言，即法律的外在表现形式，作为自然语言的一种同样摆脱不了自然语言模糊性的本质属性。既然模糊性是法律文本的客观属性，而法律文本与法律翻译以准确为准则，且规定性法律文本是执法机关和执法人员执法所依据的标准，更要求清晰明确，这对模糊与精确的矛盾体必然给法律工作者和法律翻译者带来不少困难[①]。故以下主要探讨法律文体中专业术语以及模糊词语的特征与翻译。

1.1 英美法律文本中专业术语的特征

1.1.1 引言

法律英语是普通法系国家以普通英语为基础，在立法和司法等活动中形成和使用的具有法律专业特点的语言。它作为一种规约性语言分支，逐渐拥有众多的具有法律专门意义的特殊词汇。法律英语与其他法律语言一样，有一系列专用术语，这些术语固化了相应的概念，更体现了其法律体系或体制的典型特征。法律英语术语作为英语法律语言词汇体系中的重要词汇，是法律英语中最重要的元素，因此法律翻译中术语的翻译就具有特别重要的意义。术语翻译的好坏、准确与否常常关系到翻译质量的好坏。

法律英语作为一门专业英语正受到越来越多研究人员的重视。然而，与其他专业英语相比，法律英语词汇量大，应用范围广，加之法律行业有其自身所特有的严肃性、规范性和历史继承性，使法律英语也显现出其独特的特点。正如有的学者所言："英语语言表达比较严谨，通常以一个主句为中心，由几个从句来加以限制和修饰，以准确表达其主题。我国一些法律翻译一般由从事外语工作的学者或法律学者来完成，其中对于法律语言的问题关注得不够，有的仅是照文字翻译，其法律用语非常不严谨，经常会使读者产生歧义；再有英语句法转化为汉语句法的问题，有的仅是将英文按照原来的语序加以翻译，丝毫不考虑汉语的句法问题，使人看后不知其所云。"[②]

随着社会和科技的发展，社会分工越来越精细。为了推动科技和学术的发展，提高交流的质量和效率，各行业或专业在长期的发展中，形成了本行业或专业内专门使用的用法固定、词义单一的专业术语。"在我国的语言研究领域

---

① 刘婷. 英语规定性法律文本中模糊词语的汉译研究 [D]. 江苏大学，2008.
② 肖宝华，孔凡英. 浅析法律语言 [J]. 南华大学学报（社会科学版），2005（1）.

里，术语学相关的研究非常匮乏，是迫切需要开发的一大研究课题。"①

专业术语是各行业为适应本行业的特殊需要而创造出来并长期使用的词语。法律术语使人很容易联想到行业语。专业术语是供某种行业或某个学科专门使用的词语，也叫行业语。专业术语的范围很广，它甚至包括各门科学的术语。人们借助于这些科学术语掌握有关的知识，推动学术的发展。专业术语或行业语是供某种行业专门使用的词语。例如，化学界的 chemical combination（化合），reduction（还原），decomposition（分解），organic compound（有机化合物）等。医学界 operation（手术），complication（并发症），clinical diagnosis（临床诊断）等；语言学科中的"morpheme（词素）"，"competence（语言能力）"，"langue（语言）"，"parole（言语）"等；电子计算机行业或学科中的"mouse（鼠标）"，"e-mail（电子邮件）"，"bus（总线）"，"memory（内存）"等。②

和其他行业或专业一样，法律专业也有自己专门使用的行业词语，即法律专业术语，例如：specific performance（强制执行），contempt of court（藐视法庭），plaintiff（原告），power of attorney（委托书），tort（侵权），reprieve（缓期执行），concurrent negligence（共同过失），burden of proof（举证责任），clause（条款），defendant（被告）等，它们不仅数量多，而且使用频繁，词义稳定，最具有法律语言的特征③。而这些法律专业术语的翻译又是法律翻译的一个极为关键的方面，所以正确了解这些法律术语的特点会对法律翻译产生很大的帮助。

阅读、理解和翻译英文法律文本最难的就是对其中专业术语的理解和翻译④。探讨和研究法律文本中专业术语的特征，有利于英文法律文本的准确理解和翻译。英美法律文本中专业术语越来越多，专业术语在文本中的比例越来越大。这些法律专业术语有其特定的含义，但这些专业术语，有的可能是只在法律文本中才出现的比较生僻的词语，如"ademption"（撤销遗赠）；而有的虽然是普通词语，但在法律文本中有其与普通文本中不同的含义，如"caveat"在普通文本中是警告、事先说明、附加说明的意思，而在法律文本中指"中止诉讼的申请"⑤。英美法律文本翻译中最难的就是法律专业术语的翻译，探讨英美法律文本中专业术语的特征，有利于法律专业术语的翻译以及整个英文法律文本的翻译。

---

① 梁波. 摄影文本的术语特点及英汉翻译 [J]. 中国科技翻译, 2017 (1).
② 江丹. 论法律术语的特征及翻译原则 [J]. 国际关系学院学报, 2005 (3).
③ 肖云枢. 英汉法律术语的特点、词源及英译 [J]. 中国翻译, 2001 (3).
④ 包克纪. 英汉法律术语的不对称性及其翻译策略 [J]. 中国科技翻译, 2011 (4).
⑤ 张法连. 英美法律术语汉译策略探究 [J]. 中国翻译, 2016 (2).

法律英语的专门术语是用来准确表达特有的法律概念的专门用语。法律术语为法学专业领域内的交流提供方便。法律专业术语具有与其他专业术语共有的特征，即普通词语专业化、新造的术语不断增加和术语词义的单义性等特征。此外，法律专业术语还具有与其他专业术语不同的特征，即对义性、文化性和模糊性等特有的特征。

1.1.2 法律专业术语与其他专业术语共有的特征

第一，普通词语专业化。

法律术语的来源有多种途径，有的从常用词汇转化而来，有的从古代的法律沿用至今，也有的是从外国法律文件中移植而来，还有的是在法律实践中创造出来的。一些词汇在现代语的许多文体中不再使用，但是在法律文体中，它们经过漫长的历史并没有随着社会的演进和法律的发展而改变，仍然保持其原有的含义。法律汉语的古体词例如"刑罚""自首"等主要是文言词语，这些文言词语所表示的事物经过历史的过程在现实社会中依然存在，它们作为人类的法律文化具有继承性[①]。但在许多领域，专业术语是由普通词语转化而来的。例如"在摄影术语中，许多词汇源于英语的普通词汇，在摄影领域内被赋予新的含义"[②]。法律术语也不例外，在英美法律文本中，有相当一部分法律术语是由普通词语演变而来的，也就是说将普通词语在法律的语境下被赋予特定的含义。这样形成的法律术语有两种情况，一种情况是在法律语境下的特定含义，与在普通文本中的含义有某种潜在的或隐隐约约的联系；另一种情况是在法律文本中的特定含义，与在普通文本中的含义没有任何联系，或者说从汉译的角度来看，看不出任何联系[③]。前一种情况，例如："circuit"，在普通文本中是指环形道、电路等，而在法律文本中指"巡回法庭"或"巡回审判"。再例如"challenge"，在普通文本中是指挑战、质疑等，而在法律文本中指"要求陪审员回避"；"bring"，在普通文本中是指带来、促使等，而在法律文本中指"提起诉讼"；"bond"，在普通文本中是指纽带、联系等，而在法律文本中指"契约"；offer 在普通文本中是"提供"的意思，而在法律文本中指"要约"。后一种情况，例如"brief"，在普通文本中是"简洁的""简明的"意思，而在法律文本中指"辩护状"。从汉译来看，"brief"在法律文本中的特定含义，与在普通文本中的含义之间看不出有任何联系。再例如，"caveat"，在普通文本中是

---

① 肖云枢. 英汉法律术语的特点、词源及翻译 [J]. 中国翻译，2001 (3).
② 梁波. 摄影文本的术语特点及英汉翻译 [J]. 中国科技翻译，2017 (1).
③ 包克纪. 英汉法律术语的不对等性及其翻译策略 [J]. 中国科技翻译，2011 (4).

警告、事先说明、附加说明的意思,而在法律文本中指"中止诉讼的申请";"lie"在普通文本中是说谎、谎言等意义,而在法律文本中指"可立案""可受理"①。

第二,新造的术语不断增加。

法律来源于社会又服务于社会,随着社会的发展,特别是科技的进步,出现了许多新生事物,于是产生了许多新词语,这些词语在法律文本中频繁出现,约定俗成而变成法律专业术语。②

例如:"Policeman asked she to breathe into the breathalyzer"(警察要求她对呼吸测醉机吹气)中,"breathalyzer"(呼吸测醉机)——"a chemical test of a person's breath to determine whether he or she is intoxicated, usually when he or she is suspected of drunken driving"③(通常如果一个人被怀疑有酒驾的时候,对一个人的呼出来的气体进行化学检测以决定其开车前是否喝酒)是新出现的术语。"breathalyzer"是随着科技的发展,发明了通过呼气就可以立即测试出体内酒精含量的机器后,新造的一个法律专业术语。

再例如,"polygraph"(测谎仪)——"a machine designed to detect and record changes in physiological characteristics, such as a person's pulse and breathing rates and used esp. as a lie detector"④(一个被涉及用于测定和记录某人的心理特征如脉搏、呼吸频率等相关指数的变化作为判定其是否说谎的仪器)就是随着法学和心理学交叉学科的发展,以及科技的进步发明了被设计用来检测和记录,诸如脉搏和呼吸频率等生理特征的变化用来测谎的仪器之后,新造的一个法律专业术语。

此外,为了提高法律语言表达的效率,新造的词语中有许多缩略词语,这些缩略词语在法律文本中频繁出现,而成为法律界人士所认可的约定俗成的法律专业术语⑤。例如,DUI——driving under the influence (of alcohol or drugs) 酒驾或毒驾;JP——justice of the peace 治安法官;CPS——children's protective services 儿童保护中心;AG——attorney general 首席检察官;DA——district attorney 地方检察官;NG——non-guilty 无罪判定;ADR——alternative dispute resolution 非诉讼程序;QC——queen's counsel 英国王室法律顾问等⑥。

---

① 张法连. 英美法律术语双解 [M]. 北京:北京大学出版社,2016.
② 肖云枢. 英汉法律术语的特点、词源及翻译 [J]. 中国翻译,2001 (3).
③ 张法连. 英美法律术语双解 [M]. 北京:北京大学出版社,2016.
④ 张法连. 英美法律术语双解 [M]. 北京:北京大学出版社,2016.
⑤ 江丹. 论法律术语的特征及翻译原则 [J]. 国际关系学院学报,2005 (3).
⑥ 张法连. 英美法律术语双解 [M]. 北京:北京大学出版社,2016.

第三，术语词义的单义性。

所谓术语词义的单义性，是指"术语的词义必须单一而固定，任何人在任何情况下必须对其有同一的解释"①。在一个学科领域内，一个术语只表达一个概念，同一个概念只用同一个术语来表达。这就是说，一切专业术语最突出的特点是词义单一而固定。在这一点上，法律术语也是一样的。法律专业术语词义单一性特点是为了保证法律语言的准确性。虽然所有专业或行业的语言都要求准确性，但法律语言的准确性显得更加重要。法律语言的准确性是毋庸置疑的，这既是立法的基本要求，也是法律条文得以实施的前提，法律语言非常强调准确性。法律术语最突出的特点是词义单一而固定，每个专业术语所表示的都是一个特定的法律概念，在使用时其他任何词语都不能代替。法律英语的每一个专业词汇都有自己特定的法律含义，绝对不能随意更改，绝非普通意义的词汇所能代替。②

一个词可能有多种意思，但作为专业术语，只能作特定理解。因此，在具体运用过程中，任何人在任何情况下对同一术语都必须对其有同一的解释。换句话说，在任何一个专业领域，一个专业术语只能表达一个意思，不得有两个或两个以上的解释③。对于法律术语而言，一个法律专业术语所表达的都是某个特定的法律概念。因此法律术语的词义必须单一而固定。专业术语的单义性有利于同行之间的交流。如果一个专业术语有多个义项，那么在相互交流时就要揣摩这个术语在该语境中是什么意思，如此就产生了交流的障碍，降低了交流的效率，甚或会产生误解导致严重的后果，不利于专业的发展和科技的进步④。因此，一般而言，专业术语都共有单义性这个特征，法律术语也不例外。由于法律涉及公民和法人的权利和义务，与当事人的利益攸关，因此要求严谨，不允许有歧义，这说明法律术语的单义性比其他专业术语的单义性显得更加重要。

法律术语的单义性主要表现在两个方面。一方面，某些词汇在英美文化背景下或者说在普通文本中可能有多个义项，但一旦变成法律专业术语，那么只能取一个义项作为该术语的唯一的解释⑤。例如，在英语中 acquit 有（1）宣判无罪，（2）除去责任或义务，（3）履行，（4）付清等义项，而在法律术语中只能取义项（1）。再例如，adoption 一词有两个义项：（1）采用，（2）收养，而

---

① 江丹. 论法律术语的特征及翻译原则 [J]. 国际关系学院学报，2005（3）.
② 肖云枢. 英汉法律术语的特点、词源及翻译 [J]. 中国翻译，2001（3）.
③ 张法连. 英美法律术语汉译策略探究 [J]. 中国翻译，2016（2）.
④ 穆可娟. 法律英语汉译中的术语不可译及其处置 [J]. 外语学刊，2015（3）.
⑤ 陈炯. 论法律术语的规范化 [J]. 广东外语外贸大学学报，2004（1）.

在法律术语中只能取义项（2）。"suit"有诉讼、恳求、套装、西装、适合等多个意思，但是在法律文本中，只能翻译成"诉讼"。"同居"可以指：1. 若干人同住一起；2. 夫妻共同生活；3. 男女双方没有办理结婚登记手续而共同生活。但当作为法律术语时，只能使用第3个义项。① 另一方面，法律术语的单义性还要求对于法律术语不得用其他的近义词来替换。例如，"谋杀未遂"正确的翻译应该是"uncompleted murder"，而不是"failure in murder"。contemnor在法律文本中指"藐视法庭者"或者是"涉嫌构成藐视法庭罪的嫌疑人"，而其他的近义词如 despiser 则没有这个意思。negligence 在法律文本中指"过失"，而其他的近义词如 mistake 则没有这个意思。ademption 在法律文本中指"撤销遗赠"，而不能用其他词汇来代替。"Crime of passion"在法律文本中指"激情犯罪"，词汇"passion"的近义词有很多的，但"Crime of passion"不得用"passion"的近义词如"emotion"来代替。②

1.1.3 法律专业术语特有的特征

法律专业术语特有的特征有：对义性、文化特性和模糊性。

第一，法律术语的对义性。

所谓法律术语的对义性是指"词语的意义互相矛盾、互相对立，即词语所表示的概念在逻辑上具有一种矛盾和对立的关系"③。在民族共同语中"一般"与"特殊"，"上面"与"下面"等这类意义相反或对应的词，属于反义词范畴。在法律语言中，我们称为对义词。因为法律工作必须借助一组表示矛盾、对立的事物或表示对立的法律行为的词语来表示各种互相对立的法律关系。在法律术语中，这一点英语和汉语具有一致性。例如：legatee（遗产受赠人）——legator（遗赠者）；offeror（要约人）——offeree（受要约人）；plaintiff（原告）——defendant（被告）；appellee（被上诉人）——appellant（上诉人）；guardian（监护人）——ward（被监护人）；lessor（出租人）——lessee（承租人）；obligee（债权人）——obligor（债务人）；donor（赠与人）——donee（受赠人）；vendee（买方）——vendor（卖方）；right（权利）——obligation（义务）；ancester（被继承人）——successor（继承人）；misdemeanor（轻罪）——felony（重罪）；misdemeanant（轻罪犯）——felon（重罪犯）；

---

① 张法连. 英美法律术语汉译策略探究［J］. 中国翻译，2016（2）.
② 张法连. 英美法律术语双解［M］. 北京：北京大学出版社，2016.
③ 肖云枢. 英汉法律术语的特点、词源及翻译［J］. 中国翻译，2001（3）.

principal（主犯）—accessorial criminal（从犯）等。①

如果说法律术语的其他特征，也可能是其他专业术语共有的特征的话，那么"术语的对义性"则是法律专业术语特有的特征②。法律专业术语这类对义现象是由法律工作本身的性质所赋予的。因为法律工作的对象往往是利害关系互相对立的两个方面：如刑事案件中的行为人和受害人；民事案件中的原告和被告；经济合同中的买方和卖方等，还因为法律案件往往要涉及相互对立的双方的利益冲突，因此，有相当一部分法律术语呈现出一一对应的关系。这就决定了法律专业术语不可避免地存在大量的对义词。③

第二，法律术语的文化特性。

从语言学的角度来说，法律英语是具有特殊词汇的普通英语的功能变体，它形成和使用于普通法国家的立法与司法活动中。法律英语如同其他法律语言一样有一系列专门术语，其密度之大、数量之多，形成了法律领域的显著特点。因此，法律术语的正确翻译决定了整个法律文本的翻译质量。然而，正确的法律术语翻译并非易事，它涉及许多因素，其中最重要的是源语和译入语中的文化因素④。

法律翻译历史悠久，是不同国家间法律交流的重要媒介。全球化使其影响和作用在多语种时代与日俱增。我国目前法律翻译内容繁多、数量庞大、质量良莠不齐，探究法律翻译理论与实践对指导法律翻译工作有一定现实意义。严谨准确是法律翻译最大特点，这要求译者的翻译既符合目标语法律语言特点又保留源语文本内涵和文化蕴意⑤。法律术语是法律语言的基本单位，其翻译是否得当直接影响法律翻译质量。法律语言是文化的产物，深受特定法律体系的政治、社会、历史、习俗等各种文化影响。不同法系的一些法律术语因文化差异无法完全对等，需译者根据实际、运用相应翻译方法、译出法律术语的恰当意义。

法律语言与法律文化密切相关，法律术语作为法律语言重要的词汇成员，承载着丰富的文化信息⑥。每一种法律制度都有其自身的知识结构和概念体系，它们是不同国家的文化习俗、政治经济和社会历史的产物。而国家法律制度中

---

① 张法连. 英美法律术语双解 [M]. 北京：北京大学出版社，2016.
② 陈炯. 论法律术语的规范化 [J]. 广东外语外贸大学学报，2004（1）.
③ 穆可娟. 法律英语汉译中的术语不可译及其处置 [J]. 外语学刊，2015（3）.
④ 文传淑. 法律英语术语的跨文化翻译 [D]. 西南政法大学，2009.
⑤ 萨尔切维奇的"法律翻译中术语不对等理论"分析比较源语与目标语法律术语是否对等，总结出完全对等、部分对等和完全不对等三种情况。依据该理论，可适情况选择几种常用法律术语翻译方法，以弥补文化差异造成的翻译空缺。
⑥ 文传淑. 法律英语术语的跨文化翻译 [D]. 西南政法大学，2009.

特有的事物、行为、关系和程序都是由法律术语表达出来的。法律术语的意义不仅受特定语言的制约，也受其国家法律文化体系的制约。因此法律术语翻译是一种双语研究，同时它又涉及两个重要方面：一个是语言，一个是文化。法律文化差异包括社会制度的差异、法律体系的差异、法律文化传统的差异、文化心理的差异、法律思维的差异等。法律文化在一定程度上体现在法律术语上。英语和汉语中的法律术语都有其特定的法律上的意义。为了遵循法律语言的正式性与庄严性，达到法律上的效果对等，译者应尽量寻求原文本与目标文本对等或接近对等的正式用语，然而法律文化差异的存在产生了众多不对等现象。如译者研究法律术语翻译而不顾及法律文化差异，只从字面理解其意义就会造成歧义或引起误解。①

对于法律英语这类专业英语的翻译，理解其出处国家法律文化的重要性已不言而喻。在西方文化中存在的某些法律英语搭配对于中国人来说是相当陌生的②。例如，美国少年司法政策上有"Three Strikes Out"，此语出自美国垒球赛的规则，指的是击球手，三击不中即被罚出局。美国人喜欢垒球，顺口借来，意指事不过三，过则重罚，因此次司法政策是指对有三次违法记录的少年送成年法庭审判。因此，在法律英语英汉互译的时候要注意不同文化间的差异。如上文提及的垒球比赛现象引申到美国司法文化中，在将英文法律翻译成中文文本的时候就应对此司法文化有所了解，不可望文生义。

正如前文所述，英美法律文本中的法律术语具有明显的英美法系国家特有的文化特质。例如，"juror"——a member of jury，指"陪审员"。而"juror"与我们国家的"陪审员"的含义不同③。在英美法系国家中，陪审员是陪审团

---

① 李森. 法律文化差异影响下的英汉法律术语翻译策略 [D]. 西南政法大学, 2011.
② 文传淑. 法律英语术语的跨文化翻译 [D]. 西南政法大学, 2009.
③ 中国和英语国家的法律体系有着不同的渊源；两种法律体系中法官的权限有着很大的差异；法律结构和诉讼程序上也存在较大的差异。因此，在翻译法律术语时，译者面对的难题是如何翻译一些有着类似含义的法律术语。例如"juror"（陪审员）的翻译。由于英汉两种法律语言之间缺乏完全对等结构，法律术语翻译很难达到精确。这种对等结构的缺乏包括两大方面：一是源语中的术语在译语中根本没有或很难找到对等的表达方式，另一是两种语言中表面上对等的结构在意义上有细微而不易发觉的差别。造成这种对等结构缺乏的语言学和非语言学原因有多种，包括法律体系的差异、社会文化的差异等等。这些差异导致法律术语在许多情况下难以准确翻译，语义丢失也随之不可避免。而法律术语翻译讲求精确。对等结构的缺乏和高精度的要求，构成了一对矛盾。法律术语翻译必须充分考虑不同的法律文化语境。法律文化语境包含诸多方面，但最基本的有法系、法律部门和法律解释的价值取向等。法律文化冲突常常表现为：术语代表的概念或制度在另一文化中无对等语；术语语言表层相同或者相似，而概念内涵相异或者相反。应对冲突的策略是：语言表层相似但内涵不同的，可以创造新词或者"套用"加注释；找不到对等语的，需要剥离概念核心内涵，再在译入语中进行创造性表达，并确保两种文本的读者反应相同或相似。

的成员之一,他们是从普通公民中随机选取的,他们只能对案件事实部分进行判断并投票表决。如在故意杀人案件的审理中,陪审员参与案件的审理过程,根据控辩双方的法庭辩论,陪审员根据自己的生活经验对被告是否杀人进行判断并投票表决,但由于这些陪审员没有法律专业知识背景,不能对如何适用法律等有关法律问题作出判断和决定。如果陪审团一致认为被告构成故意杀人罪,则有关适用法律的问题由法官作出判断和决定。而我国的"陪审员"一般都是法学教师或其他有法律专业背景的人,在庭审中,他们不仅参与对事实问题的判断,而且也参与对如何适用法律的问题进行讨论和决定。①

再例如 "natural law" 自然法,是来源于古希腊思想家们哲学思维的创造。他们认为在国家制定的法律之上还存在着一种根源于人类理性的法。自然法思想在近代得以复兴,成为英美等西方国家政治法律制度的基础。显然,"natural law" 这个法律术语具有典型的文化特质②。因此作为沟通不同法系研究的重要桥梁,法律英语这类极具专业特性的英语翻译,要求翻译者不仅熟练英语这一领域,还需要能了解所翻译行业的特殊背景文化,对于不同法系、不同国家法律制度差异能有所掌握,在英汉互译中才能准确表述,真正把握法律含义。③

由于一种法律文化系统的法律概念和事实可能或部分等同于另一种法律文化系统的法律概念和事实;同时,有些法律术语在两个不同的法律文化系统中所蕴含的概念可能类似但可能给读者造成误导,他们可能会认为这些术语在两个系统中包含一样的概念。如果翻译未能发现这微小的差异,其就很可能在目标语中找到错误的对等词。为了能够确定这微小的差异,有时要求提供相关的解释性脚注或尾注以提醒目标语读者,否则将会出现文化缺损④现象。

第三,法律术语的模糊性。

在人类语言中,模糊语言的存在是一种普遍现象。作为国家权力的载体,法律历来以严谨、准确和庄重的形象规范和协调公民的行为和社会活动。一般而言,法律语言要尽量避免含糊其辞,但是这并不意味着立法文本中只有精确语言,没有模糊语言。立法文本中同样存在模糊语言。立法文本中模糊语言的

---

① 张法连. 英美法律术语汉译策略探究 [J]. 中国翻译, 2016 (2).
② 江丹. 论法律术语的特征及翻译原则 [J]. 国际关系学院学报, 2005 (3).
③ 文传淑. 法律英语术语的跨文化翻译 [D]. 西南政法大学, 2009.
④ 所谓文化缺省是指作者在与其意向读者交流时,相关文化背景知识的省略。法律文化是使用法律语言作为表达方式的群体所特有的方式和现象。法律术语翻译不是一种代码转换的简单工作;由于其受法律文化传统和民族特性所影响,不同国家的法律术语并不简单等同。法律术语的翻译要能够超越语言的表面形式兼顾文化和语用内涵而实现功能对等。因此,译者需要提供相关的解释性脚注或尾注以提醒目标语读者相关法律术语背后的文化背景。

成因涉及语言、法律以及哲学等诸多方面,同时模糊语言在法律语境中发挥着各种各样的作用。①

虽然法律语言强调准确性,在现实中,法律语言总是存在相对的模糊性。有限的法律规范是不可能穷尽所有的社会现象和关系的,同时,在法律活动中,由于人们的概念、认知背景、推理方法和对语言的使用和理解的不同,都会导致法律语言的模糊性,以此来使立法和法律的适用留有一定的余地。因此有些法律词汇只能在一定的前提条件下才能适用。而离开特定的语境和条件,就会产生模糊性②。因为法律来源于社会,而社会在不断地发展和变化。同时法律针对的是一般的情况所作的抽象的规定,而法官处理的案件却是具体的、复杂的。为了使法律具有一定的弹性、普遍性、适应性和相对稳定性,法律文本中有许多概括性和模糊性的术语或表达,以便给执法者和司法者留下自由裁量的空间,作出公正合理的具有最佳社会效果的裁定或判决。③

例如: "negligence"(过失)——failure to exercise the degree of care that a reasonable person would exercise under the same circumstances(一个人没有尽到一个理性的正常的人在同样的情况下应该尽到的注意的程度)④。"negligence"(过失)是一个模糊词语,需要法官根据具体案件的具体情况来判断当事人是否有过失。

再例如,"due care"(合理的注意义务)——"a concept used in tort law to indicate the standard of care or the legal duty one owes to others"(在侵权法中表示某人对其他人应该尽到的注意义务的概念)⑤。如果在一个侵权案件中,法官认为被告没有尽到合理的注意义务(due care)就要判决被告承担侵权责任。反之,则被告不须承担侵权责任。而"due care"是一个意义模糊的法律术语,由法官根据案件的具体情况来判断或判决被告是否尽到合理的注意义务(due care),也就是由法官自由心证,行使自由裁量权。

"Crime of passion"(激情犯罪)——"a crime committed under the influence of sudden or extreme passion. For instance, a man's attack on another person with an axe after the person insulted the attacker's wife might be considered a crime."⑥("激情犯罪"是指在绝望、暴怒等剧烈情绪状态下实施的犯罪行为。)"激情犯罪"

---

① 伍秀芳. 功能翻译理论视阈下中国法律法规中模糊语言的英译研究[D]. 山东大学, 2016.
② 张法连. 英美法律术语汉译策略探究[J]. 中国翻译, 2016 (2).
③ 刘蔚铭. 法律语言的模糊性:性质与成因分析[J]. 西安外国语大学学报, 2003 (2).
④ 张法连. 英美法律术语双解[M]. 北京:北京大学出版社, 2016.
⑤ 张法连. 英美法律术语双解[M]. 北京:北京大学出版社, 2016.
⑥ 张法连. 英美法律术语双解[M]. 北京:北京大学出版社, 2016. 74.

往往比"蓄意犯罪"在同等犯罪后果的情况下从轻处罚。"激情犯罪"的犯罪人缺乏明显的犯罪预谋，是在强烈的情绪冲动支配下迅速爆发的犯罪行为。犯罪人缺乏自制力，不能正确地评价自己行为的法律后果。激情犯罪的破坏性大，容易造成严重的危害后果，而且难以预防。"激情犯罪"的意义是模糊的。一个具体的犯罪案件是否能够界定为"激情犯罪"案件，不同的法官由于对"激情犯罪"的理解和认知不同，或者生活经验不同，可能会有不同的判断和结论。

"reasonable suspicion"（合理怀疑）——"level of suspicion required to justify law enforcement investigation, but not arrest or search."[①] "reasonable suspicion"（合理怀疑）——最典型的警察行为，是盘查犯罪嫌疑人的一个重要条件。而"reasonable suspicion"也是一个意义模糊的法律术语，在什么情况下达到合理怀疑的程度，由警察根据当时当地的社会治安情况，行使自由裁量权来决定。

"preponderance of evidence"（优势证据）——"greater weight of evidence, or evidence which is more creditable and convincing to the mind, not necessarily the greater number of witnesses."[②] "preponderance of evidence"（优势证据）是法律文本中常见的术语，但其意义是模糊的。"优势证据"规则是在民事诉讼中，双方当事人及其律师在法庭就案件事实即证据进行举证和法庭辩论之后，由法官进行判断原告和被告哪一方证据显示某一待证事实存在的可能性明显大于其不存在的可能性，并判定"优势证据"一方胜诉。显然，"preponderance of evidence"（优势证据）也是个模糊词语，因为到底原告和被告哪一方证据占优势，占多大的优势才能认为其占优势，是不确定的、模糊的，由法官根据社会生活经验自由心证。

1.1.4 小结

在语言表述方面，由于法律文体明显区别于其他文体，法律文本的语言表述必须表现其特殊性，这就要求译者认真研究法律术语的语言特征，在翻译实践的过程中采用有效的方法提高翻译质量。阅读、研究和翻译英美法律文本最难的就是对其中法律专业术语的理解和翻译。本书探讨了英美法律文本中专业术语的特征，本书认为法律专业术语有与其他专业术语一样具有的三个特征，即普通词语专业化、新造的术语不断增加、专业术语的单义性。

---

① 张法连. 英美法律术语双解 [M]. 北京：北京大学出版社，2016. 250.
② 张法连. 英美法律术语双解 [M]. 北京：北京大学出版社，2016. 230.

此外，法律专业术语还有其特有的特征，即法律术语的对义性、法律术语的文化特性、法律术语的模糊性。探讨和研究英美法律文本中专业术语的特征，有利于对英美法律文本的准确理解和翻译。作为法律翻译实践的重要组成部分，法律术语的翻译必须考虑到在语言风格、法律制度、法律文化的框架下形成的差异，寻求搭建这些差异的桥梁和通道，使译文最大限度地准确传递原法律文本的信息。

1.2　法律术语的英汉翻译策略

1.2.1　引言

随着中国快速的经济增长和国际地位不断上升，我国大量的法律文件已被翻译成外文。同时，为了更顺利地在国际社会中参与政治、经济活动，我们已经加快了向国外学习的步伐。我们不可避免地要学习别国的立法经验，尤其是英语国家的立法经验，这要求对其相关法律文件进行翻译。由于法律术语包含在这些法律材料中，那么在进行法律翻译时也会涉及对法律术语的翻译。由于法律术语是法律语言的一个基本成分，其翻译的好坏将会决定整个法律文本的翻译质量。然而，由于源语和译语文化（尤其是法律文化）的不同，译者很难在译语中找到确切的对等词[1]。因此，翻译法律术语变得十分棘手。

法律术语的翻译是法律翻译的关键。法律术语翻译的准确性[2]和规范性直接影响对于西方法律的研究、涉外法律工作的开展以及法律语言自身的发展。从事过翻译工作的人一般都能体会到，在翻译特定目的文本（special-purpose texts）时的种种困难，其中必须面对的一个障碍就是术语的翻译。法律文本属于特定目的文本，因此，对法律文本的翻译不可避免地要解决术语的翻译问题。在法律语言体系中，法律术语作为复杂的法律概念综合体，具有法学专门含义，蕴含着法律思想的精华，是最具代表性的法律语言核心词汇。法律术语风格明朗、特点鲜明，具有文化独特性、单名单义性、模糊性、庄严性和凝练性等

---

[1]　杨玲. 从功能对等的角度探讨法律术语的翻译原则及方法［D］. 上海师范大学，2011.
[2]　法律术语反映的是一种法律制度和一个民族的文化特征，这使得法律术语的词义很难被准确定义。而我们只有在充分考虑文化语境的前提下，才能达到准确的翻译。

特点①。

众所周知，法律术语的翻译是法律翻译中的难点，因为翻译法律术语时，译者面临这样一个问题：一方面，法律翻译要求语言功能上的对等和法律功能的对等；另一方面，翻译中又经常没有确切对等词，面对的是接近对等、部分对等和不对等多种情况②。

法律术语、法律工作常用词语和民族共同语中的其他词语一起构成法律语言，法律术语是其中的重要词汇成员。正确充分地理解法律术语，是进行翻译实践的前提和必要条件。法律翻译涉及两个学科领域：法学和语言学③。法学这个具有极强的专业性的领域，要求其文本的翻译者通晓原语言和目标语的不同的法律制度，了解由此而产生的法律概念的差异。在语言表述方面，由于法律文体明显区别于其他文体，法律文本的语言表述必须表现其特殊性，这就要求译者认真研究法律术语的语言特征，在翻译实践的过程中采用有效的方法提高翻译质量。④

法律术语的翻译在法律文本的翻译中至关重要，也是法律翻译中的难点。法律术语的翻译除了要求语词之间在语义上要基本对应外，还要力求做到译出的法律术语与原文本的法律术语在法律功能上基本对等⑤。根据英汉法律术语的自身特点，针对翻译中遇到的具体情形应采用不同的翻译方法和策略。作为法律翻译实践的重要组成部分，法律术语的翻译必须考虑到在语言风格、法律制度、法律文化的框架下形成的差异，寻求搭建这些差异的桥梁，使译文最大限度地准确传递原法律文本的信息⑥。

每个国家或地区的法律有其自身的术语和潜在的概念结构和法律渊源。每个法律体系本身有其表达概念的词汇、不同类别的规则，及解释规则的方法。法律翻译中法律术语的翻译具有特别重要的意义。法律术语翻译的好坏、准确与否常常关系到翻译质量的好坏。法律术语翻译准确，即使在其他方面如文法上存在一定的问题，也许还过得去，不至于引起太大的误解；而如果法律术语的翻译错了，就可能造成误解，甚至酿成纠纷⑦。在翻译过程中，译者可能只注意到法律术语其中的表面意义，忽略了其中的内涵和蕴意；或是只注意到其

---

① 杨玲. 从功能对等的角度探讨法律术语的翻译原则及方法 [D]. 上海师范大学, 2011.
② 包克纪. 英汉法律术语的不对等性及其翻译策略 [J]. 中国科技翻译, 2011 (4).
③ 石秀文, 吕明臣. 法律文本的语言特点及英汉翻译 [J]. 山东社会科学, 2015 (12).
④ 江丹. 论法律术语的特征及翻译原则 [J]. 国际关系学院学报, 2005 (3).
⑤ 杨玲. 从功能对等的角度探讨法律术语的翻译原则及方法 [D]. 上海师范大学, 2011.
⑥ 肖云枢. 英汉法律术语的特点、词源及翻译 [J]. 中国翻译, 2001 (3).
⑦ 杨玲. 从功能对等的角度探讨法律术语的翻译原则及方法 [D]. 上海师范大学, 2011.

在普通语言常用含义，忽略了其在法律这种特殊语境中所具有的特殊含义，或者是由于选择汉语用词时把握不准确而造成了误译等①。因此，提高法律术语的翻译质量还需要更多的研究和探索。

随着我国"一带一路"倡议的实施，我国对外交往越来越频繁，法律方面的交流必然越来越多。法律术语是法律文化交流的基础。法律术语是法律概念或法律现象的浓缩和提炼，是法律文本中最核心的词语，体现了法律语言和法律文化的独特性，蕴含着法律制度、法律价值、法律精神和法律思想的精华②。法律术语的准确翻译是整个法律文本翻译的关键之所在。由于法律语言的专业性和特殊性，其他语体的翻译研究成果并不完全适用于法律翻译。法律翻译需要适合其自身专业特点的理论来指导实践。和其他文体的翻译一样，法律翻译的基本要求也是"准确"，但是对"准确"度的要求更高。法律翻译中的"准确"是指尽最大可能地再现原文本的所有法律信息，译文所传递的法律信息没有遗漏、添加和歧义，客观上不令译文读者产生误解和困惑，并且保持法律文本的语言特点。但是任何法律翻译都面临由于不同法律制度所产生的法律概念的差异，这使得译文准确地反映原法律文本的信息并非易事。③

英汉法律术语的发展有其相似的轨迹，但法律术语的一致性并不像其他学科体系中的术语那样容易得到大众的认可。一般来说，为了避免法律解释上的争议，译者在翻译的过程中应该维护同一事物的概念和内涵在法律上的始终如一，只要认定了用某一法律术语，就不能随意地更换，更不能自行创造新词④。然而，由于法律制度的差异，在翻译的过程中许多术语所涉及的原理和概念在本国的法律制度中是不存在的。在没有确切对等词的情况下，如果逐字硬译的话，势必会让译文貌合神离。为了让源语在转换成译文时能够更加的贴切对等，译者在翻译的过程中可采用多种翻译技巧和策略。⑤

法律术语翻译在法律文本的翻译中至关重要，也是法律翻译中的难点。法律术语的翻译除了要求语词之间在语义上要基本对应外，还要力求做到译出的法律术语与原文本的法律术语在法律功能上基本对等。而英汉法律术语具有其自身的特点和词源特征，针对翻译中遇到的具体情形应采用不同的翻译方法和策略⑥。

---

① 张法连. 英美法律术语汉译策略研究 [J]. 中国翻译, 2016 (2).
② 包克纪. 英汉法律术语的不对等性及其翻译策略 [J]. 中国科技翻译, 2011 (4).
③ 江丹. 论法律术语的特征及翻译原则 [J]. 国际关系学院学报, 2005 (3).
④ 杜鹃. 异化与法律英语术语翻译 [D]. 西南政法大学, 2007.
⑤ 叶平. 法律术语的翻译技巧 [J]. 公共科学, 2014 (2).
⑥ 包克纪. 英汉法律术语的不对等性及其翻译策略 [J]. 中国科技翻译, 2011 (4).

正如前文所述，法律英语作为一种特殊用途的英语，同时具有英语和法律语言的特点。法律英语和其他法律语言一样，拥有一系列专用术语。这些专用术语不仅体现了英语法律体系的特征，而且使法律英语更具有正式性及庄严性。法律术语翻译的好坏、准确与否常常关系到法律文件翻译质量的好坏[1]。因此，法律术语的翻译是法律翻译研究中一个非常重要的部分。但法律翻译的研究在我国起步较晚，是一个比较新的课题，对法律术语翻译的研究更是少之又少。法律术语的翻译还缺乏系统的理论指导，翻译的质量往往不如人意。本书借鉴了法律语言学家、翻译家和法学家的理论观点，结合法律术语翻译的实例，尝试提出法律术语的英汉翻译策略。本书认为，法律术语的准确翻译，首先要求译者具有广博深厚的法学专业知识。其次，要联系上下文，在具体文本和语境中确定法律术语的词义。最后，法律术语的翻译，尽量采用直译，只有直译无法达到准确、流畅的翻译目标时，才选择意译。

1.2.2 广博深厚的法学专业知识

法律术语的翻译是语言间的转换，也是法律文化信息和法律专业知识的交流。译者的任务是尽量消除两种文字间的交流障碍，故非语言知识（法律文化背景知识和法律专业知识）同语言知识一样在翻译实践中十分关键，译者只有具备正确有效的认知语境，才能在翻译中实现法律信息的完好传递。完美地翻译法律术语，不仅需要翻译者具有通常的翻译技巧，而且要求翻译者非常熟悉某一特定法律领域的术语和基本的法律概念，才能比较成功地翻译英语国家的法律术语。法律术语翻译的两个关键步骤是理解原文和构建译文[2]。法律语言准确严谨，其翻译具有不同于文学翻译实践的独特性。准确理解法律术语，是翻译法律术语的前提和基础。而要准确理解法律术语，译者不仅要具有英语语言能力，而且还要具有广博深厚的法学专业知识[3]。例如法律术语有时会出现一词多义的现象，具有多个义项的术语在翻译过程中不应采用"单名单译"的原则，而应根据具体语境进行合理翻译。以中文法律术语"当事人"为例，立法概念的"当事人"，如诉讼双方的"当事人"，可以采用 litigants 翻译，而非立法概念的如作为委托人的"当事人"，则应考虑采用 client（s）来翻译。法律术语的正确理解不可或缺，没有经过准确理解的法律术语在翻译中将毫无疑问会出现问题，影响翻译的质量和效果。

---

[1] 杜鹃. 异化与法律英语术语翻译 [D]. 西南政法大学，2007.
[2] 杨玲. 从功能对等的角度探讨法律术语的翻译原则及方法 [D]. 上海师范大学，2011.
[3] 杜鹃. 异化与法律英语术语翻译 [D]. 西南政法大学，2007.

法律专门术语的作用在于以最简洁的单词或词组叙述一项普遍接受的复杂的法律概念、学说或法则，使法律人能用较简单的语言相互沟通。法律术语翻译是一种法律转换和语言转换同时进行的双重工作。任何法律翻译工作几乎都无可避免地涉及不同法律制度下的法律概念所产生的功能性差异。因此，法律翻译除了要求语言功能的对等以外，还应照顾到法律功能（legal function）的对等。所谓法律功能对等就是原语和译入语在法律上所起的作用和效果的对等。唯有如此，才能使译入语精确地表达原语的真正含义，也就是法律翻译所谓的严谨①，而这要求译者必须具备广博的法学专业知识。②

任何一个专业术语的翻译，都要求译者具有广博的专业知识的背景。③法律专业术语的翻译也不例外。法律英语中专业术语越来越多，法律英语翻译特别是其中法律专业术语的翻译不仅仅是两种语言的对译，而且，由于法律英语涉猎范围甚广，包括各部门法以及诸多法律边缘学科，故从事法律英语翻译的人士须熟悉中英有关的法律知识，如果缺少相应的法律文化底蕴，尤其是一些法制史方面知识的了解，稍有不慎就会谬以千里，造成误译④。因此译者不仅需要良好的英语水平，还要求具有广博的法学专业知识，特别要了解英美国家的法律文化史和法律制度史⑤，以此为基础，与翻译技巧相结合，实现法律专业术语翻译的准确性的目标。

例1

原文：When a person fails to answer a traffic citation the court concerned notifies the Department of State, which enters this informant into its computer system. When this occurs it is called a FAC case, and the defendant's license is suspended until the FAC is set aside after the case is disposed of, and a fee is paid. ⑥

---

① 例如一些学者在探讨法律术语中罪名翻译的重要性的基础上，结合翻译实践，从罪名的类型、特点等方面，重点谈到了罪名翻译中应注意的严谨的问题：一是罪名翻译要准确理解罪名定义，切不可主观臆断，不求甚解；二是罪名翻译选词要准确、规范，注重其语意效果，切不可望文生义；三是罪名翻译要简洁、名词化，不能拖泥带水；四是选择性罪名要分析好语法结构，遵守所译语言的拼写规则，切不可顾此失彼。五是罪名翻译，只要其含义相同，尽可能统一为好，切不可各行其是。从而，论述了罪名翻译既要符合法律规定，又要符合所译语言的语法规律和特点，还要继承我国刑事立法确定罪名的基本要求。而要达到以上法律术语翻译的严谨的要求，除了译者具有良好的语言能力外，还需要其具有广博深厚的法学理论功底。

② 杜鹃. 异化与法律英语术语翻译 [D]. 西南政法大学, 2007.

③ 梁波. 摄影文本的术语特点及汉英翻译 [J]. 中国科技翻译, 2017 (1).

④ 张法连. 英美法律术语汉译策略研究 [J]. 中国翻译, 2016 (2).

⑤ 石秀文, 吕明臣. 法律文本的语言特点及英汉翻译 [J]. 山东社会科学, 2015 (12).

⑥ 张法连. 英美法律术语双解 [M]. 北京：北京大学出版社, 2016.112.

译文：如果一个人漠视交通处罚罚单，法院就会对该被告发出传票，并通知美国国务院将其不法行为记录在案，同时暂扣其驾驶执照直到该案得到最终处理，且被告缴费接受处罚。

上例中，短短两句话就包含多达 8 个法律专业术语。其中，citation 指"罚单"；court 指"法院"；the Department of State 指"美国国务院"（美国政府的重要行政部门）；FAC case ——stands for "Failure to Answer Citation"，译为"漠视交通处罚案"；(the) defendant 指"被告"；license 为"（驾驶）执照"；suspend 指"暂扣"；dispose (of) —— "make a final resolution of"，可译为"最终处理"。对于以上 8 个法律术语的理解是翻译这两句英文的关键，而以上 8 个术语中，最为重要的是"FAC case"这个术语的理解。或者说"FAC case"就是理解以上两句话的关键术语。"FAC case"是新造的法律术语。随着因漠视交通处罚罚单而被法庭审讯的案件大量增加，于是出现了新的术语"FAC case"。在翻译过程中，如果译者不理解其中的几个甚至一个法律专业术语的词义以及词义背后的意蕴，就很可能产生误译，甚至根本无法完成目标法律英语的翻译。因此，理解术语的含义是高质量完成法律英语汉译的关键。

例 2

原文：If law enforcement officials decline to offer a Miranda warning to an individual in their custody, they may interrogate that person and act upon the knowledge gained, but may not use that person's statement as evidence against him or her in a criminal trial.[①]

译文：如果警察没有向被羁押的犯罪嫌疑人（被讯问人）提供"米兰达警告"（即明确告诉被讯问者：a. 有权保持沉默；b. 如果选择回答，那么所说的一切都可能作为对其不利的证据；c. 有权在审讯时要求律师在场；d. 如果没有钱请律师，法庭有义务为其指定律师[②]），那么，被讯问人的供词一律不得作为证据呈供给法庭。

上例中，短短一句话就包含多达 8 个法律专业术语。其中，law enforcement

[①] 张法连. 英美法律术语双解 [M]. 北京：北京大学出版社，2016. 188.

[②] 这里采用了"补偿释意"的翻译技巧。作为法律中常用的一种翻译策略，"补偿释意"采用目标语的中性语言以直接表述源语的真实意图，采取释意的方法以便使译入语读者全面了解该术语的内涵。在补偿释意的过程中，译者需要广博深厚的法学专业知识，并获得准确的第一手资料以真实地阐述源法律术语的真实内涵。

officials 指"执法者";custody 指"羁押";interrogate 指"讯问";statement 指"陈述";evidence 指"证据";criminal 指"刑事";trial 指"审判";Miranda warning 字面意义指"米兰达警告"。

在翻译过程中,译者不仅要知道词语的字面意义,还要了解术语的深层次的含义和意蕴①。例如,上例中的术语 Miranda warning 字面意义指"米兰达警告",但这个术语深层次的含义是"有权保持沉默"。这就涉及美国联邦最高法院的一个判例。在20世纪60年代初的一天,在美国亚利桑那州的大街上,一辆轿车突然停在一位不幸的女生面前,车上下来一个歹徒迅速抱起女生塞进车里,捂嘴捆绑,将其强奸。女生被放走后报警,警察根据受害人提供的线索,抓捕了一名叫米兰达的犯罪嫌疑人,经过受害人指认,犯罪嫌疑人也承认犯罪事实,并在供认书上签字,法院以此为证,判决犯罪嫌疑人米兰达犯强奸罪。被告不服判决,向美国联邦最高法院上诉,这就是著名的米兰达诉亚利桑那州案。美国联邦最高法院审理认为,虽然犯罪嫌疑人没有受到刑讯逼供,但当时嫌疑人身边没有亲人、没有律师,周围全是警察,嫌疑人心理压力很大。这时得到的供词,因违反了美国宪法"不得强迫嫌疑人自证其罪"的规定而无效。故判决米兰达无罪释放。因此,美国联邦最高法院明确规定,在审讯之前,警察必须明确告诉被讯问者:(1)有权保持沉默;(2)如果选择回答,那么所说的一切都可能作为对其不利的证据;(3)有权在审讯时要求律师在场;(4)如果没钱请律师,法庭有义务为其指定律师。这就是米兰达诉亚利桑那州一案所产生的著名的"米兰达警告"。如果警察在审讯时没有预先作出以上4条警告,那么,被讯问人的供词一律不得作为证据呈供给法庭。因此,要准确翻译"Miranda warning"这个术语,不仅要知道这个术语的字面意义指"米兰达警告",还要了解字面意义背后的以上法律背景知识②。

---

① 法律术语是构成法律文件的基本单位,具有极强的针对性和准确性。法律翻译的基本要求是精确,即译入语能够精确表达出源语的真正内涵。每一个法律术语都代表某一种特定的法律行为规范,表义真实、贴切,都有自己明确的内涵,不存在意思含混、范畴不清等现象。因此,在法律术语的翻译上,精确性就成了重中之重。翻译法律术语,要求译者在通晓相应法律知识,了解不同文化法律术语之间细微差别的基础上,仔细推敲每一个术语在法律中的特殊含义及其内涵和外延。在翻译过程中,译者不仅要知道词语的字面意义,还要了解术语的深层次的含义和意蕴。这样,译出的术语才准确,有说服力,让人信服。

② 张法连. 英美法律术语双解 [M]. 北京:北京大学出版社,2016. 188 - 189.

1 法律文体的特征与翻译

再例如"fruit of the poisonous tree"这个术语的字面意思是"毒树之果"①，但其真正的含义是"非法取得的证据无效"。"fruit of the poisonous tree"这个术语的解释如下：

a legal metaphor in the United States used to describe gathered with the aid of information obtained illegally. The logic of the terminology is that if the source of the evidence is tainted, then anything (the fruit) gained from it (the tree) is as well. Fruit of the poisonous tree is generally not admissible in evidence because it is tainted by the illegal search or interrogation. ②

译文： 在美国"毒树之果"是一个法律的隐喻，以描述通过非法手段获得的信息或证据，其学术的逻辑是如果证据的取得方式（树）是非法的，那么通过非法手段取得的任何东西（果实）也是不合法的。"毒树之果"不能作为证据，因为它是通过非法的调查方式获得的。

所谓"fruit of the poisonous tree"（毒树之果）实际上是一个隐喻，把类似通过刑讯逼供等非法手段取得的证据比喻为"果实"，而将"类似通过刑讯逼供等非法手段"比如为"毒树"，毒树之果也是有毒的，不能作为食材。因此"毒树之果"是指美国刑事诉讼中对非法取得的证据进行排除的规则，其深层次的含义是"非法取得的证据无效"。③

因此，译者要准确翻译法律专业术语，除了要有英语语言的专业知识和背景外，还要有广博扎实的法学专业功底，不仅要理解这些术语的字面含义，还要了解这些术语背后所蕴含的丰富的法学知识。

---

① 在处理文化差异上，通常有两种翻译策略：归化和异化。归化和异化这对翻译术语是由美国著名翻译理论学家劳伦斯韦努蒂（Lawrence Venuti）于1995年在《译者的隐身》中提出来的。归化是要把源语本土化，以目标语或译文读者为归宿，采取目标语读者所习惯的表达方式来传达原文的内容。归化翻译要求译者向目的语的读者靠拢，译者必须像本国作者那样说话，原作者要想和读者直接对话，译作必须变成地道的本国语言。归化翻译有助于读者更好地理解译文，增强译文的可读性和欣赏性。而异化是"译者尽可能不去打扰作者，让读者向作者靠拢"。在翻译上就是迁就外来文化的语言特点，吸纳外语表达方式，要求译者向作者靠拢，采取相应于作者所使用的源语表达方式，来传达原文的内容，即以源语文化为归宿。使用异化策略的目的在于考虑民族文化的差异性、保存和反映异域民族特征和语言风格特色，为译文读者保留异国情调。如果"fruit of the poisonous tree"翻译为"毒树之果"则属于异化翻译，不仅能表达出法律英语术语的原始意义，同时也保留了其原汁原味。如果"fruit of the poisonous tree"翻译为"非法证据排除规则"则属于归化翻译。归化翻译常用的翻译策略为意译、脚注、解释说明、创造新术语等等。随着近20多年来国内外翻译理论界"文化转向"的兴起，异化被视为翻译理论发展的必然趋势，其将对法律英语术语的翻译大有帮助。参见杜鹃．异化与法律英语术语翻译［D］．西南政法大学，2007．
② 张法连．英美法律术语双解［M］．北京：北京大学出版社，2016．123．
③ 张法连．英美法律术语双解［M］．北京：北京大学出版社，2016．123 – 124．

1.2.3　在具体文本和语境中确定词义

专门术语的作用在于以最简洁的词或词组叙述一项普遍接受的复杂的法律概念、学说，或法则，使法律工作者能用较简洁的语言相互交流，因此词的内在意义通常要比起外在形式复杂得多。译者如果单就字面意义直译，或望文生义，就无法将词的真正含义正确完整地表达出来。而且，词的意义经常随上下文或语境的不同而不同。同时，英汉法律术语中同、近义词繁多，容易混淆，如何在翻译中正确使用，是法律文本翻译中的一个难点。翻译过程中，应深入了解每一个术语的特征与属性，并对英汉法律术语中易混淆的词汇加以辨析，明确其在法律范畴的概念所指的内容，同时遵循相应翻译原则，进而根据源语语境从众多同、近义词中选择恰当词汇来表达，避免出现混淆、歧义等问题。①

法律英语中的术语力求以最简洁的词汇或词组，表达一个普遍认可的复杂的法律规则、法律原则、法律概念甚或是一个法律理论，使得同行之间能够用简明精炼的语言进行交流，以提高交流的效率②。虽然，有些法律术语是由普通词汇转化而来的，但作为法律术语的含义与其在普通文本中的含义大相径庭，因此法律术语的含义比该术语的外在表现形式复杂得多。同时，法律术语和其他的专业术语一样，有相当大一部分的法律专业术语在普通文本中一般不会出现，或者说这些词汇只出现在法律文本中，这些词汇看上去非常生僻③。同时，随着社会的发展和科技的进步，新生事物不断出现，新的法律专业术语不断产生④。而对于这些生僻的或新造的法律术语，在已有的法律词典或其他工具书等各种资料中无法找到它们解释。这时译者就要从相关术语的原文文本出发，仔细揣摩、探究其上下文的语境，充分利用法学专业理论知识，并结合法律专业的表达习惯和中国法律制度、法律文化背景对术语进行汉译⑤。

例1

原文：In the United State, quid pro quo indicates that an item or a service has been traded in return for something of value. If the exchange appears excessively one sided, courts may question whether a quid pro quo did actually exist and the contract

---

① 杜鹃. 异化与法律英语术语翻译 [D]. 西南政法大学，2007.
② 肖云枢. 英汉法律术语的特点、词源及翻译 [J]. 中国翻译，2001 (3).
③ 石秀文，吕明臣. 法律文本的语言特点及英汉翻译 [J]. 山东社会科学，2015 (12).
④ 语言词汇反映社会生活和社会现实，而社会生活和社会现实处在不断地变化之中。因此新词不断被创造，用于表达新的事物和关系，旧词的词义也不断发生变化或承载新的意义。法律术语词汇也不例外。
⑤ 杜鹃. 异化与法律英语术语翻译 [D]. 西南政法大学，2007.

may be held void.①

译文：在美国，公平交易意味着一个商品或服务被交易双方进行等值交换。如果这样的交换明显不对等，法庭或许考量交易双方是否存在公平交易。如果法院认定该交易显失公平，合同或许被裁定为无效合同。

在此例中，两次出现"quid pro quo"这个术语。了解这个法律术语的词义是翻译这段法律英语的关键。而该法律术语十分生僻，很少出现在普通文本中，即使偶尔出现在法律文本中，其词义也不是在法律文本中作为专业术语的含义。因此，要翻译"quid pro quo"这个法律术语必须要联系上下文的语境，认真揣摩其在文中的含义。译者可先保留该未知其含义的英文法律术语尝试翻译这段话，然后再揣摩该未知术语的可能的词义，最后再用法律专业的表达习惯进行翻译。该段话可尝试译为："在美国，quid pro quo 要求双方交易的过程中，被交易的商品和服务应当是等价交换。如果这种交易是不对等的，或显失公平的话，法院或许要审查 quid pro quo 实际上是否存在。如果 quid pro quo 不存在，该合同或许是无效的。"这样译者比较容易判断"quid pro quo"这个法律术语的含义是与交易的公平有关，可翻译为"公平交易"。

例 2

原文：In the United State, if the defendant has a complaint that police procedure in a given case violated the defendant's Fourth Amendment right to be free from unreasonable searches, he can propose a motion of suppress which is a formal, written request to a judge for order that certain evidence be excluded from consideration by the judge or jury at trial.②

译文：在普通法系国家中，排除非法证据的申请是审讯中由被告递交给法官的由法官或陪审团裁决的一个正式的书面的排除某一非法证据的申请。在美国，如果在一个特定案件中被告认为警察对其进行了非法的搜查，违反了宪法第四修正案规定的公民有免于非法搜查的权利，那么，该被告可以提出排除非法证据的申请。

在上文中，最难翻译的术语就是"motion of suppress"，在普通文本中，motion 有运动、动议、动机、请求、意向等词义；suppress 有镇压（敌人）、抑制（的生长）、压制（某人的自由）、止住（出血）、忍住（笑）、禁止（发表）等含义。如果单就 motion 和 suppress 这两个词汇的字面意思直译，就无法将该术语"motion of suppress"的真正含义表达出来。也就是说，根据在普通文本中

---

① 张法连. 英美法律术语双解 [M]. 北京：北京大学出版社，2016. 245.
② 张法连. 英美法律术语双解 [M]. 北京：北京大学出版社，2016. 193.

motion 和 suppress 两个词汇的含义，无法判断在法律文本中"motion of suppress"的含义。因此，唯有通过上下文才能推断出该术语在法律文本中的意义。译者可先保留该未知其含义的英文法律术语尝试翻译这段话："在美国，在一个特定案件中，如果被告认为警察对其进行了非法搜查，违反了宪法第四修正案规定的公民有免于不合法搜查的权利，那么，该被告可以提出 motion of suppress。该 motion of suppress 是递交给法官的请求法官在庭审中应当排除某些证据的一个正式的书面的请求。"如此，可以推断该法律术语"motion of suppress"是递交给法官的请求法官或陪审团在庭审中应当排除的某些非法证据的一个正式的书面申请。

1.2.4 直译与意译相结合

法律术语的翻译要尽量寻求在本国法律中与原词对等或接近对等的专门术语。英语和汉语中的法律术语都各有其特定的法律上的意义，不可随便改变形式。为了达到法律上的效果对等，译者应尽量寻求在本国法律中与词源对等或接近对等的正式用语而不是任意自创新词，以免误导读者，引起歧义或解释上的争议[1]。因此，法律术语的翻译可采用灵活的翻译策略，可直译，有时还可意译，或直译与意译相结合。[2]

翻译是从一种语言信息转换成另一种语言信息的过程，根据是否保持原文的语言形式，翻译可分为直译与意译。所谓直译就是既保持原文内容，又保持原文形式的翻译方法；而意译只保持原文内容，不拘泥于原文形式的翻译方法。[3] 当然，直译也不是字字对译，硬译或死译；意译也不是编造句子，胡译或乱译。对于法律专业术语，能够直译的尽量直译，不能直译的，只有意译[4]。

法律专业术语有其特定的含义和语言形式，因此，在翻译时以直译为主。直译又分为两种情况，一种是绝对的直译，即只要词对词直接翻译出来就可以达到流畅、准确的翻译标准。例如，evidence——证据；guilty——有罪的；civil——民事的；casualty——受害者；arbitrator——仲裁员；charge——指控；

---

[1] 杜鹃. 异化与法律英语术语翻译 [D]. 西南政法大学, 2007.
[2] 杨玲. 从功能对等的角度探讨法律术语的翻译原则及方法 [D]. 上海师范大学, 2011.
[3] 肖云枢. 英汉法律术语的特点、词源及翻译 [J]. 中国翻译, 2001 (3).
[4] 石秀文, 吕明臣. 法律文本的语言特点及英汉翻译 [J]. 山东社会科学, 2015 (12).

unalienable——不能让与的（权利）；cross-examination——交叉讯问①；freedom of contract——合同自由；case law——判例法；expert witness——专家证人；default judgment——缺席判决；defense attorney——辩护律师；civil penalties——民事处罚；filing fees——诉讼费；lie detector——测谎仪；minor offense——轻微犯罪；judicial review——司法审查；Miranda warning——米兰达警告；reasonable doubt——合理怀疑；legal permanent resident——合法永久居民；court of appeals——上诉法院。②

另外一种直译是相对的直译，即在词对词直译的基础上，稍作改变以符合汉语习惯和中国法律语言的规范。译文只有符合法律语言的规范和目标语言的表达习惯，才能在目标语读者面前像原文本的读者一样保持法律的庄严和权威性。③ 例如：guardian 不能译为"保护者"，而应译为"监护人"；challenge 不能译为"挑战"，而应译为"要求陪审员回避"；suit 不能译为"请求"，而应译为"起诉"；cite 不能译为"引用"，而应译为"传唤"；exhibit 不能译为"展示"，而应译为"证据"；remedy 不能译为"疗法"，而应译为"补救方法"④；indecent assault 不能译为"粗鲁地袭击"，而应译为"猥亵"；unjust enrichment 不能译为"不公平的富裕"，而应译为"不当得利"；reasonable person 不能译为"通情达理的人"，而应译为"普通正常人"；access right 不能译为"接近的权利"，而应译为"探视权"；legally incapacitated person 不能译为"法律上没有能力的人"，而应译为"无行为能力人"；intangible assets 不能译为"看不见的财产"，而应译为"无形资产"；intellectual property 不能译为

---

① 好几个词典将 cross-examination 译成"盘问""盘诘"或"反复讯问"，都译得不对。按照英美法系的审判制度，起诉方和被告方均可要求法院传唤证人出庭作证，在庭上先由要求传证人的一方向证人提问，然后再由对方向证人提问，也就是起诉方讯问被告方的证人或被告方讯问起诉方的证人，即双方交叉讯问证人，这就是 cross-examination，译"交叉讯问"为宜。

② 张法连. 英美法律术语双解 [M]. 北京：北京大学出版社，2016.

③ 江丹. 论法律术语的特征及翻译原则 [J]. 国际关系学院学报，2005（3）.

④ Remedy：该词在法律文件中常用，它并不是"治疗、疗法、医药"的意思。它是指法律规定的，执行、保护、恢复权利的方法，或补救权利所受侵害的方法，应当译为"补救方法"。具体地说 remedy（补救方法）包括什么内容呢？主要有支付损害赔偿金，另外有强制令（injunction）、依约履行（specific performance）的裁定、法院宣告（declaration）等。法律文件中的 redress、relief 与 remedy 意思相同，也可译为"补救方法"或"补救"。常常有人将 remedy 译成"救济方法"，这个译法比较旧，而且容易被误解为灾难的救济，所以不合适。还有人译"赔偿"，这也不妥，因为在 remedy 中，赔偿固然是常见的办法，但却不是唯一的办法。还有一个常见的提法：exhaustion of local remedies，这是一条原则，意思是在外国人的权利受到侵害时，首先应当寻求所在国法律规定的补救方法，只有在使用过所有的所在国补救方法仍无效果时，才能寻求外交保护或提出国际索赔的要求。所以译"充分使用当地补救方法"为宜。

"智力的所有权",而应译为"知识产权";pierce the corporate veil 不能译为"刺破公司的面纱",而应译为"揭开公司的面纱";civil death 不能译为"民事的死亡",而应译为"宣告失踪人死亡";fruit of the crime 不能译为"犯罪的果实",而应译为"违法所得";youthful offender 不能译为"年轻的罪犯",而应译为"少年犯";weight of evidence 不能译为"证据的重量",而应译为"证据充分";tenant at will 不能译为"随意租赁",而应译为"不定期租赁";legal person 不能译为"合法的人",而应译为"法人";self-defense 不能译为"自我防卫",而应译为"正当防卫"。[1]

当然,法律术语以直译为原则,也就是说,能直译尽量直译,但并不完全排斥意译。我们应该知道,并不是所有的法律用语都能根据字面意义直接翻译成目标语,如果贸然直译原法律文本中的词汇,而译文表达的法律概念却在目标法律体系[2]中根本不存在,或者恰巧和目标法律体系的某个法律表达吻合但却表述的是完全不同的法律概念,则不可避免地会造成目标法律文本读者对译文产生困惑和误解[3]。解决这类问题的出路在于认真理解原法律文本术语内在的法律含义,用目标文本中带有相同法律含义的法律术语翻译。也就是说,如果直译让人匪夷所思、不知所云甚至有可能产生误译时,只有选择"意译"。当然,选择"意译"时就要知道某个法律术语的真正的含义以及这个含义的来源。[4]

例如:red herring 不能直译为"红色的鲱鱼",而应意译为"分散注意力而提出与案件不相干的事实或论点。"[5] 同理,fee simple 不能直译为"费用简单",而应意译为"继承者有绝对处理权处理的地产"[6]。当然,这个含义也是有来历的,来源于英国封建社会时期的土地分封制度。County agent 不能直译为"国家的代理人",而应意译为"主管少年犯罪的警官";yellow dog contract 不能直译为"黄狗合同",而应意译为"以不加入工会为条件的雇佣合同";halfway house 不能直译为"在中途的房子"或"客栈",而应意译为"重返社会训练所"。Friend of the court 不能直译为"法院的朋友",而应意译为"未成

---

[1] 张法连. 英美法律术语双解 [M]. 北京:北京大学出版社,2016.
[2] 法律翻译不仅涉及不同语言体系、文化体系的转换,更是一种跨越不同法律体系的转换活动。
[3] 杜鹃. 异化与法律英语术语翻译 [D]. 西南政法大学,2007.
[4] 张法连. 英美法律术语汉译策略探究 [J]. 中国翻译,2016 (2).
[5] red herring 来源于英国 15 世纪,当时人们把鲱鱼放到有狐狸出没的地方来测试猎犬的搜寻能力,看它是否能够抵抗其他的味道,继续寻找狐狸的踪迹。由此,19 世纪末人们开始用 red herring 来表示为迷惑对手而提出的错误的线索或伪造的事实。
[6] 李宝发,黄歆. 常用词汇的专业术语翻译 [J]. 中国科技翻译,2016 (1).

年人法律援助办公室",caveat 不能直译为"附加说明",而应意译为"终止诉讼的申请"等。①

1.2.5 小结

法律术语是法律语言的核心词汇,是对法律现象及事物的高度概括。法律术语也是法律翻译者面临的挑战之一。在具体的法律翻译实践中,法律术语翻译还是存在一些问题,比如法律术语的误译、法律术语不一致现象②。法律术语是法律英语翻译的重点和难点,法律术语的翻译不仅要求译者具有丰富的英语专业知识,还要具有广博深厚的法律专业理论知识。随着社会和科技的发展,法律英语中不断产生新的法律术语,如果出现法律词典或其他工具书中都无法查到的新的术语词汇,译者要反复研读原文,力求通过上下文的语境大胆推断出未知的术语词汇的含义或意蕴,并尝试翻译以保持流畅通顺、语义连贯③。此外,法律专业术语的翻译还要注意直译和意译相结合。如果直译符合汉语语言习惯,也基本符合法律语言规范,则尽量直译。否则只能意译,毕竟使目标语读者了解原文真正的含义是翻译的基本目的。

1.3 法律文本中模糊词语的翻译策略

1.3.1 引言

随着我国"一带一路"倡议的实施和进一步对外开放,我国和其他国家的经济和文化的交流与合作将进一步扩大和加深,特别是随着经济全球化和一体化的发展趋势,我国法律也要与世界接轨,遵守国际惯例,因此我们要学习和借鉴西方发达国家以及世界上一切先进的法律理念、法律思想、法律文化和法律制度。同时随着经济和科技的发展,我国越来越走向世界舞台中央,在国际事务中话语权越来越大,我们也要将中国的法律理念、法律思想、法律文化和法律制度向世界传播。因此法律文本的翻译,包括法律英语的汉译和中国法律文本的英译都显得十分重要。准确性和模糊性是任何语言包括法律语言都具有

---

① 张法连. 英美法律术语双解[M]. 北京:北京大学出版社,2016.
② 杨玲. 从功能对等的角度探讨法律术语的翻译原则及方法[D]. 上海师范大学,2011.
③ 杜鹃. 异化与法律英语术语翻译[D]. 西南政法大学,2007.

的客观属性①。既然模糊性是法律语言的客观属性，而法律文本的翻译则以准确性为宗旨，这对矛盾体必然给法律工作者和法律翻译者带来不少困难。可以说，法律文本中模糊词语的翻译是法律文本翻译的难点。本书从法律语言模糊性层面出发，探讨法律文本中模糊词语的翻译策略。

  法律语言的翻译以忠实准确为要旨，在翻译的过程中，必须忠实准确地传达源语法律规范的信息。"法律翻译过程中，译者面临的问题首先是如何认定某一法律术语和概念在异域语言的对等层面和忠实程度，实现双语转换的意义对等和功能对等"。② 由于译语和原语的文化③和历史背景不同，翻译要注意坚持"功能对等"原则（functional equivalence）。由于翻译的服务对象是译文读者，评判译文是否达到"功能对等"的原则，就要看"译文读者的反应"，必须把这种反应和原文读者对原文的反应进行对比，使译文读者对译文作出的反应与原文读者对原文作出的反应基本一致。"功能对等"原则适用于法律语言

---

  ① 法律语言的模糊性和法律语言准确性一样都是法律语言固有的特征。法律语言具有模糊性的原因是多方面的：第一，语言的模糊性是语言的本质属性之一，语言本身的模糊性是法律语言具有模糊性的重要原因。语言的离散性、有限性与客观物质世界的连续性、无限性之间的矛盾导致了法律语言的模糊性。语言的非精确性，即模糊性是语言的本质属性之一。第二，法律规范的概括性也是法律语言具有模糊性的原因，即为了解决法律的一般性和抽象性与社会生活的复杂性和具体性之间的矛盾，要求法律必须具有概括性，如此造成法律的模糊性。第三，法律现象的复杂性也是法律语言具有模糊性的原因之一。法律现象的复杂性表现为法律是不同利益集团互相争执和妥协的结果，如此造成法律的模糊性。法律现象的复杂性还表现为法律现象本身是模糊的，如此导致法律语言的模糊性。法律语言的模糊性有利于使法律能够克服僵硬性缺陷，使法律具有概括性、周延性和灵活性，使法律能够适应不断变化的丰富多彩的社会生活。也就是说，法律语言的模糊性使法律条文不必要进行频繁修改而能够保持对社会的适应性。早在1904年，梁启超在讨论立法问题的《论中国成文法编制之沿革得失》一文中，就提出了"法律之文辞有三要件：一曰明，二曰确，三曰弹力性。"这里所谓"弹力性"就是指模糊性。梁启超先生指出，法律语言有三个鲜明的特征，即"明白易知""用语准确""灵活周延"。"明白易知""用语准确"是强调法律语言的内涵，而"灵活周延"则是强调法律语言的外延。法律如果全是晦涩难懂的文字，人民大众无法理解法律的内容和意义，就是没有做到"明白易知"。古代的法律就是这样，这个已经过时了。所谓"用语准确"就是要求法律语言不能过度模糊甚至有歧义，即法律语言不能既可以这样理解，也可以那样理解。法律语言的最重要的品质就是准确无歧义。所谓"灵活周延"（模糊性）就是要求法律语言的外延意义甚广，能够包容纷繁复杂和不断变化的社会生活和法律现象。参见梁启超. 梁启超法学文集 [M]. 范忠信选编. 北京：中国政法大学出版社，2004.182.

  ② 熊德米. 模糊性法律语言及其翻译 [J]. 边缘法学论坛，2006（2）.

  ③ 法律语言是法律文化的重要组成部分，因此法律语言与法律文化关系密切：法律语言既是法律文化的产物，又是记录法律文化的工具和载体。我们现代汉民族法律语言，既是中华法系的独特法律文化的产物和一种独特的表现形式，同时又是这种法律文化的记录、表述工具，使中华法系的法律文化精髓得以保存、流传并得以在全世界范围内进行交流。因此，在法律文本的翻译时要注意译语和原语的文化因素。

中模糊词语的翻译具体体现为"模糊度对等"原则。正如有学者指出:"法律语言的模糊性是客观存在的,尤其是法律外来语言的翻译和理解。译者的工作是准确地翻译出原文本,对文本中的模糊语义,应以贴切的、对等的目的语表达出同等程度的模糊性。为了实现译文的准确性,译者应当用对应的译入语表达出与原语同等程度的模糊性,而不能擅自改变词语在原文中的含义的范围,即改变其模糊度。"① 用"模糊度对等"原则处理法律语言中模糊词语的翻译,要求译者通过对语言系统意义的理解发现其真正的语境意义,然后在目的语中实现与原语同等程度的模糊性。也就是说,在两种语言的转换中,译者需要具备相应的法律文化知识,正确理解法律文本中模糊词语表达的含义,使译文的模糊度与原文尽量对等。② 但是,对于法律文本中模糊词语的翻译,如果不注意理解不同文化和历史背景下模糊词语的文化蕴意和内涵,不能灵活运用语言表达的丰富性来进行翻译活动,只是一味地追求字面上的忠实,则很可能会陷入"死译"的泥沼中。事实上,在法律翻译实践中,对于模糊法律语言采取多种翻译策略有助于保障信息的准确传输,从另一个角度凸显出法律语言的模糊性正是为实现法律表达的准确性服务的。③

1.3.2 法律英语中模糊词语的翻译方法

从我国法律发展的历史来看,近现代中国的法律模式是在清末民初之际学习借鉴西方法治理念,并按"大陆法系"的法律模式建立起来的,这其中法律翻译的作用功不可没。可以说,法律英语的翻译直接影响和促进了近现代中国法治的形成和发展,没有法律英语的翻译,就没有现代中国法治理念的形成和现代法律制度的构建。随着我国成功加入 WTO、"一带一路"倡议的实施以及我国实现依法治国建设法治国家进程逐渐加快,法律英语的翻译显得更加重要④。法律英语翻译是法律界国际交流的必要工作,也是我们借鉴、学习他国法律理念、文化和制度的重要手段。同时,由于国情、传统、制度、文化差异,

---

① 夏远利. 法律语言中词语的模糊语义现象 [J]. 成都大学学报(社会科学版), 2005 (3).
② 肖云枢. 法律英语模糊词语的运用与翻译 [J]. 中国科技翻译, 2001 (1).
③ 伍秀芳. 功能翻译理论视阈下中国法律法规中模糊语言的英译研究 [D]. 山东大学, 2016.
④ 市场经济是法治生成的"土壤",随着我国社会主义市场经济的发展,我国实现依法治国建设法治国家的进程不断加快。随着我国加入 WTO(世界贸易组织),我国的法律也要与国际接轨。自我国 20 世纪 70 年代末改革开放以来,充其量我国只有三十多年市场经济发展的历程,而主导世界贸易组织的西方发达国家有几百年的市场经济发展的历史,它们业已建立了符合市场经济内在规律的法律体系,因此我们要进一步不断学习和借鉴包括西方发达国家在内的一切世界先进的法律文化、法律理念和法律制度,因此法律英语的翻译就显得更加重要。

法律英语的翻译，特别是模糊法律语言的翻译具有相当大的难度。①

自从 1965 年札德博士的模糊集理论诞生以来，模糊学在 40 多年的时间里得到了飞速发展，不仅有力地推动了人工智能技术的发展，整个学术界也因此发生了巨大的改变。模糊性表现在实际语言运用中就称为模糊语言。模糊语言学的深入发展不仅表现在对其本体论的研究上，还表现在其相应跨学科的应用研究上。如今，模糊理论对很多学术领域都产生了深远的影响，其中包括外语教学、语言学、翻译学等。因为语言是法律的载体，模糊性是自然语言的一个重要特征，所以法律语言也不可避免地存在模糊性。②

我国著名法学家徐国栋指出："任何语言，包括法律语言，都是不精确的表意工具，每一个字、词组和命题在其核心范围内具有明确无疑的意思，但是随着核心向边缘的扩展，语言会变得越来越不明确。"法律语言作为表述法律意义的首要工具，总存在边缘不清、界限不明的模糊集。据初步统计，我国《宪法》《婚姻法》《刑法》《刑事诉讼法》和《治安管理处罚条例》中存在大量模糊性表达，其中模糊词语占全部条文的 30% 以上，模糊语句为 50% 左右。从事法律语言学研究的杜金榜教授则认为："从立法阶段开始，尽管立法者尽力追求法律的针对性和准确性，模糊性仍然是难以消除的现象，模糊性贯穿在法律活动的整个过程，法律语言正是在准确性和模糊性之间求得平衡。"③

法律英语也像任何语言一样不可避免地具有模糊性的特征。模糊语言多用于法律中所涉及事实的特质、程度、数量等无法明确表示的情况④。例如：proper（适当的），reasonable（合理的），more than（多于），serious（严重的），further（进一步），general（一般的），perfect（完备的），somewhat（有点），properly（适当地），less than（少于），not more than（不多于），within（在范围内），other（其他的），necessary（必要的）等。这些词汇在法律英语中并不能表达出确切的含义，其适合程度及合理性都无从界定，然而这与法律语言要求的准确性并不冲突，相反正是这些模糊用语使得法律语言能够更准确地反映社会现实生活。模糊性法律用语的使用可以增强语言的灵活性和周延性。法律来源于社会，又服务于社会。社会法律现象或社会生活都在不断变化发展，不存在绝对性或绝对静止的事物和现象，使用模糊性法律用语可以使法律适应不断变化的社会生活⑤。换句话说，法律英语作为一种语域变体，以准确性、严

---

① 刘婷. 英语规定性法律文本中模糊词语的汉译研究 [D]. 江苏大学，2008.
② 袁华平. 法律英语中模糊性词语的功能及其翻译 [J]. 湖南科技学院学报，2009（5）.
③ 转引自曲肖玉. 法律文本中的模糊语言现象及其翻译研究 [D]. 中国海洋大学，2010.
④ 刘婷. 英语规定性法律文本中模糊词语的汉译研究 [D]. 江苏大学，2008.
⑤ 曲肖玉. 法律文本中的模糊语言现象及其翻译研究 [D]. 中国海洋大学，2010.

谨性和规范性为其表现特征，但在某些情况下也使用模糊词语。法律语言中使用模糊性词语是为了使意思表达得更加周密，涵盖面更加广泛，以适应纷繁复杂且不断变幻的社会生活，最大限度地保护公民权利和打击犯罪，不给犯罪分子可乘之机，可以使法律具有较高的灵活性、周延性、稳定性和权威性。①

正如前文所述，法律在本质上是一种工具，借助它，某些特定的外部力量，即国家权威，在人类社会事务中强制推行并维护某种秩序。法律既然代表国家权力，它就应该是严肃，神圣和强制性的。这些特点需要某种特殊语言来加以体现。法律英语的本质及特点决定了法律语言必须是正式，精确及严谨的②。因此法律语言作为自然语言的变体之一，最重要的特点就是准确性，但由于语言和法律自身的特点，在实践中，法律语言无法避免地具有模糊性。模糊性是自然语言的一大属性。其特征表现为各种自然语言中大量使用模糊词语和模糊修辞。其语用功能是精确词语所不能够替代的。英语法律语言也同样不可避免地具有自然语言的这一特征。③ 也就是说，法律英语作为一种具有规约性的语言的分支，准确性是其最重要的语言风格特点。然而，法律语言的精确性、严密性并不排斥模糊词语在法律文书中的运用。在法律条文中以及司法实践中，法律语言运用模糊词语的现象俯拾皆是④。鉴于法律文本特有的准确性和严谨性以及其中模糊语言的不确定性、不精确性、相对性等特点，对它的理解需要借助认知与语境，在模糊语言的翻译过程中，要对它的使用目的和意图进行分析，在具体的语境中提取出其言外之意从而找到最恰当的翻译途径⑤。这就对译者提出了较之翻译其他文本更高的要求，这是由法律文本和模糊语言本身的特质所决定的。所以模糊语言的处理直接关系到译文的质量，如果要减少因语言模糊引起的信息流失，译者就需要不断努力，加深对两种法律文化的理解和两种语言的驾驭能力，在了解两种语言和法律文化背景的基础上灵活采用多种翻译策略，尽可能准确、恰当地传达原著的语言信息，并考虑增强其可读性⑥。

法律文本中模糊词语的翻译一般的原则是含混对含混，明确对明确⑦。正如前文所述，英美法中有许多术语，虽有特定的意思，却无明确的定义，其适

---

① 伍秀芳. 功能翻译理论视阈下中国法律法规中模糊语言的英译研究 [D]. 山东大学, 2016.
② 郝雪靓. 法律英语的词汇特征 [D]. 太原理工大学, 2006.
③ 喻红. 论法律英语中模糊词语的运用及其翻译 [J]. 湘潭师范学院学报（社会科学版），2009 (5).
④ 袁华平. 法律英语中模糊性词语的功能及其翻译 [J]. 湖南科技学院学报, 2009 (5).
⑤ 刘婷. 英语规定性法律文本中模糊词语的汉译研究 [D]. 江苏大学, 2008.
⑥ 袁华平. 法律英语中模糊性词语的功能及其翻译 [J]. 湖南科技学院学报, 2009 (5).
⑦ 伍秀芳. 功能翻译理论视阈下中国法律法规中模糊语言的英译研究 [D]. 山东大学, 2016.

用范围也无清晰的界定,因而其确切含义不明确。如:substantially certain 应译为"大致确定,基本上确定",而不是如书中所译"必然结果"。中国法律中同样也有类似的模糊词。如《中华人民共和国民法通则》中的"主要生活来源"(第11条),"相适应的民事活动"(第12条),"必要的财产"(第37条)。法律及合同中的模糊词目的在于保持条文执行或履行时的灵活性。日后如果发生争执,其最终解释权属于法院,译者无权对此作任何解释或澄清。因此,译者在法律功能对等的前提下,对含混词应采取的翻译策略是以模糊对模糊。相反的,对于含义明确的原词则不应囫囵吞枣,模糊以对,以免造成不应有的模糊。

法律语言中模糊词语的翻译是法律翻译的难点和重点,法律英语中模糊词语的翻译可采用直译、意译、增译和省译等多种方法。

第一,直译。

一般来说,直译是既保持原文内容、又保持原文形式的翻译方法。换句话说,直译是指在不违背源语文化的前提下,在译文中完全保留源语词语的指称意义,求得内容和形式相符的翻译方法。直译在翻译中应用非常广泛,尤其用于法律模糊语言的翻译。直译保持原有的"异国情调",也就是说要保留的不仅是纯语言的形式特色,还有异域的文化因素,即保留源语中与目的语相异的要素。它通过彰显各民族在语言和文化上的独特性试图消除不同语言在文化地位上的不平等,使翻译真正成为不同文化之间的交流与对话。具体来说,直译有以下优点: (1) 直译可以保留源语言的文化特征,即保留其"洋味"。(2) 直译尽可能地忠实于原文,使读者能更好地理解原文。(3) 直译在保留源语言文化特征的同时促进了两种语言的交流和发展。语言是个开放的系统,直译可以吸收外语中的新元素,后又加入译入语语言文化中成为新的成员,促进不同语言之间的交流,增强语言的生命力。目前在文化包括法律文化融合的大背景下,直译有利于向外国介绍本国历史和法律文化,也让本国读者有机会了解异域法律文化和法律制度,实现跨文化交际的目的。

前文已述,在法律文本中,不可避免地存在语义的模糊性,而且英汉两种语言中词语的模糊性也不尽相同,但这并不妨碍这两种语言之间的直译。事实上,在有些情况下,尤其是在法律文件起草人可能是有意使用模糊词语时,我们可以采取模糊对等翻译,即用一种语言的模糊词语去翻译另一种语言的模糊词语。就法律本文的翻译来说,直译就是采用目的语的模糊语词来翻译源语中的模糊语词,即所谓用不同的语言形式表达同一事物。换句话说,在法律文本翻译时,虽然语言不同,但词语含义特别是模糊度却大致相同,起到了准确传输源语信息的作用。直译强调"语意对等",所谓"语意对等"就是源语模糊词汇对应译语模糊词汇,把源语中的模糊词汇翻译成为相对应的译语中的模糊词汇。虽然这种对等不是绝对的"相同"(sameness),但在模糊度上可以最大限度的接近。直译法是法律文本中模糊语言翻译的主要方法。因此,在翻译过程中,为了实现模糊语言的语用功能对等,翻译法律语言中的模糊词语在通常情况下采用直译法,以便在译文中能够重现原文模糊词语所产生的语境效果。"在翻译法律文本中的模糊语时,直译是一种可能的、并且有效的方法"。[①]

以下举例说明。

例1

原文:The corporal punishment administered by the defendant was minimal, and not excessive.

译文:被告所施加的体罚属最低限度而并未过当。

原文中"minimal""not excessive"这些模糊词语直译为"最低限度""未过当",原汁原味地保持了原文的语言结构形式和词语内涵,特别是实现了法律英语中模糊词语的模糊度对等。

例2

原文:If an act under emergency to avert danger exceeds the limits of necessity, thus causing an undue harm, the person involved shall bear criminal responsibility, but be given a mitigated punishment or exempt from punishment.

译文:紧急避险超过必要限度造成不应有的损害的,应当负刑事责任,但是应当酌情减轻或者免除处罚。

原文中,其中"limits of necessity""undue harm""mitigated punishment"都是关键的模糊词语,翻译时也是直译为"必要限度""不应有的损害"和"酌情减轻处罚"。

例3

原文:We the people of the United States, in order to form a more perfect Union, establish justice, insure domestic tranquility, provide for the common defense, promote the general welfare, and secure the blessings of liberty to ourselves and our posterity, do ordain and establish this Constitution for the United States of America.

译文:我们合众国人民(指美国人民)为建立更完善的联邦,树立正义,保障国内安宁,提供共同的国防,促进公共福利,并使我们自己和后代得享自由的幸福,特为美利坚合众国制定本宪法。

该例句源于《美国宪法》中的序言部分,例句中模糊词语"perfect"

---

① Newmark, Peter. Approaches to Translation [M]. 上海:上海外语教育出版社,2001.19.

"common"和"general"被译为"完善的""共同的"和"公共的"也是采用了直译的方法。直译的目的在于将原文中的语法和词序以及原文词语的基本意义移植到译文。

例4

原文：It was reported by the police that murderer was thin and gaunt with deep 6 wrinkles in the back of his neck.

译文：据警方报道，该杀人犯又瘦又憔悴，后颈上有很深的皱纹。

原文句子中有三个英语模糊词"thin""gaunt"和"deep"，可把它们相应译成三个对等的汉语模糊词"瘦""憔悴"和"深"，这是模糊对等译法或直译法，是法律文本模糊词语翻译最常用的方法。

第二，意译。

每一个民族语言都有它自己的词汇、句法结构和表达方法。当原文的思想内容与译文的表达形式有矛盾不宜采用直译法处理时，就应采用意译法。意译，也称为自由翻译，它是只保持原文内容、不拘泥于原文形式的翻译方法。更具体来说，意译法指的是通过对原文深层意蕴的理解和消化，将原文的表层结构打破并重组，然后转化为自然流畅、意蕴对等的译文。换句话来说，就是要冲破语言的外壳，将其真正的含意挖掘出来。意译有以下优点：（1）意译用于翻译英汉两种语言中大量成语典故和谚语，避免译文太过复杂难懂。（2）源语中大量的诙谐妙语，只能用意译法才能表现出准确完整的意思。（3）意译用于翻译某些特殊词汇，如法律文本中的模糊词语，避免错误，同时使得译文符合汉语的表达习惯和中国法律语言规范，使译文更加通顺流畅、严谨庄重。

不同国家的法律文化差异[1]使得同一个词的表意完全不同。例如中文中的"第三者"翻译成英语可以是"情人""情妇""情夫""婚外恋人"等，但"情人""情妇""情夫"等在英语语言文化背景下只是中性词，并无褒贬色彩，而在我国文化背景下上述词则具有贬义，使人联想到"不道德的异性关系"。意译主要在源语与译语体现巨大文化差异的情况下得以应用。从跨文化语言交际和文化交流的角度来看，意译强调的是译语法律文化体系和源语法律文化体系的差异性和相对独立性。大量的实例说明，意译的使用体现出不同民族语言在法律文化、生态文化、语言文化、宗教文化、物质文化和社会文化等诸多方面的差异性。意译更能够体现出本民族的语言特征和法律文

---

[1] Fridman 于1969年在其所著《法律文化与社会发展》一文中首次提出"法律文化"这一概念。自此，法律翻译赋予译者一项艰难而重要的使命，也就是在法律翻译中充分考量文化因素。尽管文化共性多于文化个性，但文化空缺给译者造成诸多困难仍不可小视。

化特征。有些情况下，在法律文本中，一种语言中所表达的模糊性概念，在另一种语言中翻译为另一种非对等的模糊概念，即是本文语境中的意译法。虽然这两种概念不同，但是它们在不同的文化和背景中所表达的意思相同或相似，可以说是殊途同归。尽管不同语言的法律用语有共同的特点，由于语言和法律体系的差异，完全等同的词语较为少见。在法律文本中，有时一种语言中用一个词表达模糊概念，如果直译则会让译文受众觉得莫名其妙，这时在翻译时不得已用另一种语言的非对等词来表达相同或相似的模糊概念，以便更加符合译入语的文化特征、表达习惯和法律语言规范，这就是模糊词语的意译法。以下举例说明。

例1

原文：It is two and two make four that there is no conclusive evidence to prove that the accused is guilty at present.

译文：显然，目前没有确凿证据证明被告有罪。

分析：原文中，"It is two and two make four that"是英语常用的习惯用语，在英语语境和文化背景下也是一个模糊词语。但译者如果将"two and two make four"直译为"二加二等于四"，则会让汉语读者觉得不知所云，甚至会莫名其妙，因为"二加二等于四"在汉语文化背景下可是个精确词语。而必须采用模糊对精确，① 译为"显然"，则是用非对等词来表达相同的模糊概念，如此就符合汉语的语言文化特征和表达习惯。

例2

原文：The state constitution provides that it is lawful for the citizens to carry guns. In recent years hundreds and hundreds of innocent people have died of this and one need not look for a lesson.

译文：该国的宪法规定，公民携带枪支是合法的，正因为如此，最近几年成千上万的无辜的人惨遭杀害，教训历历在目。

分析：原文中"hundreds and hundreds of"意思是"几百"，在法律英语中是具有虚指作用的数词，表示数量庞大，是一个常用的模糊词语。如果直译为"数百人"无法实现模糊度对等。因此这里译作"成千上万"不仅实现了模糊度的对等，而且更符合汉语的表达习惯，这就是运用了法律文本中模糊词语的意译法。

---

① 模糊对精确是指译者根据自己对原文的理解以及自身的社会文化专业背景知识，将原语中本身意义模糊的词语但由于文化差异导致在译入语中则显示为精确的词语，这时不能直译，而用译入语中相对比较模糊的词语来翻译，从而在两种语言中达到模糊度和法律功能的对等。

例 3

原文：A proposal for concluding a contract addressed to one or more specific persons constitutes an offer if it is sufficiently definite and indicates the intention of the offer or to be bound in case of acceptance.

译文：向一个或多个特定人士提出缔结合同的提议，如果内容十分确定并且表明提议人在提议得到接受时承受约束的意愿，该提议即构成要约。

分析：原文中"sufficiently"是个模糊词语，意思是"足够"，这里译作"十分"。虽然"足够"和"十分"在汉语中都属于模糊的副词，但在此语境下译为"十分"则更为"地道"，更符合汉语的表达习惯，这也是运用了模糊词语的意译法。

例 4

原文：Conditions of probation may be imposed on the offender if the court considers them necessary for securing his good conduct or for preventing a repetition of the offences and the commission of further offences.

译文：法院认为为了保证罪犯循规蹈矩或防止其重新犯罪，必要时得对罪犯规定假释的条件。

分析：原文中"good conduct（好的行为）"算是一个模糊词语，这里没有采用直译，而是用一个汉语成语翻译为"循规蹈矩"，使译文更加符合汉语的修辞和习惯，如此使翻译更为准确，更具有汉语的文化意蕴。

第三，增译。

翻译是将一种语言翻译成另外一种语言的过程，其涉及不同国家的风俗、习惯和文化等多种知识。因此，为提高翻译的准确率，译者必须根据具体的翻译内容，采取不同的翻译策略。在多种翻译策略中，除了直译和意译外，增译和省译也是最常用的，这两种方法对英汉互译中语句的处理具有极大作用。增译法是指在译文中适当增加一些原文没有的词使表达更加准确通顺。换句话说，增译法是为满足目的语读者需求，增加补充翻译内容的一种方法。由于英汉两种语言具有不同的思维方式、语言习惯和表达方式，在翻译时，为了使译文更符合目标语的语境和用语习惯，译文需要增添一些词、短句或句子，以便更准确地表达原文的意义。通过增译，一方面能有效保证译文语法结构完整；另一方面能确保译文意思明确。

作为翻译的一项原则，译者是不允许随意增减原文的意义的。但这并不是说译文和原文必须一词对一词。一词对一词往往不能得到准确通顺的译文。因此，在不失原义的前提下，为了使译文准确通顺，添加一些必要的词语是允许的。如："The bridge is long."无论是译为"这桥长"还是译为"这座桥是长的",读起来都不顺口。而译为"这座桥很长"不仅保持了原文的意义,而且符合汉语的习惯。

在英译汉的过程中,很多情况下都可以用到增译法,如为了使译文符合译文读者的语言习惯,需要增补一些词,如修饰词、主语等;还例如对原文文化的增译。英语母语国家和汉语母语国家由于历史、地理等因素,形成了不同的文化,因此,其语言中存在较多的文化不对等词,为了使汉语读者更好地理解英语中的文化词,就需要对这些文化词进行增译。如在翻译"Jupiter"时,一般将其翻译成"爱神丘比特",增加了"爱神"一词;将"Lincoln"翻译成"美国总统林肯",增加了"美国总统"一词。在本书语境下,为使译文更忠实通顺地表达原文的思想内容,翻译模糊词语时,我们可以考量目标语与源语的不同的文化背景,适当增加原文没有的词,而不是机械地保持原文与译文之间在词量上的对等,目的就是实现"功能对等",即达到实现目标语读者对译文产生与原文读者对原文所产生的同等程度的理解和反应。用增词法处理法律英语中的模糊语言,可以避免歧义,使译文中的模糊词语的表述更加忠实于原文,在译入语中实现与源语同等程度的模糊性。

例 1

原文:The intimacy between he defendant and his wife can be found at the first sight.

译文:被告和他的妻子之间的亲密关系一眼就能看出来。

原文中的"intimacy"是一个抽象名词,属于模糊词语,意思是"亲密、隐私"。在这里,译者将其译为"亲密关系",增补了"关系"一词,能使目的语读者准确理解原文意思,使译文中的模糊词语的表述不仅忠实原文,达到实现目标语读者对译文产生与原文读者对原文所产生的同等程度的理解,而且更加符合汉语的表达习惯。英语注重简单的语言,而汉语则喜欢丰富的语言,因而在英译汉时,有时会需要添加一些词语,以便增加译文的文采和表达效果。因此增译法能够增强译文效果,补充译文意义,使译文通顺明朗,可读性大大提升。因此在翻译时,有时需要适当地脱离原文字面意义的束缚,游刃有余地将原文意义充分展现。

在法律文本中,在英汉翻译时在抽象名词(模糊语)或某些由动词和形容词派生的抽象名词后面通常可根据不同的词汇和语境增补适当的名词。如在法律文本中可能出现的模糊词语"persuasion"可译为"说服工作";"preparation"可译为"准备工作";"antagonism"可译为"敌对态度";"tension"可译为"紧张局势";"madness"可译为"疯狂行为";"backwardness"可译为"落后状态";"rashness"可译为"急躁情绪";"job"

可译为"就业机会";"unemployment"可译为"失业问题"。

例1

原文：The first and the hardest task of the new government was to deal with the ever—growing unemployment.

译文：新政府最紧迫、最艰巨的任务是解决日益严重的失业问题。

例2

原文：It is important for the government to understand what happens in the market and have the ability to reform the economic structure and shift modes of production based on market analysis and data.

译文：对于政府来说，了解到市场到底发生了什么是非常重要的，同时也要有根据市场的分析和数据逐渐转变经济结构和生产方式的能力。

这段话取自我国政府对外发布的"白皮书"。原文中"reform"和"shift"都是模糊词语，译者增加了副词"逐渐"来描述"转变经济结构和生产方式"的时间，更符合中国的实际情况和汉语的语言习惯。虽然市场经济有其发展规律和共性，但我国的社会主义市场经济不同于资本主义的市场经济，我国政府对国家经济的宏观调控能力更强，而且我国是一个发展中的大国，经济结构和生产方式的转变不可能一蹴而就，需要根据社会经济发展情况不断地进行变革。英语和汉语存在较大不同，英语注重写实，在描绘一个事物和一种现象时，要求尊重事实，因此，其较少使用修饰词，而汉语在描绘相关事物和现象时，为了使其更形象，多采用修饰语。因此，在英译汉时，涉及模糊词语的翻译时，为满足汉语读者需求和更准确地表述原文的意思，作者可以根据具体情况特别是我国社会发展的实际情况，增补相关修饰词。

例3

原文：The Buyer shall, upon receipt of Corporation's respective invoices there for, pay to Corporation all amounts which become due by the Buyer to the Corporation hereunder, including without limitation an amount equal to the taxes and duties.

译文：收到公司的各种发票后，买方必须立刻付给公司已到期应付的所有款项，包括但不限于各种税收费用。

在原条款中，只有一个表示义务的副词"shall"，看不到表示"迅速""马上"等含义的词语，但是原文中"upon"一词指的是"一……就……"，而且根据合同订立的一般原则，除非有特别规定，否则快速及时履行合约义务是当事人义不容辞的责任。因此，在译文中"立刻"这一模糊词的增加为买方履行义务予以时间上的约束，极好地保障了"公司"的利益。因此在翻译实践中，当法律文本使用了意义模糊的词语来表达特定的法律内涵时，译者可以在理解原文的基础上有针对性地取其语境含义，准确地将原文作者的意图展现给目标语读者，保持与原文几乎同等的模糊度。

第四，省译。

省译法是根据两种语言的表达规范在翻译中进行必要的省略。省译法是指在不改变原文意思的基础上，省略原文中部分语句或文字，使译文更加简洁明了。实际上，省译法是删减一些可有可无的，或者会违背译文表达习惯的一些词或短语，但省译并不删减原文的重要思想，运用省译法可以达到化繁为简的效果。因此在保证原文忠实的前提下，用省译法处理法律翻译中的模糊现象，使得译文更加简洁，符合法律所提倡的精炼和简明的要求。

例1

原文：The accused looked gloomy and troubled.

译文：被告看上去有些忧愁不安。

原文中"gloomy and troubled"是模糊词语，在翻译时，译文作者省略了连词"and"，使译文更加紧凑、通顺、简洁。

例2

原文：An applicant for the civil service who had worked at a job would receive preference over those who had not.

译文：报考公务员的人，有工作经验的优先录取。

作为大学生或研究生来说，参加工作实习多长时间才算"有工作经验"没有定论，因此"是否有工作经验"属于模糊词语。该文取自《中华人民共和国公务员法》的英文版，在翻译定语从句"who had worked at a job would receive preference over those who had not"时，译者直接将其翻译成"有工作经验的优先录取"，省略了"over those who had not"（比没有工作经验的人）的翻译，使整个句子更加简洁明了。在英语中，一句话的表达通常会涉及诸多从句，如定语从句、宾语从句、形容词性的定语从句，等等。在这些从句中，往往会含有与前句或前文中重复的部分，若根据原文句子翻译成中文会显得啰唆烦琐，因此，应适当运用省译法，省略或删减重复的词语，从而使整个句子看起来更为简洁，满足汉语的表达习惯。

例3

原文：One who instigates a person under the age of eighteen to commit a crime shall be given a heavier punishment.

译文：教唆不满十八岁的人犯罪的，应当从重处罚。

显然，"a heavier punishment"是模糊语言，如果把原文中的"shall be given a heavier punishment"译为"应被判处更为严重的刑罚"，会使得译文非常烦琐，而且被动语态更加强调犯罪人，而省略主语的主动语态更符合汉语的表达习惯，更侧重于强调法律本身对犯罪者的制裁，使该译文简洁明了，同时丝毫没有损害原文的完整性，并保持模糊语言与原文同等的模糊度。

1.3.3 汉语法律文本中模糊词语的英译策略

随着全球化进一步深入，中国进一步推进改革开放，各个领域的国际交流也随着增多。在处理诸多国际事务中，法律交流作用也越来越突出。然而各国之间的法律交流离不开法律翻译。近几年来，我国对法律翻译的需求量越来越大。法律翻译方面的研究也受到了学者们的重视。其中，汉语法律文本中模糊词语的英译是法律翻译研究中的一个重要课题。法律文本中模糊词语的翻译直接影响着法律文本翻译的质量。

与英语法律文本中常用 reasonable，properly 等模糊词语一样，我国的法律中使用大量概括性的、抽象的模糊词语，例如"适当""若干""其他""严重""从重""从轻""减轻""必要""明显""重大""恶劣""显失公平""合理的""数额巨大"等。这些词因为意思较抽象，本质上都具有模糊的特性。这些模糊词语的英译对于整个法律条文是否能得到成功的翻译非常关键。法律文本翻译的成功与否是由法律在实践中的解释和运用来衡量的，译者的任务就是像原文一样来解释和运用译文，以保留单一文本的唯一性，因而法律翻译的终极目标是"在保证译本统一解释和运用的前提下保留单一文本的唯一性"[①]。为达到这一目标，译者在理解和翻译模糊词语时要运用语用原则，掌握其语用含义，让译文不仅符合法律语言的表达习惯，还要保证原文的模糊语在译文中具有相等或相似的法律功能。中国法律文本中模糊词语的英译也可采用直译、意译、增译和省译等方法，最大限度地再现原文的法律思想内涵。

第一，直译。

所谓直译就是译文从内容和形式上与原文保持一致。例如"彩色地带"翻译为"color zone"就是直译。直译为忠实原文的翻译方式，尽量传达和保留原作特有的语言形式以及异域法律文化特色，使译语读者生动地感受到"洋腔洋调"，从而促进了不同法律文化的交流。随着国家间经济、法律和文化的交流日益加深，当今各种语言都得到了不同程度的丰富，而翻译法律文本时，大量采用直译法在这一过程中起到了较为重要的作用。

任何语言都具有模糊性的特征，并在某些模糊表达上表现出相对应性，因

---

① Sarcevic, Susan. New Approaches to Legal Translation. The Hague: Kluwer Law International, 1997. p2 – 4.

此可以用一种语言的模糊语去直接翻译另一种语言中的模糊语,从而保留相应的模糊语信息,能够忠实地再现原文的含义。比如,汉语中表示不同年龄的模糊词语有:"年轻人""中年人""成年人""老年人"。在英语中可以相应地表达为:"young""middle age""adult""old"。这种常用的直译法,也可以用作对汉语法律文本中模糊语言的翻译。以下举例说明通过直译的方法进行汉语法律文本中模糊词语的英译。

例1

原文:正当防卫①超过必要的限度,造成不应有的损害的,应当承担适当的民事责任。(《中华人民共和国民法通则》第128条)

译文:If justifiable defense exceeds the limits of necessity and undue harm is caused, an appropriate amount of civil liability shall be borne.

分析:原文中"必要的""不应有的"和"适当的"表达了模糊的含义。基于不同的价值判断,在事实情况中一个人所采取的正当防卫行为是否超过必要的限度,是否造成了不应有的损害都是值得争议的问题。此外,"适当的民事责任"在不同的人眼中又有不同的标准。在原文中"必要的""不应有的"和"适当的"分别对等地翻译为"necessity""undue"和"appropriate",使译文能够重现原文模糊词语所产生的语境效果。

例2

原文:当事人可以约定一方违约时应当根据违约情况向对方支付一定数额的违约金,……约定的违约金过分高于造成的损失的,当事人可以请求人民法院或者仲裁机构予以适当减少。(《中华人民共和国合同法》第114条)

译文:The parties may stipulate that in case of breach of contract by either party a certain amount of penalty shall be paid to the other party according to the seriousness of the breach, … If the stipulated penalty for breach of the contracties excessively higher than the loss caused by the breach, the party concerned may apply to a people's court or an arbitration institution for an appropriate reduction.②

分析:原文中"一定数额的""过分高于""适当的"等模糊词语在英语中分别被直译为"a certain amount of""excessively higher than""appropriate"对等的模糊语,原文和译文都指代相同的模糊现象,从而实现以译文的模糊应

---

① 中国法律吸收了许多译自英美普通法系的法律术语,如"正当防卫",但在汉英法律翻译过程中,应采取何种策略才能将这些中文法律术语成功回译到英语中去,目前学界尚未形成定论。

② 国务院法制办公室.中华人民共和国合同法(中英文对照)[M].北京:中国方正出版社,2004.49.

对原文的模糊。因此,在翻译的过程中,采用目的语中意义最接近的模糊词来翻译源语中的模糊词,这样译文读者能够同样感受到原文的模糊表达所传输出来的准确性。

例 3

原文:立法应当从实际出发,科学合理地规定公民、法人和其他组织的权利与义务、国家机关的权力与责任。(《中华人民共和国立法法》第 6 条)

译文:Lawmaking shall be based on actual circumstances, and shall, in a scientific and reasonable manner, prescribe the rights and obligations of citizens, legal persons and other organizations, and the powers and duties of state organs.

分析:该例句中"科学合理"一词是模糊性用语,翻译为"scientific and reasonable"就是采用直译的方法。直译既全面准确地阐明原文的含义,又无任何失真或随意增加或删除原文的思想,是中国法律文本中模糊词语英译的重要方法。

第二,意译。

在法律文本中模糊语言的实际翻译过程中,有时可以字对字或句对句的直译,但由于英汉两种语言表达习惯及其法律文化差异的存在,有时须采取意译法,即结合具体的语言环境和其他因素的影响,译者可以采用灵活的翻译策略,使译文更加通顺流畅,从而取得理想的翻译效果。

由于不同语言在历史传统、地理环境、宗教信仰、思维方式及风俗习惯等方面的差异,同一种事物在不同的文化氛围中往往会产生不同的文化内涵和情感共鸣。当对这类文化差异进行异化翻译时,会添加大量的注释,增加读者的阅读量,还可能会引起误解。另外,直译在一定程度上会导致译文句式的生硬,有时甚至晦涩难懂,从而降低了译文的可读性。这时不得已而采用意译法。意译不要求译文与原文从内容和形式上保持一致,而是强调译文对译文受众的影响和效应与原文对原文受众的影响和效应对等。① 换句话说,意译是指译者在受到译语社会文化差异的局限时,不得不舍弃原文的字面意义,以求译文与原文内容相符和主要语言功能相似的一种翻译方法。对于模糊的法律语言,除了采用直译,在必要时还可以采用意译。原因有二,一是目的语缺乏原文的对等语,二是为了使译文更符合目标语言的文化和表达习惯。也就是说,除直译外,译者可采用意译的方法,将隐含在原文中的模糊内涵清楚地用目的语表达出来。

语言反映文化,并受文化制约。法律文化因素严重影响制约着法律翻译的质量。做好法律翻译要平时勤于积累语言点滴,加强母语和有关法律文化知识

---

① 许金杞.意美、音美、形美—英文商标的汉译[J].外语与外语教学,2002(11).

的学习。只有重视研究英汉两种语言和中西法律文化的特点，并对有关法学知识特别是法律历史有一个通透的把握，才能较好地进行法律文本的翻译。英汉两种法律文化和语言特点存在着明显的差异，所以两者之间模糊语言的翻译不可能完全一一对应，也不仅仅只是语言方面的问题，而在一定程度上，模糊语的翻译与其所处的法律文化背景有紧密的联系。而当原文中的模糊信息在目的语中找不到语义对等的模糊语义时，就需要用非对等词来传达其意义，就是采取所谓的意译法。比如英语中有些表达某一意义的模糊词语与汉语中表达相同含义的模糊词语不对等，这时就可以选用符合译入语表达习惯的模糊语来加以表达，使之更具有可读性。有时在翻译法律文本的过程中，由于中西法律文化的不同，源语的模糊词汇或者表达所蕴含的意义必须在目的语中明确地表达出来，这就需要根据具体语境将所蕴含的信息补填上去，进行意译以减少不必要的误解。以下举例说明。

例1

原文：扶养适用与被扶养人有最密切联系的国家的法律。（《中华人民共和国民法通则》第148条）

译文：Maintenance of a spouse after divorce shall be bound by the law of the country to which the spouse is most closely connected.

分析：原文中的"扶养"在汉语的语境下有两种理解或含义，是一个模糊语言，既可以指父母对子女提供生活和教育等方面的经济支持，也可以指同辈人之间在物质上和生活上的互相帮助，尤其是夫妻之间。由于本条是在民法通则的涉外民事关系的相关规定部分，译文考虑到源语的篇章语境和立法意图，对该词的翻译进行了精确化处理（选择后一种含义，即夫妻之间的扶助），以便使得译入语读者能够对该法条有更清晰的认识。

例2

原文：不正当地促成条件成就的，视为条件不成就。（《中华人民共和国合同法》第45条）

译文：Where either party unjustifiably hastens the fulfillment of the conditions, the conditions shall be deemed as not fulfilled. ①

分析：原文中"促成"是模糊或不确定的词语，因为在《汉语大字典》（普及版）中有2种解释，即急速完成和推动使之成功之意。也就是说，对该词我们既可以理解为"在短时间内完成某事"，也可理解为"为达到目的而采

---

① 国务院法制办公室. 中华人民共和国合同法（中英文对照）[M]. 北京：中国方正出版社 2004. 21.

取措施推动其完成",将该词翻译成英文时可解释为 help to bring about, facilitate, help to materialize, favor 等。但译文中采用 hasten 一词,显然只取"急速完成"之意,原文的模糊含义在译文中得以精确地表达。

第三,增译。

增译是指根据英汉两种语言不同的思维方式、语言习惯和表达方式,在翻译时增添一些词、短句或句子,以便更准确地表达出原文所包含的意义的一种翻译方法。换句话说,增译法是指在翻译时根据意义上(或修辞上)和句法上的需要,在原文的基础上增加一些必要的单词、词组、分句或完整句,从而更忠实、通顺地表达原文的思想内容,使得译文在语法和语言形式上符合译文语言习惯,而在文化背景和词语联想方面与原文保持一致。如汉语有时有无主句,而英语句子一般都要有主语,所以在翻译汉语无主句的时候,除了少数可用英语无主句、被动语态或"There be…"结构来翻译以外,一般都要根据语境补出主语,使句子完整,符合英语的语法要求和表达习惯。

由于英语和汉语是两种截然不同的语言,产生于不同的历史和文化背景,所以,一个具有较强烈的文化色彩的句子,译成另一种语言时如果不添加一些诠释成分,译文读者就很难理解。如汉语成语"三个臭皮匠,抵个诸葛亮"在中国人人皆知,但如果一词对一词地译成英语"Three cobblers equal a Zhuge Liang",英美人就会感到莫名其妙:诸葛亮是何许人也?为什么三个皮匠和一个诸葛亮相等?所以,翻译时只有采用增译法,增加一些诠释成分,增译为"Three cobblers with their wits combined equal Zhuge Liang the master mind",外国人才能明白其含义。

由于法律语言的规范性和严谨性,增译和省译的方法在法律翻译中一般被禁止。然而,随着翻译实践的发展,增译有时也很有必要。原因有三:其一是为了符合英语的语法要求和表达习惯。其二是为了增加原文中暗示但没有明确表示的信息,使译文更加忠实地反映原文的文化意蕴和文化内涵。其三是增加在原文中被认为是没有必要、省略或不存在的,但在译入语中是不可或缺的成分,或者缺之就会导致歧义或混乱[①]。以下举例说明。

例1

原文:甚至法西斯国家本国的人民也被剥夺了人权。

译文:Even the people in the fascist countries were stripped of their human rights.

分析:人权是一个模糊词语,译文增译了物主代词"their"。英汉两种语言

---

① 戴拥军.《合同法》模糊词语的英译研究[J]. 外语学刊,2012(1).

在名词、代词、连词、介词和冠词的使用方法上存在很大差别。英语中代词使用频率较高，凡说到人的器官和归某人所有的或与某人有关的事物时，必须在前面加上物主代词。因此在汉译英时需要增补物主代词。通过增译，一是保证译文语法结构的完整，二是保证译文意思的明确。

例2

原文：在人权领域，中国反对以大欺小、以强凌弱。

译文：In the field of human rights, China opposes the practice of the big oppressing the small and the strong bullying the weak.

分析：原文和译文来源于我国对外的法律文件"中国人权白皮书"，原文中"以大欺小、以强凌弱"属于模糊词语，翻译时增译了暗含词语"the practice"，使译文符合英语的语言习惯和表达方式。因此在汉译英时要注意增补一些原文中暗含而没有明言的词语和一些概括性、注释性或限定性的词语，以确保译文意思的明确和完整。

例3

原文：这是我们两国法律制度的又一个共同点。

译文：This is yet another common point between the legal system of our two countries.

分析：原文中"共同点"是一个模糊词语，为了符合英文的语法要求，同时更明确地限定"共同点"，译者增译了介词"between"。英语词与词、词组与词组以及句子与句子的逻辑关系一般用连词来表示，而汉语则往往通过上下文和语序来表示这种关系。因此，在汉译英时常常需要增补介词或连词。

例4

原文：当事人应当遵循诚实信用原则，根据合同的性质、目的和交易习惯履行通知、协助、保密等义务。(《中华人民共和国合同法》第60条)

译文：The parties shall observe the principle of good faith and fulfill the obligations of notification, assistance and confidentiality in accordance with the nature and aims of the contract and the appropriate trade practices. [1]

分析：在我国"交易习惯"属于模糊词语，因为我国法律没有对哪些交易惯例为法律认可的"交易习惯"作出明确的规定。因此，我国《合同法》第60条的译文中添加了"appropriate"（合适的），这样就排除了那些如封建迷信的邪恶习惯，从而使译文更加准确合理，所表达的内容符合原文的意思和文化内

---

[1] 国务院法制办公室. 中华人民共和国合同法（中英文对照）[M]. 北京：中国法制出版社，2004. 29.

涵。文化没有好坏之分，但文化是一个民族在长期的生产、生活和发展过程中所创造的精神财富的总和，具有鲜明的民族和地域特色。人们在长期的生产、生活等社会实践中逐渐形成的风土人情、风俗习惯、宗教信仰、价值观念、思维方式、审美情趣等是文化的核心部分。文化作为民族传统和社会意识的一部分，渗透到社会生活的各个方面，法律制度自然也会受到文化的影响。因此，法律制度负载着特定的文化内涵和民族特色。我国法律文本的翻译是一座法律文化沟通的桥梁，是一个展示中国民族法律文化的窗口。我国有着五千年的文明发展历程，有悠久的历史和文化。我国许多法律制度都负载着非常丰富的文化内涵。根据中国的传统法律文化，习惯是人们在长期的生产和生活中逐渐形成的一种行为模式，它根植于社会生活，是一种支配人们行为和生活的无形力量，是法律的重要渊源和社会基础。而习惯可大致分为三类。

第一，善良习惯。即为社会大众所普遍接受，具有深厚的群众基础，被民众传承和发扬，内容符合法律的基本原则及精神，且对社会无害的习惯。如春节、端午节、中秋节、清明节作为中华民族传统习惯就是善良习惯。国家进行社会管理时要尊重善良习惯。立法机关制定法律法规时要尽可能把这些体现中华民族精神的善良习惯转化为法律，行政机关和司法机关在执行或适用法律时也要尊重善良习惯。国务院假日办将端午节、中秋节、清明节调整为法定假日，且增加了春节的法定假，就是对这种善良习惯的尊重。

第二，一般习惯。即具有一定的群众基础，为民众所传承，内容不违背法律的基本原则及精神，但也不符合现代文明的发展趋势，而且如果管理不善，对社会有潜在危害的习惯。一般习惯有一个显著特征就是民众对此类习惯褒贬不一，众说纷纭。如人们在春节期间燃放烟花爆竹的习惯。一些城市基于安全和环保考虑，宣布禁止在城区燃放烟花爆竹。对此，群众的意见分歧很大，有的坚决支持，有的强烈反对。在社会管理中对于一般习惯，要非常慎重，既不能整齐划一，也不能放任不管，而应该循序渐进，因时制宜，因地制宜，因势利导。

第三，邪恶习惯。一般指因袭封建传统，违背法律的原则和精神，背离社会的一般正义观念，对社会危害极大的习惯。这类习惯往往只有社会中少数人推崇，而社会的主流民意都反对和丢弃。例如近年来在河南、河北、山东、山西一带死灰复燃的"娶鬼妻""配阴婚"现象即为邪恶习惯的典型例子。根据当地习惯，未结婚即身故的男子被认为魂灵无所依归，不得迁入祖坟，死者亲属因此千方百计寻找女性尸骨与之合葬。强大的需求形成了"鬼妻"地下供应链条，终端供应商在利益驱使下盗墓取骨，甚至杀人卖尸。邪恶习惯代表了落后与无知，而国家法律的态度坚决而明朗，它以消灭邪恶习惯的存在空间为己任，通过强硬严厉的干预，担负起移风易俗、推动社会进化的责任。①

显然，原文中"习惯"应该将"邪恶习惯"排除在外，因此采用增译法，译文中在"习惯"前添加了"appropriate"（适当地）模糊语，则更忠实于原文，真实反映了源语的文化特色，充分考量了源语的文化意蕴，使译文更加准确、严谨。

英语和汉语属于不同的语言体系，其自然就是这两种不同文化的语言表现形式。这就要求翻译工作者在进行翻译的时候，要保留语言原先的文化特征。但是这个在实际的翻译过程中，往往很难做到，一个词语意思表达不妥，就会使得整个文章的表达变得不严谨、不周延。因此，在翻译的过程中，不要仅仅把工作停留在理解与表达语言的层面，而是要透过语言的表面，了解其更深的层次的文化意义与文化内涵。翻译工作是对语言的翻译，也是对文化内涵的翻译。因此，法律翻译工作者要有源语和译入语的文化背景知识，特别是法律文化背景，为了避免出现文化失真现象，有时要采用增译法。

从以上例子可以看出，增译法在翻译中主要是增加原文中虽无形式，然而却意在其中的成分。利用增译法，不仅可以提高修辞效果，而且可以使译文意思完整、明确。

第四，省译。

省译法是与增译法相对应的一种翻译方法，即删去不符合目标语思维习惯、语言习惯和表达方式的词，以避免译文累赘。在法律文本翻译过程中，同增译法一样，省译的方法初看起来也很令人费解，但有时却是不得不用的翻译方法。这主要是因为英、汉语之间巨大的差异造成很少有完全对等的表达，将原文所有的语言结构形式在目的语中完全转换出来显然不太可能，采取省译的方法去除一些无关紧要的、琐碎的或冗余信息，能使译文更加简洁通顺。

在汉语法律文本中的模糊语言没有必要一字不漏地翻译，因为译入语当中没有相应的模糊语言可以表达原文的意思，或译入语中模糊的意义相当明显。在源语背景下，有些模糊语言的运用仅仅是为了不留下漏洞，起到防患于未然的作用。在这种情况下，译者可以在不扭曲原文的情况下，进行适当的省略，避免译语显得过于冗长、繁杂。在汉语中有大量的辅助词（auxiliary word）它们没有具体意义，通常和其他词语一道出现，只表示一种类别，而且大多属抽象名词，属模糊词义，并不需要译成英语。以下举例说明。

---

① 林雪梅. 行政执法中法律与习惯的冲突及其处理 [J]. 中国行政管理，2013（6）.

例 1

原文：在法庭上，被告和他的妻子看上来关系亲密。实际情况恰好相反。

译文：The intimacy between he defendant and his wife can be found in court. Indeed, the reverse is true.

分析：在译文中省译了抽象名词"实际情况"（模糊词语），这样更符合英语的表达习惯，而且使译文更加简洁明了。

例 2

原文：就法律制裁来说，有时候仁慈就是残忍，有时候残忍就是仁慈。

译文：As far as legal sanctions are concerned, sometimes clemency is cruelty, and cruelty clemency.

分析：原文中"仁慈"和"残忍"都是模糊词语。英语中，如果两个或几个相邻的句子的结构或用词相同，往往将后面句子中与第一个句子相同的部分省略。类似的还有"时代在变迁，法律也随之变化"，可省译为 Times change and law with them.

例 3

原文：债务人以明显不合理的低价转让财产，对债权人造成损害，并且受让人知道该情形的，债权人也可以请求人民法院撤销债务人的行为。（《中华人民共和国合同法》第 74 条）

译文：The creditor may also apply to a people's court to rescind the debtor's action if the debtor causes losses to the creditor by transferring its property at a low price evidently unreasonable and with awareness of the transferee.

分析：原文中"该情形的"（模糊词语）没有必要翻译出来，但译文读者通过译文明确知道其意思，保证原文的模糊语在译文中具有相等或相似的法律功能。

例 4

原文：他做法官的职责战胜了父子亲情，从而判决他儿子有罪。

译文：He allowed the father to be overruled by the judge, and declared his own son guilty.

分析：原文中"亲情"和"职责"都是模糊词语，但在译文中可省略不译。

例 5

原文：中国政府历来重视环境保护工作。

译文：The Chinese government has always attached great importance to environmental protection.

分析：原文中"工作"在该语境下是一个抽象名词，也是模糊词语，译文中省略不译，使译文符合目标语思维习惯、语言习惯和表达方式，同时可避免译文累赘。

必须指出的是，尽管省译法有其优点，但在运用这种方法时要格外小心谨慎。它是"相当精细的翻译程序"，译者"有时凭直觉，有时是临时性的"，一般应尽量避免使用这种方法，以免遗漏对源语和目的语都同等重要的信息。①

1.3.4 小结

对于法律文本中模糊词汇的翻译，不论采用何种译法，关键的一点是译文应与原文在语义及法律意义上保持统一，同时在此前提下，可以根据上下文、文化语境进行灵活处理。在翻译模糊词汇、短语时，翻译人员不必担忧词汇本身的模糊性，而应该尽可能忠实于原词的含义，在译文中保留其模糊性以及相应的模糊度。法律文书的译者只有忠实于原文的权利，没有将模糊的意义解释清楚的责任。

在法律这样严肃的文本的翻译中，译者一定要根据自身的专业背景知识，仔细研究法律文本中的模糊现象，谨慎地采取相应的翻译策略，从而准确地译出原文的内容，传达原文的信息。在翻译工作者进行翻译的时候最应该注意的是忠于原意的翻译表达②。因此，不管任何的翻译技巧其实都是为了更好的表达原意而采用的。翻译工作中最重要的就是尊重原意，切记在翻译工作中为了使用技巧而歪曲原意。法律翻译者对法律词汇具体意义的追寻是理解法律语言和翻译法律的基本要求，其最终目标是实现双语法律语言及其意义的深层含义的对接。③

法律模糊词语的翻译需要译者对法律模糊语言有较正确的认识，本着既符合目标语言的表达习惯，又能保证译文和原文具有相等或相似法律功能的原则，选择恰当有效的翻译策略，最大限度地再现原文本的法律文化内涵。法律语言的翻译以忠实准确为原则。模糊语言的翻译，也不能背离这一基本原则。但是在翻译模糊法律语言的过程中，不能一味地强调字面的准确和忠实。以功能对等为目标，本书提出模糊词语的直译、意译、增译和删译为翻译策略。对于法律文本中出现的模糊现象，以上几种方法仅仅是翻译模糊词语时常见的译法，

---

① Newmark, Peter. Approaches to Translation [M]. 上海：上海外语教育出版社, 2001. 90.
② 严复认为翻译的标准有3个，即"信""达""雅"，而首要标准——"信"，即忠实可信。也就是强调翻译应当忠于原意。这是对译者最重要、最基本、最起码的要求。
③ 熊德米. 模糊性法律语言翻译的特殊要求 [J]. 外语学刊, 2008 (6).

还有许多种翻译方法有待有识之士的不懈探索和深入研究。但无论如何，译者始终不能忽视翻译中的两个重要过程，即正确的理解和准确的表达。在翻译法律文本遇到复杂的模糊词语时，定要根据上下文，进行反复推敲，选择适当的翻译策略准确地进行翻译。个别情况下，要根据不同语境的具体情况灵活处理，其最终目的是使译文准确而又符合译入语的文化特质和语言习惯。

2 商标文体的翻译

随着经济全球化，商品在全世界流通越来越普遍，成功的商标名的翻译可以帮助该商品拓展国际市场，使商品的商标声名远扬，以至许多国际驰名品牌已成为企业的巨大财富和无形资产。而不成功的商标翻译，则损害该商品的国际形象，更谈不上打开国际市场。[1] 随着我国经济的发展和科技的进步，我国商品走出国门，参与世界竞争，同时伴随我国人均 GDP 的增长和人民生活水平的提高，许多外来商品也进入我国这个庞大的市场。由于我国普通人民群众外语水平不高，对西方文化更是知之甚少，很难理解外文商标的意义及其文化内涵，因此将外文商标特别是英文商标翻译成中文，给外语商标取一个简洁明快的汉语名字，将蕴含西方文化的英文商标，转换成赋予中国文化元素的商标名称，让中国普通老百姓通过该中文商标名称很快了解该产品与众不同的性能和特性，是全球化市场竞争的背景下，外国公司的产品进军庞大的中国市场，并期望在中国市场占有一席之地的前提条件。[2]

所谓商标就是制造商或商人为了使人认明自己的商品或劳务，从而使它们与其他竞争者的商品区别开来而使用的文字、名称、符号或图案。像每一个人的姓名一样，每一个商品也有自己的名字即商标。商品的商标不仅是同类商品之间相互区别的一个标识，而且是广大消费者信赖并购买某个消费品的重要参考和依据。商标作为商品的象征，是产品在广告宣传中的重要组成部分。从某种层面上说，商标的好坏直接影响了消费者对该产品的购买欲。当今社会中不难发现许多消费者拒绝购买某种产品，仅仅是因为消费者不喜欢该商标。成功的商标在促进产品的销售方面发挥着极其重要的作用，商标的翻译更是不容小觑。故译者力求把商标翻译好，采用更好的翻译方法让产品深入人心，以适应消费者和文化发展的需求，为企业或国家带来巨大的经济效益。因此，能否将

---

[1] 陈玲美. 英文商标汉译的原则和方法 [J]. 中南林业科技大学学报（社会科学版），2008（3）.
[2] 洪延凌. 从跨文化交际角度看目的论连贯性法则在商标名翻译中的应用——以保洁（中国）美尚商标名翻译为例 [J]. 四川文理学院学报，2016（1）.

产品的内涵传达出来是商标翻译中的关键。

2.1 英文商标汉译的基本原则

2.1.1 引言

商标是商品的标志，是商品经济发展的产物，是商品生产者或经营者为使自己生产销售的商品区别于其他商品而使用的一种显著标志。它是商品显著特征的浓缩，是商品文化的核心部分。在国际市场上，商标常被企业家和消费者视为简化了的企业名称。商标一出现就成为企业的象征，是生产者和消费者直接对话的桥梁，是企业参与国际竞争的有力武器。好的商标应该内涵丰富，并能够体现产品的特色；好的商标应该易记、易读、易懂，并且形象生动；好的商标应该是商品的卖点，能够激起消费者的购买欲望。

商标是一种特殊的语言符号，是商品显著特征的浓缩，是商品文化的核心部分，是企业参与国际竞争的有力武器。它既是标识，又是诱饵，最终要达到招揽顾客、出售商品的目的。商标翻译符合符号学的翻译观，是由解码到编码的过程，是两种文化的移植。好的商标翻译可以给企业带来巨大的财富；反之，糟糕的商标翻译会造成企业损失惨重，所以企业的生死存亡与商标翻译息息相关。同时商标翻译能够拓宽语言学研究空间，丰富语言学的内涵，促进语言理论研究与实际应用的有机结合。

一个好的商标无异于为产品锦上添花。当今社会，商标的翻译是一项任重道远的创造性工作，它所涉及的范围广。商标好坏也影响着商品及企业的形象，译者们在对外界事物的认识与感知的过程中，应该加强各方面的锻炼，结合各方面的学科成果，不断揣摩、研究消费者的心理特征与需求，灵活、巧妙地运用商标的各种翻译技巧及原则，译出既具有文化意蕴，又具有商业效应的完美佳作。

商标是企业宣传和推销产品的利器，也是消费者认识或购买商品的向导，其作用已为越来越多的企业所重视。因此研究商标的翻译方法，提高商标的翻译质量是极其重要的一环。商标有着本身所固有的特点，应该遵循其特有的翻译原则。

一个成功的英文商标的汉译要遵循三个基本原则。首先，译者要理解并尊重中国的传统文化、价值观念和风俗习惯。其次，商标译名要突出商品的性能、功效和特色，使得消费者产生美好的联想，以便能刺激消费者的购买欲。最后，商标译名要简洁新颖、形象生动、通俗易懂，以便于普通中国消费者的书写、拼读、理解、记忆和传播。

2.1.2 重视文化差异

随着商品经济的高度发展和国际贸易越来越频繁，作为商品标志的商标的命名与翻译也就变得越来越重要和富于影响力。在竞争日趋激烈的国际市场上，商标关系到企业的形象、信誉、实力等一系列重要因素。一个成功的商标译名对开拓国际市场、创造企业财富起着不可忽视的作用。中英文商标作为一种文化现象，广泛地存在于社会生活中，对企业商品的宣传、推销，美化人们的生活，起着重要的作用，特别是，它如同一座桥梁，把东方与西方文化、企业、商品与消费者紧密相连。

由于环境、历史、经济、宗教等众多因素的不同，导致中西方文化存在巨大差异，这些差异使得人们的思维方式、世界观、价值观各不相同。翻译是一种跨语言的交际活动，同时也是一种跨文化的交际活动。也就是说，翻译作为语际交流，它不仅只是语言的转换过程，而且是文化移植的过程。不同的文化背景和文化传统，使中西方在价值标准、审美取向、行为准则和生活方式等方面也存在相当大的差异。因此，文化差异对翻译有着重要的影响。商标的翻译必须尊重译入语民族的文化观、道德观、价值取向、宗教信仰等，让人在感情上接受。也就是说，商标翻译时应正确面对译入语文化，实现"入乡随俗"，既要尊重民族心理，把握联想意义，又要熟悉品牌国情，兼顾民族色彩。

因此翻译涉及的不仅仅是两种语言，更涉及两种文化。不同国家不同民族由于地理位置、种族渊源、自然环境等的不同，形成了各自不同的文化传统，拥有其独特的历史文化背景、风俗习惯和价值观。语言是文化的载体，是文化表达和传播的重要手段。因此，每种语言不可避免地带有某种民族文化的积淀和印记，翻译成了一种必然的文化活动。由于语言和文化的密切关系，语言受着文化的影响和制约，译者在理解和表达的过程中总是自觉或不自觉地进行着文化的比较，所以译者必须具有较强的文化意识。所谓文化意识，就是译者要认识到翻译既是跨语言、又是跨文化的信息交流，而文化的差异跟语言差异一样，可能成为交流的障碍。

一个国家或地区的文化，往往受到语言、宗教、价值观、生活态度、教育科技水平、物质生活水平、文化程度、社会组织形式、政治和法律等因素的影响，因此，翻译商标时应充分考虑到产品所销国家和地区的文化、历史和风俗。商标是进行大众宣传的重要方式，也是企业产品推销的关键措施，更是一种重要的社会文化现象。在企业制定商标的过程中必须将社会文化习惯考虑在内，制定与大众消费习惯和文化价值相吻合的商标名称。不同的民族具有不同的文化传统、宗教信仰、风俗习惯、风土人情，其语言孕育并传承着不同的文化内涵。商标是一种特殊的语言符号，是一种社会文化的产物。中国文化博大精深，中国是个文明古国，有着悠久的文化传统。英文商标的翻译不仅要注意突出商品的价值、性能，而且还要注意所传递的丰富的文化内涵。可以说，英文商标的翻译是一种文化和语言等综合的艺术。英文商标的译者不仅要具有较好的英语专业功底，还要深谙中西文化。Deeney 指出："每一种语言都从文化中获得生命和营养，所以我们不能只注意如何将一种语言内容译成另一种语言，还必须力求表达两种文化在思维方式、表达情感方面的习惯和差异。"[1] 因此，在商标名翻译时，首先就要考虑中西文化的差异，力求符合目标群体即消费者的文化内涵、思维习惯、价值理念和消费心理，从而刺激其购买欲。[2]

西方社会崇尚个性解放、个性自由，喜欢特立独行、标新立异，因此，有的公司会用极具冒险的具有极端意义的单词或词语作为商品的商标。[3] 例如，香水商标"Poison"，英文的含义是"毒药"。在西方文化中，罗密欧为朱丽叶服毒殉情人尽皆知。因此，"Poison"商标的香水象征着该香水魅力无穷，像"毒药"一样让人迷糊晕厥、神魂颠倒，体现西方社会所崇尚的直率、野性、果敢和冒险的精神，因此备受西方女性的青睐。而中国是一个追求吉祥的含蓄、保守的民族，如果将香水商标"Poison"直译为"毒药"，将给中国消费者带来"红颜祸水"的联想，不符合中国女性的审美思维，会引起消费者的反感和抵触。因此，将香水商标"Poison""半音半意"地译为"百爱神"，预示着该香水非常神奇、人见人爱，既符合英文商标对该商品特性的寓意和描述，又契合中国民族传统习惯和文化内涵，特别是中国女性的审美情趣，自然会受到中国爱美女性的青睐。[4]

从中国消费者的文化心理来看，英文商标的翻译要尽量满足消费者对产品的心理预期，迎合他们的消费心理。比如，英文商标译文中多见"吉""利""祥""欢""喜"等字眼，因为中国消费者喜好吉利、祥和、喜庆的词语；女性产品的商标译文常见"雅""姿""婷""娜""芬""芳"等词语，透射出

---

[1] Deeney. 熟悉两种文化的翻译 [J]. 王士跃译. 中国翻译，1989 (5).
[2] 张佑明. 商标翻译者译者的营销意识 [J]. 中国科技翻译，2016 (4).
[3] Snell-Hornby, M. Translation studies, An Integrated Approach [M]. Shanghai: Shanghai Foreign Language Education Press, 2001. 56.
[4] 程丽群，代东东. 基于审美视角的化妆品商标翻译 [J]. 外语教育研究，2016 (3).

明显的女性特点以及一种优雅的美；儿童产品则使用一些能体现活泼可爱的词语，代表孩子的朝气蓬勃；若某产品的目标顾客定位为追求生活品质的一类消费者，商标名则应突出"尊贵""享受"的特点。只有消费者对商标有了文化认同感和归属感，才能带来对产品的认同和青睐。

中华民族千百年来一向有追求平安富贵、喜庆吉祥、生意兴隆、恭喜发财、趋利避害和趋吉避凶的文化传统和风俗习惯。因此，在英文商标翻译时要特别注意这一点，否则势必影响该商标商品的销售。

例如，"Goldlion"商标起初直译为"金狮"，该商标的商品市场行情一直不佳，原来"金狮"与"今输"谐音，故消费者不买账。后来，将"Goldlion"商标翻译为"金利来"，寓意为"财源滚滚来"的含义，契合中国消费者的消费心理，如此"金利来"成为我国家喻户晓的知名商标，"金利来"领带、"金利来"皮包等成为中国消费者所青睐的经久不衰的品牌商品。

还例如，从字面上可以看出，百事集团旗下的饮品"7-Up"的译名"七喜"十分喜庆。在基督（犹太）信仰中，上帝用六天创造世界，第七天是礼拜天，目前通用历法中的一周亦为七天。在西方文化中，"7"普遍被视为幸运数字，而有 Lucky 7 的说法。因此"7"对西方人有特别意义，是吉利数字，但大多数中国消费者都不知道这一点，因为在中国"7"只是一个再普通不过的数字。然而，译名巧妙地用"喜"字替代了意为"向上"的英文单词"up"，不单同样传达出了积极向上的含义，也表明了"7"在英文中的寓意，同时还符合了中国人爱热闹和喜庆的民族特点，实为成功的翻译案例。

外来商标或品牌要想打开中国市场，要想在庞大的中国市场占有一席之地，外来商标的汉译就必须反复斟酌、千锤百炼。其中最为重要的就是必须跨越文化的鸿沟，要精通和熟悉中国文化，契合中国消费者的价值理念和消费心理，做到"入乡随俗"。例如饮品商标"Pepsi colo"，其中 pepsi 在英语中的含义是"胃蛋白酶"，指有助于解渴和消化的一种消化剂。如果将饮品商标"Pepsi colo"直译为"胃蛋白酶"或"消化剂"，则太过生硬和直白，让人倒胃口。而音译为"百事可乐"，则符合中国"人逢喜事精神爽"和"万事如意"的美好祝愿和向往。因此，"百事可乐"成为中国人普遍喜爱的饮料。

美国眼镜商标"Bausch & Lomb"是世界知名品牌，创始人是 John Jacob Bausch。在创业之初 John Jacob Bausch 向其好友 Henry Lomb 借了60美元以维持运作，故该商标"Bausch & Lomb"由创始人 John Jacob Bausch 和其好友 Henry Lomb 的姓氏组合而成。如果将美国眼镜商标"Bausch & Lomb"完全音译为

"鲍西·龙布"则显然不如取其谐音译为"博士伦"① 好。在中国的传统文化中,"万般皆下品,惟有读书高",而戴眼镜的多为读书人,将美国眼镜商标"Bausch & Lomb"译为"博士伦",则预示着带该眼镜的读书人不仅能像博士一样学识广博、学富五车,而且懂得伦理道德、知书达理。将该眼镜商标翻译为"博士伦"是对中国文化的诠释,契合了中国父母"望子成龙"的美好愿望。因此,"博士伦"商标受到中国消费者的青睐,在中国家喻户晓,除了该商品的品质确实过硬之外,该商标的中文翻译的成功也一定功不可没。

商标对消费者的心理产生一定影响。商标翻译得当,适应消费者的文化和心理需求②,则会引起人们的兴趣,激发购买欲望;相反,如果商标译文容易引起人们的负面联想,则肯定会使产品的推广大打折扣。如:英国一家食品公司用"Anchor"作为其商标,原文的喻义是容易令消费者满意的:船抛锚后停泊不再漂移,比喻产品质量稳定可靠。但如果直接意译成中文"抛锚"或"锚位",中国人恐怕难以把它与食品的质量可靠联系起来,相反还会引起消费者负面的联想。译者将其音译为"安可",人们会自然联系到"安全、安心、可爱"等字眼,其商标语实现了有益联想③的目的,负载了目标语的文化意蕴,刺激了目标语消费者的购买欲④。外来品牌在全球化扩张中,在保留其原有品牌精神的同时,在品牌战略、广告推广,特别是原品牌名称在与销售国家文化对接时,必然要进行本土化。

---

① 如果让中国的老百姓为眼镜类的产品选出一类形象代言人,我想大部分人会选博士。中国历来对读书人有一种天然的好感,更遑论代表最高学位的博士了,那种淡淡的书卷味,经典的戴眼镜形象已经深入人心了。Bausch&lomb 作为该品牌眼镜的两个创始人的姓氏,本来跟博士扯不上半点关系。但某个天才的翻译家竟然凭借相似的发音非常巧妙地联系上了。于是,博士伦依靠这个经典的品牌译名和老百姓认为的外来和尚会念经的习惯心理,在极短的时间内就占据了消费者的心智资源,其隐形眼镜一直受到中国消费者的青睐,而且经久不衰。

② 在这里是探讨英文商标汉译要重视文化差异,实际上中文商标的英译同样也要注意中西文化差异。例如"芳芳"系列化妆品曾一度风靡中国城市,其英文商标译为"Fang Fang"。译者在音译的同时却忘了 Fang 这个词在西方文化背景中可指"狼牙"或"毒蛇的牙齿"。一个 Fang 不够,还要再加上一个,岂不令人毛骨悚然,望而生畏!

③ 中国有句古话,叫名不正则言不顺,言不顺则事不成。这句话放在企业的商标品牌上则特别正确。一个好的品牌商标,不只是让人容易记住,还会令人产生积极、快乐的联想,其在市场开拓和商战中,往往可以起到事半功倍的效果。

④ 钱锺书先生曾经在一篇谈论翻译的文章中提到,一流的翻译,就好像原作的"投胎转世",躯体换了一个,但精魂依然故我。文学如此,商业品牌也不例外,它们需要经过智慧的处理,才能完美地融入汉语的世界。

总之，商标的英汉翻译既是英汉语言的转换，也是英汉双语文化的对接，不同语言的转换必须服从一定的文化习惯。这就要求我们对语言具有敏锐的感受力、惊人的创造力和高超的表达能力，同时增强对文化共同之处的掌握度，提高对文化差异的敏感性，避免或减少文化差异对翻译的影响。只有这样，商标译名才能再现原商标的广告促销功能。

必须指出的是，虽然英文商标的汉译应注意中西方文化的差异，但是中外文化的交流是双向的。对于英文商标的汉译也要有意识地传达西方文化①，使消费者感受到商品的"异国情调"，实现文化的交流。

2.1.3 突出商品特色

英文商标的汉译的基本原则，除了重视中西文化差异外，还要注意突出商品的特色。商品的特色是指商品区别于其他同类商品的不同性能、功效和特点，在翻译过程中译者要把握商品的特色，从而促进消费者对产品的了解，并能快速通过商标的译名来了解产品的特性与功效。商标的译名应突出商品的性能、特征和美感。一个好的商标本身就有一种只能神会，而难以言传的意境，这就要求译者在翻译的过程中，不仅要体现商品的特征，还要体现这种意境，使之符合广大受众的审美心理。一般来说，任何语言的商标本身就具有特定含义，即这种含义可以直接或间接地传递商品的某些信息，如关于它的优点、性能及其使用它的好处。这种商标或者可以提示产品，或者可以吸引顾客，或赋予商标以其所代表的产品功能的某种寓言，或明示，或暗喻，启发人们丰富的想象力，使商标与产品功能在意念上有所联系，启发联想。如"娃哈哈"饮料寓意孩子们喝了笑哈哈；雀巢奶粉有"舒适"和"依偎"的寓意，如小鸟一般在鸟窝里受到良好照顾。

商标作为企业商品的一个重要组成部分，代表商品的符号，并随着商品交流的扩大而声名远扬。商标也是人类创造的一种语言符号，具有特定的标志意义，有丰富深刻的象征性。许多国际著名的商标已经成为企业的无形资产和巨

---

① 同样，对于中文商标的英译也要有意识地传达中国文化，既要适当吸引外来文化，又要适当对外介绍华夏文化。如商标中遇到"龙"，无须"谈龙变色"。笔者认为随着中国的综合实力的壮大，世界地位的提升，我们不仅仅要注重商业效益的促进，也应该挑起宣传中华文化的重任，让世界了解中国，进一步提升中国在国际事务中的话语权和影响力。正如许多中国特色食品的翻译"Dofu""Zongzi""Baozi"，还有 Gongfu 等等，即是一种很好的推广，做到真正地文化双向交流是商标翻译的最高境界。

大财富。一个好的商标，如 Coca-Cola（可口可乐商标①）能够为企业创造上亿美元的销售业绩，而一个译名很差的商标，即使它所代表的产品质量优良，也可能使企业的销售业绩滑坡。因此，产品想要参与国际竞争，除了要保证质量外，还要拥有世界通行性的商标来宣传产品。译者在翻译商标之前，对产品的市场定位、特点、功能以及目标顾客群必须有充分的认识。只有这样，才能创作出成功的译名。一个好的译名可以令产品"不言而喻"，让顾客看到产品"了然于心"，并联想到一些美好的事物。这样的例子在商标的译名中不胜枚举，如德国产 Benz 牌轿车的译名是"奔驰"，这样的译名不仅突出了轿车的特征及其良好的品质，也给受众以美的享受；又如商标 Dove，作为化妆品被译为"多芬"，而作为食品则译为"德芙"，也正体现了这一点。还例如，某品牌女装 Hope Show 被译为"红袖"，其中"袖"字即刻体现了该产品为服装类别，让消费者直截了当地记住其商品的种类，而"红"更将该品牌提升到一种喜庆祥和的感觉，同时也迎合了中国消费者的喜好，使得产品更深度地体现它的特色。

英文商标汉译突出商品特色的原则，要求译者翻译时要注意展示商品的特色功能，引发消费者正面联想。一个商品商标的功能就是让目标群体知晓该商标的商品的性能和特色，从这个意义来说，商标实际上就是销售该商标的商品的广告。因此，英文商标的翻译应力求用生动醒目的词语最鲜明地表明该商品的性能和特色，以刺激消费者的购买欲。例如 Tide 洗衣粉商标翻译为"汰渍"。

---

① Coca-Cola（可口可乐）一直被奉为广告界品牌翻译不可逾越的经典，不但保持了英文的音译，还比英文更有寓意：生动的暗示了产品给消费者带来的感受–好喝、清爽、快乐，可口亦可乐，"挡不住的感觉"油然而生。也正因为如此，可乐成行业品类的代名词和标准。因此，英文商标汉译较为著名的范例要数美国的 Coca-Cola，它被译成"可口可乐"，既保持了原词的音节和响亮，又使一听便知是饮料商标。这就把原来本无特定含义的词译得有声有色，令人回味无穷，可以说译名的效果超过了原名；而且"可乐"已经成为现代社会中饮料的代名词，可见其译名在文化中的渗透力。但是，这其中经历了曲折的过程。自近代以来，上海一直是一个特别时髦的城市，很多新事物最先都会在那里亮相。1927 年，上海滩出现了一种古怪的饮料，它是棕褐色的液体，甜里带苦，有股子中药的味儿，而且还会冒气泡。它不但口感奇怪，名字更加奇怪，居然叫作"蝌蝌啃蜡"（Coca-Cola 的英文发音）。这个"蝌蝌啃蜡"，感觉像是专供青蛙、癞蛤蟆享用的饮品。古怪的味道加上古怪的名字，那款饮料基本上无人问津。后来，那家来自美国的饮料公司，公开登报，以 350 英镑的奖金悬赏，征求饮料的中文翻译。最后，有一个来自中国的画家击败了其他对手，获得了奖励。这位画家给这款饮料起的中文名字就叫"可口可乐"，可口可乐的英文名 Coca-Cola，coca 是古柯树的叶子，有补肾壮阳的效果，cola 是可拉树的果实，有刺激兴奋的效果，这叶子和果实是可口可乐制作中的主要原料。自从"蝌蝌啃蜡"改名为"可口可乐"，它在中国市场的销量就一路飙升。这个商标译名起得好，不仅保留了 Coca-Cola 的发音，意思也别具匠心，"可口"突出了好味道，"可乐"强调了用户的体验。

在英文中 Tide 表示"潮水、潮流"的含义，作为洗衣粉品牌，其译名巧妙地将"用水清洗、冲刷"的概念暗含其中，"汰"使消费者很容易想到"淘汰"一词，因而成功地揭示了产品"洗净污渍"的功效。

还例如，碳酸饮料商标"Sprite"，英文的含义是"妖精""精灵"的意思，以形容该品牌的饮料有神奇的功效，机灵可爱、令人痴迷，符合西方人野性、果敢、冒险，不受拘束的性情和表达方式。而如果将碳酸饮料商标"Sprite"直译为"妖精"，则让中国消费者匪夷所思，因为在中国人的观念里"妖精"是邪恶的[①]。此外，如果将碳酸饮料商标"Sprite"直译为"妖精"，中国消费者无法将该商标和该商品的性能联系起来，无法凸显该碳酸饮料的特色。而译者取商标"Sprite"前两个字母的谐音译为"雪碧"，则预示着该饮料像白雪一样洁净冰凉、像碧玉一样晶莹剔透，容易使中国的消费者感知到该碳酸饮料的特色，喝了该饮料会给人带来无比清凉、心旷神怡的感受，而这正是英文商标原有的蕴意。

商标的目的就是为了吸引消费者的注意，符合消费者的心理需求，能给消费者带来美好的联想[②]，以刺激消费者的购买欲。因此，英文商标的译文必须反映商品本身的性能、功效等信息。[③] 为了突出商品的特色、形象表达商品的效用以及准确反映商品的性能，英文商标的汉译不必拘泥于原英文商标的原义和发音，当然还是要尽可能地考虑或照应原英文商标名称的原义和发音，可以取其谐音或寓意，关键的是商标译名的用词一定要与该商标的商品的功效或性能相关，尽量彰显其与众不同的特点或特色之处。[④] 例如，橡胶轮胎商标"Goodyear"，该商标名取自该商标创始人 Charles Goodyear 的名字。商标"Goodyear"曾经被完全音译为"古德伊尔"，中国消费者一头雾水、不知所云。后来译者取其谐音，创造性地将其译为"固特异"，则预示着这个品牌的橡胶轮胎特别坚固、与众不同，突出了该商品的性能和特色，于是得到中国消费者的认可和青睐，以致这个品牌的轮胎在中国的销售经久不衰。

再例如，飞机商标 Boeing 是为了纪念该商标的创始人 Willian Edward Boeing，译者将飞机商标 Boeing 翻译为"波音"而不是"博音""波英"或其他谐音，就是为了突出该飞机的特色，预示着该飞机像"光波一样超音速"

---

① 如果译者将碳酸饮料商标"sprite"直译为"妖精"，不仅无法体现该商品的性能、特色，而且也不符合上一节讨论的英文商标汉译的重视文化差异原则。
② Christian, N. Translation as A Purposeful Activity, Functionalist Approaches Explained [M]. Shanghai: Shanghai Foreign Language Education Press, 2001. 22.
③ 陈玲美. 英文商标汉译的原则和方法 [J]. 中南林业科技大学学报（社会科学版），2008 (3).
④ 刘海燕. 英文商标名称汉译技巧探析 [J]. 英语广场（学术研究），2013 (9).

飞行。

著名翻译家 Nida 指出："目标群体或信息接受者对译文信息的反应应该与源语接受者对原文的反应程度基本相同。"①因此，翻译后的中文商标名为了达到与西方消费者对原英文商标名的反应程度，英文商标汉译有时可以采用意译。例如，洗发水商标"Hand & Shoulders"，在英文指"头发和肩膀"，寓意是使用了该商标的洗发水，头发洁净清亮，肩上不会有掉落下来的头皮屑，以凸显该商标的商品的特色。因此，译者将洗发水商标"Hand & Shoulders"意译为"海飞丝"，突出了该商标洗发水的功效和性能，给中国消费者带来美好的遐想：即使用该商标的洗发护发水就会使美丽的头发健康顺滑、丝丝发亮、飘逸飞扬、翩翩起舞。

又例如，"Safeguard"是著名的抗菌香皂商标，其特有的配方抑制细菌的繁殖保护肌肤。"Safeguard"英文的意思是"卫士"，即预示该香皂能像身体的卫士一样清洁肌肤、杀灭细菌，维护消费者的身体健康。而如果将香皂商标"Safeguard"直译为"卫士"，则很难使中国的消费者和香皂联系起来，不利于该商品在中国的销售。故译者取香皂商标"Safeguard"的谐音译为"舒肤佳"②，即让肌肤处于非常舒服的状态，如此突出了该商品功效，一目了然，很容易让中国消费者产生积极的联想，故有利于该品牌的宣传、传播和销售。根据该品牌官网的介绍，"Safeguard"（舒肤佳）抗菌香皂自 20 世纪 90 年代初进入中国市场以后，深受中国消费者的喜爱，商标品牌的声誉经久不衰，这与商标翻译时注意突出商品的功能和特色分不开。还例如运动服商标 Nike，英文指"希腊女神"，形容穿上这个品牌的运动服就会显得像希腊女神一样心旷神怡。但如果将该商标直译为"希腊女神"，则中国消费者可能会因为对其不熟悉而不买账，故译者将运动服商标 Nike 取其谐音译为"耐克"③，预示着该运动服非常精致牢实、经久耐用，如此突出了该品牌运动服的性能和特色而备受中国消费者的青睐，以致现在"耐克"成为中国家喻户晓的知名品牌。

---

① Nida, E. A. & Taber, C. R. The theory and Practice of Translation [M]. Leaden: E. J. Brill, 1969. 25.

② 如果不是听了"舒肤佳"有先入为主的感觉，那么听者可能认为 Safeguard 更适合做防盗门、防盗锁甚至杀毒软件的商标。但是其将"Safeguard"翻译成舒肤佳作为香皂的品牌则堪称神来之笔。舒肤既点名了产品的功用特点"舒肤""佳"，令人产生美好联想。堪称高端大气上档次，低调奢华有内涵。更为精妙的是其中文译名的发音与英文商标的发音非常相似。

③ Nike 翻译成"耐克"保留了原来的发音，同时耐克也说明了产品质量上乘，比英文名更有内涵。作为体育运动行业第一品牌，耐克依靠体育营销在中国取得了极大的成功，这与该商标的成功汉译分不开。

2.1.4 力求简洁通俗

创立品牌的一个必要条件是要使消费者对品牌有一个较高的认知度，为了达到这个目的，商标应该便于理解、读写和记忆，这样可以促进消费者对商标口口相传、了然于心。具体来说，商标的命名应当注意以下要点：（1）精炼简洁。商标名越精炼简洁，消费者越容易记住，如海尔、长虹、SONY、IBM等品牌，人们一看便会过目不忘。（2）通俗上口。商标必须容易发音，朗朗上口，读起来语感好，读音响亮，避免使用难发音或音韵不好的字和词语。（3）新颖独特。商标要像流行歌曲一样有时代感、新鲜感，体现创新精神，强调品牌个性，扩大与同类商品的差异感，从而达到使消费者过目不忘的效果。

商标乃企业的无形资产，一个耳熟能详、简洁通俗的名字对于商家而言举足轻重。如今，家喻户晓的国际饮料名牌"可口可乐"以其轻松、押韵的音节唤起中国人积极美好的心理情绪，读起来朗朗上口，增加了人们愉悦的想象，令人回味无穷。又如化妆品牌"可伶可俐"节奏清脆，通俗明快，洋溢着青春的美好与曼妙，赢得了中国女性的喜爱。更有香皂"Safeguard"译为"舒肤佳"，言简意赅。以上商标的译名均为简洁易记，简单不失华丽，音美、形美、意美，受到中国消费者的青睐。

短小精悍的商标便于消费者记忆，节奏明快的商标会带来听觉上的美感，这都有助于产品的宣传与推广。因此英文商标的翻译应力求简洁新颖、通俗易懂、形象生动、朗朗上口，如此有利于中国消费者的拼读、书写、理解和记忆，便于广大消费者的口口相传和媒体的推广传播，并最终有利于提高商标的可信度和知名度。[①] 商标译名的选择要经过深思熟虑、反复斟酌。商标译名要通俗易懂、易读易记，要选择能够给消费者留下深刻印象的词汇。有些英语商标本身较长，若完全按音译会出现拗口或难以记忆的商标译名，因此应灵活把握，讲求技巧。英文商标翻译力求简洁通俗，要求冗长词语短小化。在英语中一些词汇采用了辅音连缀，保障了原有词汇的顺口。但是如果使用中文将所有词汇都翻译出来就会显得冗长而难以记忆，因此要选择适当的减量翻译。外文商标在译成中文后多易采用两字或三字的形式，双音节符合中国人的审美习惯和时代的发展趋势；三字商标则多起源于中国传统的老字号，如"同仁堂""全聚德""稻香村"等。因此中文译名可减原名的多音节为二字或三字商标。如Pentax译为"宾得"、McDonald译为"麦当劳"、Sprite译为"雪

---

① 韩浩，杨君君. 目的论原则下音译法在商标翻译中的运用 [J]. 吉林广播电视大学学报，2016（6）.

碧"。时下有一种 Stefanel 的美国服装，现多译为"斯特法内"，那么根据上述原则，可否改译为"泰纺"了。还如：美国著名胶卷"Kodak"，要是严格按其发音来译，应译为"柯达克"，译者实际上将其简化译为"柯达"，才真正为广大消费者所熟悉和认可，这不仅因为其简洁且朗朗上口，还在于它能够在音韵上更容易让消费者联想到产品的性能，因为"柯达"与按快门的"咔嗒"声相似。

还例如，"Hand & Shoulders"在我国台湾地区完全音译为"海伦仙度丝"，译名太长，给消费者的拼读、书写、理解和记忆带来困难，远不如我国大陆地区译为"海飞丝"简洁通俗，生动易记。又例如，运动鞋商标"Reebok"，英文中是一种羚羊的名字，象征着穿该运动鞋能够像羚羊一样奔跑，享受运动的愉悦和快乐。如果译者将运动鞋商标"Reebok"完全音译为"悦耳布克"则不够简练，不好理解和记忆，不利于商品的宣传和推广。而译者将运动鞋商标"Reebok"译为"锐步"，则简练、通俗，使中国消费者自然联想到"锐意进取，健步如飞"，同时也预示着一个人如果穿上这种运动鞋跑步就犹如风驰电掣，自然奔放、锐不可当，如此易于让消费者接受和传播。

在一般情况下，外来商标的汉译均不超过三个汉字，否则就显得过于烦琐，不利于消费者的记忆和传播。外来商标的音译是商标名称翻译的主要方式，为了商标译文的简练，汉译时不必将英文商标名称的每个发音均翻译出来，特别是，若英文商标翻译成中文超过三个汉字时，就可以不译或省略其中部分音节的发音。比如"McDonald"就翻译成了麦当劳，不仅读起来朗朗上口，也减少了消费者记忆的难度，增加了消费者的熟知度。再例如，剃须刀商标"Gillette"是为了纪念其创始人 king C. Gillette，如果将剃须刀商标"Gillette"完全音译为"吉尔莱特"，读起来拗口，书写烦琐且晦涩难懂，消费者不知该商标的意义，不便于理解、记忆和传播。而译者将剃须刀商标"Gillette"取其谐音译为"吉利"则简洁明了、通俗易记。"吉利"预示着祥和和美好，是所有中国人都能理解和喜爱的字眼，故易被中国广大消费者理解和接受，故该品牌剃须刀在同类商品竞争中拔得头筹。

英文商标不仅要简洁精炼、简短明快，还要求独特新颖、通俗易懂、醒目悦耳，方便中国广大普通百姓的理解、记忆和传播。因此，译者在翻译英文商标时，尽可能选择一些中国广大人民群众喜闻乐见的词语，并要求读起来悦耳动听，同时还要给人产生积极、美好的联想。例如美国啤酒商标"Budweiser"，如果将其完全音译为"巴德威塞"，普通群众会觉得晦涩难懂，读起来语塞拗口，不利于中国消费者的理解和记忆，如此也不利于在中国的宣传和推广。而译者将美国啤酒商标"Budweiser"译为"百威"则显然比译为"巴德威塞"

更为简洁、通俗、顺口、易记，同时预示着中国消费者喝了该啤酒会"精神百倍，威力无穷"，如此当然有利于得到中国消费者的青睐。

英文商标翻译力求简洁通俗，还要求商标所塑造的形象和含义大众化。品名对于产品销量而言有重要意义，雅俗共赏的品名能够给消费者带来深刻的印象从而为产品销量提升创造条件。英文商标翻译力求简洁通俗，要求避免使用生僻拗口的字或词语。例如抗癌化学药物"Vumon"的化学名为鬼臼噻吩，如果将其作为翻译名就会显得太过于专业化，尤其是中间的词汇对于消费者而言过于生僻，不够通俗①，不利于消费者对产品的理解记忆和印象提升。因此将其翻译成"威猛"②则体现出了药品的效果，并且给消费者留下了深刻的印象。还比如 Whisper 妇女卫生巾品牌在进入中国时译作"护舒宝"③，给人一种倾听的享受，仿佛是在听少女在向闺蜜诉说心声。

商标翻译主要有以上重视文化差异、突出商品特色和力求简洁通俗等三个原则，当然这肯定是不全面的。例如"力求完美，规范统一"也应该成为商标翻译的原则。对于同一商标，往往有多种译法，但多个译名会给商家和消费者带来不便甚至损失。因此，商标翻译时应尽量尝试各种不同的方法，不断斟酌，千锤百炼，选择一个其中最恰当、最突出的译名。例如：美国产的一次性照相机"Polaroid"就有"宝丽得"，"宝来得"，"拍立得"和"波拉罗伊得"四种译法，笔者认为应统一为"拍立得"。

2.1.5 小结

随着我国倡导的"一带一路"倡议的实施，市场经济全球化会进一步加剧。中国商品进入国际市场，外来商品也进入庞大的中国市场，市场竞争日趋激烈。外来商品能否打开中国市场，能否受到中国消费者的青睐，能否在巨大的中国市场分得"一杯羹"，除了商品本身的内在品质之外，其外在的形式也显得特别重要。而商品的外在形式中，最重要的就是商标的译名。商标是企业产品质量的代表，也是企业形象的重要体现。商标翻译是一个再创造的过程，需要译者认真理解其内涵并且遵循科学的翻译规律。外来商标翻译得好，即有一个好听的中国名字一开始就能吸引中国消费者，而中国巨大

---

① 这对我国商标的英译同样有启示，如海南目前有许多企业都喜欢用"三湘"作为自己产品的商标。一般音译为"San Xiang"，这一译法本身并无不妥之处，但若将其改为"Sun Shine"效果会更好。"Sun Shine"既与"三湘"的汉语拼音谐音，在英文中又有"阳光"之意，象征着产品有着美好的未来，而且在西方人看来通俗易懂，于是更容易记忆和口口相传。

② "威猛"取英文商标"Vumon"其中的两个字母 vm 的谐音。

③ "护舒宝"取英文商标"Whisper"其中的三个字母 hsp 的谐音。

的市场潜力和中国人的从众心理，使得一个商标一旦有了一定的知名度和影响力之后，就会持久地保持其竞争力。因此，外来商标的翻译就显得特别重要。在进行英文商标汉译的过程中要摆脱传统的观念束缚，在创新的基础上将中西方不同文化理念考虑在内，采用合理的翻译策略进行商标翻译，从而充分体现企业产品的内涵，给消费者留下深刻的印象，提高品牌的知名度，为企业盈利奠定基础。

本书认为，一个成功的英文商标的翻译要遵循三个原则，即要注意中西文化的差异；要注意突出商品的与众不同的功效和性能；要力求简洁明了、通俗易懂。本书在对大量商标翻译实例分析研究的基础上，总结出商标翻译中应遵循的以上三条原则。但商标翻译涉及市场学、广告学、顾客心理学、美学、甚至跨文化交际学，这就决定了商标翻译的复杂性，要使商标翻译完美无缺、精益求精，达到简洁、易读、易懂和易联想的要求，只能靠译者在实践中不断探索，反复斟酌。一个汉译成功的商标会成为拥有该商标的跨国公司弥足珍贵的无形资产。

2.2　翻译目的论指导下英文商标汉译方法

在世界经济全球化和一体化的背景下，跨国公司越来越多，世界范围内的市场竞争越来越激烈。一个公司或企业要想在残酷的国际市场竞争中处于有利地位，获得长足的发展，必须树立自己的商标品牌，取得消费者的信任和青睐。商标是传递给消费者关于商品的外在形式和内在品质的综合品牌形象的展示。英文商标在中国有一个好的汉语译名就好像"一块敲门砖"，抢先敲开中国消费者的心门、拨动中国消费者的心弦。因此，一个外来的商品要想在庞大的中国市场占有一席之地，除了商品的品质优良、服务到位、价廉物美等吸引中国消费者之外，给商品取个恰当的汉语的名字也十分关键。以下探究翻译目的论指导下英文商标汉译的方法。

2.2.1　翻译目的论

翻译目的论认为，人类任何行为都是有目的的，翻译行为也不例外。因此，商标的翻译必须要充分考虑商标翻译的目的，即商标的译名能够吸引译入语消费者的眼球，刺激其购买欲[1]。欲达此目的，译者必须考虑翻译信息接受者的

---

[1]　陈东成. 从目的论看商标名的翻译 [J]. 深圳大学学报（人文社会科学版），2008 (2).

文化背景、价值观念、风俗习惯和风土人情，要充分考虑译名受众对商标译名的期待和心理需求①。翻译的方法和策略取决于翻译行为的目的。

20世纪80年代德国两位著名翻译理论家赖斯（Katherina Reiss）和弗米尔（Hans J. Vermeer）提出了"翻译目的论"，主张译者摆脱传统的"等效"理论的束缚，在翻译的过程中充分发挥主观能动性，以实现翻译的目的②。商标名的翻译的目的就是为了在实现商标名一般价值的基础上更好地发挥其商业价值，这就使得商标名的翻译方法趋向多样化。翻译方法不限于直译、意译、音译等方法，甚至可以完全脱离原商标名的字面含义，根据观众的心理、文化和语言习惯等进行有创造性地翻译，以最大限度地实现商标的广告和促销功能。

翻译目的论认为，翻译并不是简单地以原文本为基础的符号转换，而是一种为实现信息的跨文化、跨语言交际而进行的复杂行为。弗米尔（Hans J. Vermeer）认为"翻译意味着在特定环境里，由于特定的目的，为特定的接受者进行翻译"③。因此，翻译目的论认为翻译应遵循的首要法则是目的法则，即翻译行为所要达到的目的决定整个翻译行为的过程和翻译所采取的手段，这个目的决定了译者需要采用何种翻译方法和策略，才能产生功能上可满足需要的结果，因此，在目的论中，为什么要翻译原文，以及译文文本的功能是什么，是译者必须要铭记于心的。也就是说，翻译要考虑的最主要的因素是翻译所要达到的目的，或者说是翻译的接受者或目标人群的期待和需求。因此，在翻译时译者考虑的重点不是源语文本，也不是源语文本给源语受众产生的效应，而是重点考虑译文给译文受众产生的效应。弗米尔（Hans J. Vermeer）的翻译目的论也可以用来指导商标的翻译。翻译目的论为译者提供了自由选择翻译策略的空间。

正如前文所述，商标翻译的最直接最主要的目的，就是让译入语消费者识别产品，了解产品的性能和功效，从而产生购买产品的强烈欲望。其长远目标则在于宣传企业形象，开拓市场，为企业带去巨大的商机和效益。根据这一理

---

① 处于不同地区或不同层次的人们拥有不同的消费水平与心理接受能力。每一个消费者在购买商品时都存在一定的个人倾向。商标是直接影响消费者心理变化的一种因素。因此在翻译商标时要考虑到针对的不同人群与消费水平，还要兼顾不同人群的特点。如在翻译"Dynasty"（葡萄酒）时可以翻译为"皇朝"，带给人一种高贵的感觉，可以得到拥有一定经济实力的中年人认可。如果产品针对的人群属于年轻人，那么在翻译商标名时就要考虑到年轻人的喜好，如在翻译"四优"（女士衬衫）时可以译为"4U"，不但与原来的字音相同，而且又与for you的字音相近，使年轻人觉得这款衣服就是针对消费者个性设计的。

② 陈东成. 从目的论看商标名的翻译[J]. 深圳大学学报（人文社会科学版），2008（2）.

③ Christian, N. Translation as A Purposeful Activity, Functionalist Approaches Explained [M]. Shanghai: Shanghai Foreign Language Education Press, 2001. 22.

论，译者可以不拘泥于原英文商标词，即可以根据原文商标词的意蕴，选择任何可以最大限度实现以上这些目的的策略或方法进行翻译。

商标翻译不同于文学翻译和其他商务文体翻译，它不存在句法结构、篇章内容。商标仅仅由一个或若干个单词组成，却浓缩了品牌的全部意义。因此在进行商标翻译时，如果一味追求形式上的完全对等或一致，就极可能忽略了商标背后所蕴含的产品功能、企业文化、宣传促销等丰富内容，无法将这些内容传递给译入语消费者。因此英文商标汉译后的商标名带给中国消费者的感受，应与原英文商标带给其本土消费者的感受一样。因此，英文商标的翻译必须要充分考虑中国消费者的文化背景和价值观念，要充分考虑中国消费者对商标译名的期待和反应，要符合中国消费者的消费心理和精神需求，这就是商标译名所应该要起的作用，或者说商标译名所要实现的目标。①

弗米尔（Hans J. Vermeer）的翻译目的论涉及三个法则，即目的法则、连贯法则和忠实法则。这三个法则重要性位阶依次降低。所谓目的法则（skopos rule）就是译文在目标人群的社会文化语境中产生的积极的正面的交际功能。所谓连贯法则（coherence rule）就是要求译文必须达到通顺和连贯的标准，即译文具有可读性和逻辑性。所谓忠实原则（fidelity rule）就是要求翻译要忠实于原文。当然翻译目的论强调与原文在内容和形式上忠实的程度，取决于是否使译文通顺连贯，特别是是否达到了译者的翻译目的。也就是说，译者翻译时，最为重要的考虑是达到翻译的目的，其次是译文的可读性和逻辑性，最后才考虑尽量忠实于原文。换句话说，如果为了实现翻译的目的，可以忽视译文的可读性和逻辑性，还可以考虑不必完全忠实于原文的字面意义，如此为翻译的理论研究和翻译实践开创了新局面、拓宽了新视野。②

弗米尔（Hans J. Vermeer）的"翻译目的论"摆脱了传统翻译理论要求形式特别是内容上要忠实于原文的固有思维，不再过分注重译文是否语言通顺和无懈可击，而是强调实际上译文是否达到了预期的目的，从而选择最佳的翻译方法。因此，为了实现翻译的预期目标，译者可以根据原文的语言特点和修辞方法，采取不同的翻译技巧和策略，决定原文中哪些词语可以翻译出来，哪些词语可以省略不译或补充翻译，哪些词语必须改译。对于英文商标汉译而言，译者根据翻译的目的来决定采用何种翻译方法，如音译、意译或半音译半意译等。而商标翻译的目的，简单地说就是迎合消费者的消费心理，从而有利于该

---

① 朱峰. 目的论指导下的汽车商标翻译 [J]. 安徽科技学院学报，2016（5）.
② 韩浩，杨君君. 目的论原则下音译法在商标翻译中的运用 [J]. 吉林广播电视大学学报，2016（6）.

商标品牌在特定区域和特定人群中的宣传和销售。

许渊冲先生曾提出诗歌翻译的重要目的即"三美论",即意美、形美、音美的统一①。这一理论也同样适用于商标的翻译。对于商标而言,意美是指通过文字的联想意义或文字内涵构筑一定的意境,激发消费者心中强烈的美感,引发他们的丰富联想,对商品产生渴求;形美则指商标译名应具有商标的形式,即言简意赅,选择常用字词,易读、易懂、易记,尽量选用表达美感的词语;音美则指商标译名要节奏明快、读音轻快响亮。商标的最终目的在于宣传产品、销售产品,各种各样的商标词都有一个共同点,那就是美感,要努力让消费者产生美的感受,喜爱上该产品。因此,翻译目的论也要求译者对商标的翻译应该努力做到意美、形美、音美的完美结合。

2.2.2 英文商标的翻译方法

正如前文所述,翻译目的论认为翻译是一种行为,任何一种行为都有其自身的目的,翻译行为所要达到的目的决定了翻译所应采取的方法和策略,即一项具体翻译任务的目的决定了翻译一个文本所采用的方法。英文商标名翻译的目的是为了更好地吸引中国消费者、刺激中国消费者的购买欲望,即在传达源语商标名的信息价值、文化价值、审美价值前提下实现其商业价值,任何一种能达到此目的的翻译方法都可以被采纳,这就使得英文商标名的翻译方法趋向多样化。

第一,直译法。

所谓英文商标的直译法就是将商标的英语所包含的意思用汉语中相应的文字直接译出。但是这种译法的局限性很多,由于中西方社会背景与文化差异的不同,有时译者很难找出完全对等的词语来体现原商标所包含的意思,只有一部分或少数商标在直译后仍能体现其所表达的意义,例如:Great wall 长城(电脑),Diamond 钻石(手表),Panda 熊猫(彩电),Lark 云雀(香烟),Viceroy 总督(香烟),等等,这些商标其英语本身就分别含有异常明确的意义,而且这些词语所表达出来的汉语意境也不失雅韵。这些英语商标就可以采取直译。

译者在进行商标直译时,必须对中西方文化禁忌有足够的了解。如果翻译造成文化失语现象,不仅没有帮助商家打开远销海外的市场,反而使得产品给消费者心理造成负面的影响。考虑到商标翻译的目的,在翻译的过程中如果出

---

① 廖红. 解读诗歌翻译的"意美、音美和形美"——许渊冲英译唐诗《枫桥夜泊》赏析 [J]. 攀枝花学院学报(综合版), 2006 (5).

现文化失语现象，译者应有意识地加以变通，避免死板直译。①

第二，音译法。

所谓英语商标的音译法简单地说就是根据英文商标的发音进行翻译的方法。也就是说，音译就是用英文商标发音近似的汉字将外来语翻译过来。结合翻译目的论，音译法是根据原英文商标的发音，再结合该商品的性能和特色，以及目标人群的文化背景、风俗习惯、价值观念和心理需求等，将英文商标名称翻译为简洁通顺、通俗易懂的中文商标名，以便获得商标译文受众的青睐，从而刺激消费者的购买欲。音译法是英文商标翻译中最常见的方法。

有相当一部分商标，尤其是专有名词和人名、地名的商标虽然有其特定文化背景下的蕴意，但词语表面往往不具备任何语意，而只是作为一个标识符号来用。在这种情况下，翻译主要不在于传递名称本身的语意信息，而是创造赏心悦目的美感，再现原文的音韵之美，并实现商标的促销目的，体现商标所蕴含的异国情调以及文化蕴意。要实现这一类商标的翻译目的，用音译法当属一种较为恰当的选择。例如："Audi"（奥迪汽车）、"Hilton"（希尔顿香烟）。

在英语商标翻译中，音译较为普遍，译者采用与原文发音大致相近的发音，表达出实际意义的译名，尽可能表现出商品的特性，并且利用中国文字的博大精深的多义性，加深消费者对产品的印象。英文商标按音译法译出的商标名保留了原商标的音韵之美，从造词上来讲不符合汉语原则，但在汉字选择上却是"别有用心"，经过了精挑细选、千锤百炼，显得新颖别致，迎合了中国消费者的好奇心和审美心理，而且相对直接，也为翻译带来了便捷性。例如，某自行车品牌 Giant 受到越来越多人的喜爱。Giant 原意为"巨人，大力士"，然而商家并没有直接翻译出原意，而是根据其发音，而以"捷安特"译名打入国内市场。"捷"寓意着快捷方便；"安"意味着安全；"特"更是进一步强调突出了该自行车的品质"特安全，特便捷"。"捷安特"凭借着其响亮的品牌，外加优良的品质与售后服务赢得了消费者的认同，拓宽了销售市场。

英文商标的音译法是以音为引子，经常是在纯音译的基础上改动个别字眼，这些字眼与原商标读音谐音，改动后的音译商标名能够体现产品特征和性能，给中国消费者带来积极的联想，从而可以刺激中国消费者的购买欲，最终达到翻译的目的。例如：为纪念航空公司创始人 Willian Edward Boeing，人们以其姓氏确定的商标 Boeing，译者用谐音"波音"作为其汉语商标译名，这就可以使人们对这类超音速飞机产生无尽的遐想。还如汽车品牌 Mazda 源于古代波斯宗教中的"光明之神""最高之神""王权的保护者"，纯音译为"马兹达"，但

---

① 李玉香. 从功能目的论看商标词的翻译 [J]. 同济大学学报（社会科学版），2006 (4).

作为汽车商标,译者将"兹"换成"自",诙谐幽默地暗示这种车极易驾驶,无需操心便会自动到达。而"马"在中国也有好的意蕴,根据我国的文化背景"马"意味着该车动力十足,跑得快。

不同的品牌,应找准自己的着手点来运用音译法。世界著名的互联网搜索引擎"Yahoo"的中文名字被译者翻译成为"雅虎",妙趣横生,吸引了消费者的眼球。"虎"在中国人的心目中象征着威严,亦可寓意着吉祥。虎乃百兽之王,突出了 Yahoo 在国际互联网中的地位。"雅"字更是体现出了小老虎的乖巧、可爱,消除了虎的凶性,使得品牌更贴近消费者,也赢得了消费者的喜爱。

译者使用音译法翻译英文商标时,应尽量使翻译后的中文译名的发音与原英文商标的发音相同或相近。当然,根据翻译目的法则,可以采取纯音译法,即与原英文商标的发音完全相同;也可以是谐音译法,即与原英文商标的发音相近;还可以是省音译法,即省去原英文商标的部分音节,使中文商标译名更加简洁精炼、通顺好记。①

商标名对消费者的消费心理产生一定影响。如果英文商标翻译得当,契合中国消费者的心理需求,则会引起中国庞大消费人群的兴趣,激发他们的购买欲望;相反,如果英文商标译名不大会引起中国人对该品牌商品性能、质量等内在品质的积极联想,甚至容易引起中国消费者的负面联想,则肯定不利于产品的推广和销售,如此就与商标翻译的目的背道而驰。因此英文商标的音译法要注意展示产品的性能和功用,引发消费者的正面联想。还以前文举过的例子为例:英国一家食品公司用"Anchor"作为其商标,原文的喻义是容易令消费者满意的:船抛锚后停泊不再漂移,比喻产品质量稳定可靠。但如果直接意译成中文"抛锚"或"锚位",中国人恐怕难以把它与食品的质量可靠联系起来,若音译为"安可",人们会自然联系到"安全、安心、可爱"等字眼,其商标引发消费者的正面联想的目的也就达到了,即实现了翻译的广告和促销目的。

翻译目的论认为翻译所遵循的首要法则是目的法则,目的法则不仅摆脱了"等效原则"对商标名翻译的束缚,更有利于译者在翻译过程中充分发挥自身的想象力、能动性和创造性,使译文达到更理想的效果。因此译者在英文翻译商标之前,对产品的市场定位、特点、功能以及目标顾客群必须有充分的认识。只有这样,才能创作出成功的译名。一个好的译名可以令产品"不言而喻",让顾客看到产品"了然于心",并产生积极的联想,如此才能刺激消费者的购买欲,实现商标的促销目标。以下再列举英文商标音译的成功案例:

---

① 王佳星,冯静. 英文商标翻译音译方法探究[J]. 边疆经济与文化,2016(1).

例1 Coca-Cola（可口可乐）

全球第一知名饮品 Coca-Cola 的译名"可口可乐"是商标翻译的佳作。"可口"不仅向消费者传达出该产品是一种食品饮品的信息，也传递了"该产品美味无限"，而"可乐"二字的使用能够让消费者浮想联翩——享用了该产品，心情愉快、乐趣无限。

Coca-Cola 是美国某公司的饮料商标，该商标出自该饮料的两种成分古柯（coca）即一种热带灌木的叶子和可拉（kola）树的果实。① 该商标创始人为了整齐划一，将 kola 的 k 改 c，于是 Coca-Cola 商标便诞生了。刚开始进入中国市场时的译名为"蝌蝌啃蜡"，读起来拗口且不好听。它古怪的名字，加上中国人还不习惯的味道，这种饮料在中国市场很少有人问津。于是，Coca-Cola 饮料公司向全球公开登报悬赏征求中文译名。最终，在英国访学的一位上海学者蒋彝译为"可口可乐"，这个中国商标译名通俗易懂、生动形象，使人回味无穷，可以说超过了原文的蕴意和韵味，受到了全体评委的一致好评，因而获得了唯一的一等奖。在英文商标的翻译中，"可口可乐"被学界和商业实务界公认为是翻译得最好的商标名之一。这个商标的中文译名保留了原商标的发音，即保留了原文的音节和韵律，但改变了原商标的词义，突出了该品牌饮料的特色，符合中国人崇尚喜气快乐的风俗习惯，迎合了中国消费者的心理需求，而且首尾押韵读起来朗朗上口，又简洁明快、通俗易懂，深受中国人的喜爱，在中国饮料市场独占鳌头，可以说是英文商标音译中一个非常成功的案例。

例2 Lancome（兰蔻）

Lancome 是西方某公司的化妆品商标，该商标名取自一个城堡的名字，因为这个城堡盛开了许多玫瑰花，到处都充满浪漫情调。商标创始人认为女人就像玫瑰花一样，妩媚多姿、千姿百态，于是就以到处盛开着玫瑰花的城堡命名该化妆品品牌，于是玫瑰花成了该品牌的象征。化妆品商标 Lancome 汉译（音译）为"兰蔻"，含蓄优美、非常贴切。该商标名的译者充分考虑了原商标名以含苞待放、千姿百态的玫瑰花为品牌的寓意，而选用圣洁高贵的"兰"（花）和豆蔻年华的"蔻"组合成商标的中文名，凸显该化妆品的功能和特色，体现了传统、美丽、高贵、典雅的风格，最易为中国女性所接受。"兰蔻"这个化妆品的中国名字，既显示出异国情调，新奇别致，而又不失其亲和力；像豆蔻年华的女性那样活泼，又有足够的文化内涵，始终保持着像兰花一样圣洁高贵却又平实平凡的姿态，给喜爱它的女性最温柔的保护和最平实的体贴。②

---

① 刘海燕. 英文商标名称汉译技巧探析 [J]. 英语广场（学术研究），2013（9）.
② 程丽群，代东东. 基于审美视角的化妆品商标翻译 [J]. 外语教育研究，2016（3）.

Lancome（兰蔻）这个化妆品品牌自进入中国市场后，给无数中国女性带来梦想和美丽，深受中国女性的青睐，成为中国家喻户晓的知名品牌，除了该公司以其独特的品牌意识践行对世界爱美女性的承诺以外，该商标 Lancome 汉译（音译）的成功也一定功不可没。

例 3 Mercedes-Benz（奔驰）

汽车商标"Mercedes-Benz"出自西方一位汽车经销商女儿的名字，是幸运、幸福的含义。一位汽车经销商购买了一辆高档轿车参加汽车拉力赛，在这次比赛中获得冠军，他非常高兴，于是建议该汽车公司将其汽车商标改为他女儿的名字，寓意"幸运、幸福"。该汽车公司董事长欣然同意，自此该汽车逐渐受到消费者的青睐，成为世界知名品牌[1]。"Mercedes-Benz"汽车进入中国市场时，刚开始完全音译为"梅赛德斯-本斯"，这个中文译名太长，且非常拗口，中国消费者不好理解，也不好记忆，市场行情一直不好。后采用省音译法译为"本斯"，虽然简练好记，但该译名无法和该品牌汽车的性能相联系，而且与"奔死"谐音，中国消费者更不买账。最后译者兼采"省音译法"和"谐音译法"，而将汽车商标"Mercedes-Benz"译为"奔驰"，达到了商标翻译的促销目的，取得了巨大的成功。将"Mercedes-Benz"译为"奔驰"突出了该品牌汽车的性能，通俗易懂，易于理解记忆，同时朗朗上口，易于口口相传。目前，"奔驰"轿车已成为中国老幼皆知的汽车知名品牌，是中国消费者的"宠儿"。"奔驰"轿车已成为中国人财富和幸福的象征，身份和地位的标志，是无数中国人的追求和梦想。

例 4 Heineken（喜力）

荷兰一家酿酒公司生产的啤酒 Heineken 在中国大陆地区的译名为"喜力"，该啤酒深受中国消费者的喜爱。1863 年 Heineken 啤酒公司创建于荷兰的阿姆斯特丹，它不单是世界产量排名第二的啤酒酿造公司，更重要的是它是世界最大的啤酒出口商，当之无愧的最具国际化的品牌。通过当地生产/出口以及特约授权生产等多种生产经营方式，喜力啤酒现已行销 170 多个国家。译者取其谐音将啤酒商标 Heineken 翻译（音译）为"喜力"，这两个字的简单组合在读音上铿锵有力，简短易记，同时又可以使人联想到"欢天喜地""皆大欢喜""喜气

---

[1] Benz（奔驰）作为豪车的典范，在中国市场取得了极大的成功。应该说这个名字为它立下了汗马功劳。刚开始进入中国大陆地区的时候，销售不理想。直到找到这个鲜活而贴切的中文品牌名，才开启了 Benz 在我国大陆地区的光辉岁月。听到"奔驰"，人们脑海里就会想起风驰电掣的速度感，而不再是生硬的两个字的组合，比起我国香港地区的译名"平治"，我国台湾地区的译名"宾士"更富有想象力，更富有文化意蕴，更能体现该汽车品牌的性能和特色，更为重要的是该商标的中文名与英文商标发音也很相似。

洋洋""竭尽全力""齐心协力"等积极词语，给消费者留下深刻的印象。而在中国台湾地区其译名为"海尼根"，直接采用了这家啤酒公司创始人 Gerard Adriaan Heineken 的姓氏的音译名，这样的翻译不仅平淡无奇，而且会令消费者"丈二和尚摸不着头脑"，不知所云。

例 5 BMW（宝马）

BMW 的德文意思是"Bayerische Motoren Werke"（拜耶里奇飞机引擎制造厂），英文意思为"Bavarian Motor Works"。然而，这样的英文字母缩写品牌并不能引起中国消费者的共鸣，直到中文品牌"宝马"的诞生。但为什么叫宝马，估计很难考证是怎么叫起来的。但这样一个品牌名从品牌价值来说应该已经价值连城。在中国历来有胯下良驹，良将得宝马，宝马赠英雄的说法，BMW 译成宝马，既贴切汽车的功用，又突出了汽车的品质，同时还符合名称的直观读音，堪称商标音译经典佳作。

综上，英文商标音译法即根据译入词的发音规律将原英文商标用汉字拼写出来的翻译方法。"Coca-Cola"（饮料品牌）、Lancome（化妆品牌）、Mercedes-Benz（汽车品牌）、Heineken（啤酒品牌）分别音译为"可口可乐""兰蔻""奔驰""喜力"。这些商标的音译不仅符合译入语的发音习惯，读起来朗朗上口，容易记忆，而且也符合作为商标应简洁明快的特征，同时传承了原商标的发音韵律，承续了原文商标的品牌效应，更为重要的是达到了商标广告和促销的目的，不失为商标名称翻译（音译）的佳作。

第三，意译法。

根据翻译目的论，翻译方法和策略由翻译的预期目的决定的。换句话说，在翻译目的论指导下，外来商标翻译的目的，决定了译者可以结合源文商标名但又不拘泥于源文商标名，同时主要考量不同商标的特点采用灵活多变的翻译方法和策略。前文论述了商标翻译中的音译法，现在主要论及意译法。意译法是相对于直译法而言的，所谓直译就是译文从内容和形式上与原文保持一致。例如"color zone"翻译为"彩色地带"就是直译。直译在商标翻译中是非常罕见的，因为有时直译往往无法实现翻译的目的。意译不要求译文与原文从内容和形式上完全保持一致，而是强调译文对译文受众的影响和效应与原文对原文受众的影响和效应对等。[1]

英文商标的意译是根据原英文商标名的含义，翻译为意义相同或相近的汉语。意译能较好地体现原商标设计者的初衷，对一些形象鲜明、寓意优雅、词语华丽的商标可采用意译。某些商品的商标本身具有鲜明的意思，并且在中西

---

[1] 许金杞. 意美、音美、形美—英文商标的汉译 [J]. 外语与外语教学，2002（11）.

方文化中都具有优雅美好的含义，这时可以采用纯意译翻译法。例如：Blue Bird（蓝鸟）汽车，就是取自比利时作家 Maurice Materlinek 于 1911 年所获诺贝尔文学奖的童话剧 Blue Bird，象征幸福。而汉译为"蓝鸟"，因为"蓝"意为"青"，"蓝鸟"即"青鸟"。唐朝李商隐有句诗云："蓬山此去无多路，青鸟殷勤为探看"，青鸟乃蓬莱仙境的使者，将中西方文化转换，可见译者用心良苦。

Nestle（雀巢）食品是以其创始人 Nestle 命名的，并以母鸟在巢中喂食雏鸟的图案作为其商标图形。Nestle 它在英文中的含义是"舒适地安顿下来"和"依偎"。而 Nestle 与 nest（雀巢）为同一词根，故用"雀巢"来做此翻译。用它作奶粉的品牌体现无限的母爱，表现商品在日常生活中的作用，给中国消费者产生了积极的联系，契合了中国消费者的心理需求，刺激了中国消费者的购买欲，实现了商标翻译的广告和促销的目的。

意译法是以商标词的意义为基础来进行翻译。译者经过精心选择字词，为消费者营造一种美好的意境，形象地表达产品的效用，有利于消费者记忆和积极联想。换句话说，所谓英文商标意译法，系不宜或不能使用汉语文字将英语商标直接翻译，而采取的一种既能表达其英语的含意，又不拘泥于其形式的方法。意译法与音译法一样都是传统的比较常见的商标翻译方法。当音译出现拗口、词不达意或字数太多时，则按其意义来翻译，这样不仅有更多的词语可供选择，而且与原文具有同等的广告效应和宣传效果时。在某些情况下，意译比音译能产生更加满意的效果。

意译法是从意义出发，将原文的大意表达出来。用意译法有时会更加地体现商品的功能和品质。如国产的"皇朝"葡萄酒、"永久"自行车、"太阳神"口服液；进口的"Blue Ribbon"啤酒、"Crown"汽车、"International"收音机，等等。对这类品牌的翻译若仍用音译法的话，不仅会大大破坏原文的意境美，难以达到原文吸引消费者的目的，而且还有可能因字数过多导致译名过于烦琐不便记忆。而使用意译法则能有效再现原文的意境，同时又能避免商标译名冗长难以记忆的缺陷，是一种更为可行的翻译方法。例如美国一种香烟商标"Good Companion"，若用音译法翻译为"古德·康帕涅"，一方面因冗长失去音韵美，另一方面与其产品无任何实际联想意义，难以吸引消费者，若意译为"良友"，则简洁并使人产生亲切感。中国商标英译也是同样的道理。例如：天津产品"飞鸽"牌自行车译为"Flying Pigeon"，即贴近产品的品质——轻盈便捷，又能给外国消费者留下深刻印象，因而有利于刺激其购买欲。

通过精心选词意译，许多成功的商标译名已经成为公司的巨额财富和无形资产。如 Gold lion "金利来"（男装）已成为世界级品牌，"金利来"这一品牌更是深受中国消费者的青睐，译者巧妙地结合了 gold "黄金、金钱、名利"之意，lion"来"之音，创造出金钱、名利都向你涌来的蕴意，十分符合成功男人的选择。若将其直译为"金狮"便失去了其品牌的诱惑力。以下列举并详细分析英文商标意译的成功案例：

例 1 Good Companion（良友）

Good Companion 是美国品牌香烟商标，如果音译为"古德康鹏涅"，不仅译名拗口且过长不好记，而且与香烟没有任何联系或联想，中国消费者将无法理解它的意思。而如果直译为"良好的伴侣"或"良伴"，会引起家庭中另一半的反感和抵触，因为在中国人的传统观念里"伴侣"就是指"另一半"。中国人崇尚"家和万事兴"，而且大多数中国家庭实行经济一体化即实行夫妻财产共同共有，由于吸烟有害健康已妇孺皆知，因此，如果由于翻译不当导致"另一半"的反感，该品牌香烟肯定无人问津。而译者将香烟商标"Good Companion"意译"良友"则简洁又亲切，契合中国人的价值观念和文化内涵。中国是礼仪之邦，待人热情好客，见到朋友互相递上一支香烟是礼节。如果一个人想结交新朋友，递上一支香烟，即便他（她）不喜欢抽烟，也能领会递烟之人的善意。同时，大多数吸烟的烟民对香烟爱不释手，一出门香烟必须揣在身上，一刻不得离身，把香烟作为特殊的"朋友"。因此，该英文商标汉译（意译）为"良友"对译文受众的影响和效应与原文"Good Companion"对原文受众的影响和效应对等，如此实现了商标翻译的目的。

例 2 Rejoice（飘柔）

洗发露商标 Rejoice，在英文中是"使人感到愉悦"的意思，其目的是展示使用该品牌洗发露之后产生的预期效应，即该产品给消费者带来的愉悦心情与舒适的感受。显然采取直译"使人愉悦""使人快乐"等都不适合作为商标名，而音译为"瑞绝世""芮绝思"等也都不合适作为商标名。于是，译者将洗发露商标 Rejoice 意译为"飘柔"，符合中国消费者以柔为美的审美情趣和心理需求，因为每一位女性都想有一头飘逸亮丽的头发。[①] 同时，"飘柔"凸显了该洗发露的功效和美学欣赏的功能，预示着使用该洗发露洗头发后会产生飘逸柔美的预期效果以及给消费者带来的舒适愉悦的感受，满足了消费者的心理需求，极大地刺激了中国消费者的购买欲。洗发露商标 Rejoice 意译为"飘柔"，虽然译文在内容和形式上与原文不一致，但该译名能够让中国消费者产生积极的联想，即"使用该洗发露洗头发后给消费者带来飘逸柔美的舒适愉悦的感受"，这样的广告效应与原文"Rejoice"对原文受众的效应对等，契合了翻译目的论的宗旨，是英文商标意译比较成功的案例。

[①] 陈玲美．英文商标汉译的原则和方法 [J]．中南林业科技大学学报（社会科学版），2008（3）．

第四，音译兼意译法。

英文商标汉译的音译兼意译法，就是音译和意译的结合，即一方面，英文商标的发音符合目标读者（译文受众）的发音特点和习惯；另一方面，该商标在英文中的意义契合目标读者（译文受众）的文化内涵，且呈现出产品的性能和功效，能给消费者带来美好的联想以刺激其购买欲。[①] 一个英文商标的汉译如果能够实现音译和意译的结合，那就意味着该商标名称的原文和译文的读音基本相同，而且又传递商品的性能和功效等信息，当然是商标翻译的首选方法。对于英文商标的汉译，按照汉语的发音规律进行音译，同时在措辞上又能考虑到汉语的文化和中国消费者的心理接受特点，赋予译名一定的实际意义如体现产品的特色或引起消费者积极的联想，从而在内容和形式上做到了音义兼顾，这种音译和意译结合的方法是商标翻译中较为理想的选择。因为这不仅从形式上再现原英文商标的发音韵律，在内容上也能体现产品的性能和特点。音译兼意译法在实际翻译中不乏优秀范例。例如举世闻名的男子服饰商标 Gold lion，意译本是"金狮"，但译者为使商品更添富丽堂皇的气派，并满足人们渴望吉利、追求豪华的心理，将 gold 一同保留意义；而 lion 一词来取音译手法，两者结合在一起便有了驰名全中国的"金利来"商标。不但气派恢宏，而且含义大吉大利。尽管和原意不尽相同，但其宗旨、作用、效果是一致的。还例如大家所熟悉的美国运动系列商品 Nike。音标为［naiki］，本意是希腊神话中胜利女神的芳名，但若按音译为"奈姬"或是"娜基"之类，很多中国的消费者便会十分费解，不知其意。在翻译时模仿其音节，并考虑到运动服装应该具有经久耐磨损的特点，将它译成了"耐克"，既有坚固耐穿的含义，又包含了克敌必胜的意思，这样与原意胜利女神也不谋而合。

以下再列举采用音译兼意译法汉译英文商标的成功案例。

例 1 Biotherm（碧欧泉）

护肤品牌商标 Biotherm，"Bio" 意为"皮肤的生命"，"therm" 意为"矿物温泉"，"Biotherm" 预示着该护肤品像富有矿物质的温泉一样能滋养肌肤。同时，该商标的中文译名"碧欧泉"与该英文商标"Biotherm"的发音非常相似。因此，译者将护肤品牌商标 Biotherm 译为"碧欧泉"，完美地实现了音译和意译的结合。"碧"象征着绿色的生命；"欧"意味着风情万种的异国情调；"泉"使人联想到永不枯竭、永远清澈透亮的"不老泉"，"碧欧泉"这个护肤品牌预示着能使消费者的皮肤像泉水一样清亮透明，从而显得更年轻、更有活力，能给消费者带来勃勃生机，如此大大刺激了消费者的购买欲，实现了翻译

---

① 张佑明. 商标翻译中译者的营销意识 [J]. 中国科技翻译，2016 (4).

的目的。

例 2　Reebok（锐步）

运动鞋商标"Reebok"，取自非洲一种跳脚羚羊的名字，预示着穿上该运动鞋能够像跳脚羚羊一样轻松跳跃，也寓意着穿上该运动鞋能增加运动的速度，能使消费者享受运动的愉悦。译者将运动鞋商标"Reebok"译为"锐步"，不仅中文商标译名"锐步"的发音与原英文商标"Reebok"的发音相似，而且中文商标译名"锐步"使中国消费者有"锐意进取，健步如飞"的美好联想，同时也象征着一个人如果穿上这种品牌的运动鞋跑步，就犹如风驰电掣、锐不可当，而且商标译文精炼简洁、通俗易懂，有利于消费者口口相传。运动鞋商标"Reebok"译为"锐步"实现了翻译的目的，是音译和意译的完美结合。

例 3　Pantene（潘婷）

Pantene 是宝洁公司旗下的秀发护理"专家"，其品牌形象源自古希腊神话人物，阿佛洛狄忒（Aphrodite），爱与美之女神，在罗马神话中称为维纳斯。这位女神生于海中，以美丽著称，她自信、优雅、热情，光芒四射，受到她惠泽的人，都会觉得自己充满能量，感知到自己美丽的一面，从而使自己变得高贵而自信。Pantene 正是要让所有使用其产品的人变身为现代生活中的阿佛洛狄忒，挖掘自己的独特之处和美丽潜能，焕发魅力，绽放自信光彩。这就是 Pantene 的美丽宣言。其中文商标译名由双音节词构成，选用的中文字"婷"极具女性特征，表示"优美、雅致"之意，很容易让人联想到"婷婷袅袅""亭亭玉立"等美丽形象。女子姿态柔美轻盈的词语，与"潘"字的结合更像是组成了一个美丽女子的姓名，同时中文商标译名的发音与原英文商标 Pantene 的发音非常相似。该中文译名在读音上也有一种柔美之感，十分悦耳动听。所以，该译名的成功之处就在于它不仅准确地传递出品牌形象故事中女性对美的追求之意，同时也为消费者带来一种淡雅甜美的感觉，也是英文商标汉译中音译和意译的完美结合，实现了商标翻译促销的功能。

例 4　Revlon（露华浓）

国际知名彩妆品牌 Revlon（露华浓）始于 1932 年，由 Charles 和 Joseph Revson 兄弟及化学家 Charles Lachman 创立，首支不透明指甲油色泽艳丽、配制独特，将色彩与时尚完美融合，打破了当时指甲油均为透明色的品质束缚，以震撼性、革新姿态，开创了露华浓的历史。1996 年，Revlon（露华浓）进入中国，其中文品牌名称"露华浓"出自李白描写杨贵妃的《清平调词》："云想衣裳花想容，春风拂槛露华浓。若非群玉山头见，会向瑶台月下逢。"自此开启了引领中国女性潮流之美的历程。"露华浓"作为英文商标 Revlon 的中文译名，既高雅艳丽，又不失诗情画意，对于有点文化品位的中国女性而言颇具"杀伤力"。更为绝妙的是该中文译名"露华浓"的汉语发音与其英文商标的发音非常相似，传承了该商标已有的广告宣传效应，同时又突出了该品牌的性能、功用和特色，具有浓郁的中华文化内涵，可谓音译与意译完美结合的经典商标翻译案例。

例5 Hummer（悍马）

Hummer（悍马）是美国 GM 公司的一个世界闻名的汽车品牌，主要生产军用车和越野车。Hummer 本意是"嗡嗡响的声音"，可能在 Hummer 越野车刚生产出来的时候，声音比较大而取了这个形象的品牌名字。而该品牌中文译名"悍马"不只是音译，更是形神兼备：一匹彪悍的马，听起来就充满桀骜不驯的力量感。高大的车身就让人感到震撼，强大的四驱足以征服各种复杂的环境和地形，还有配合这个一往无前充满力量感的名字"悍马"，怪不得相当长一段时间，悍马成为中国众多男人梦想的越野车首选。

综上，在国际商品贸易不断增长的今天，商标也日益具有国际性。从一种语言到另一种语言，商标的翻译既要保留原文的精华，又要符合消费者的商标心理。与其他翻译不同的是，上述目的要在对一个词语的翻译中实现，这就需要运用语言学营销学以及美学方面的综合知识。在翻译的过程中可通过音译与意译相结合的翻译法，注意选择音色与意义都与原文较为贴近的字词以达到满意的效果。对于译入语消费者而言，原无实际意义的商标，按照译入语的发音规律进行音译，同时在措辞上又能考虑到译入语的文化和消费者的心理，赋予译文一定的实际意义，尽可能体现产品的特色和性能，从而在形式和内容上做到了音义兼顾，这种音译意译相结合的方法是商标翻译中较为理想的选择。因为这不仅从形式上再现原商标的音韵美、保持原商标的发音特点，在内容上也能体现产品的性能和特色，实现了商标翻译的广告和促销的功能。

2.2.3 小结

商标是商品的"名片"，是商品形象的诠释和象征，是其内在品质和信誉的保证。一个外来商标的好的中文译名能吸引中国消费者的注意，有利于该商标品牌的宣传和推广，能够给生产商带来直接的经济利益。在英文商标翻译的过程中，翻译工作者要秉承"翻译目的决定翻译方法和策略"的思维模式，在目的论指导下进行英文商标的翻译。商标翻译没有固定的模式和方法，我们不能说哪种翻译方式就是最好的。从汉斯·费米尔提出的目的论（Skopostheorie）的角度来说，只要商标翻译符合商品输入国文化特征，能引起潜在消费受众的共鸣，能够达到促销产品的目的，也就是说，英文商标的汉译只要考虑了中国消费者的文化背景和风俗习惯，只要契合了中国消费者的价值观念和思维模式，只要满足了中国消费者的美好期望和心理需求，就是好的商标翻译。为此目的，我们要借鉴语言学、美学、心理学、营销学和跨文化交际理论等知识，选择合适的翻译策略，简明扼要，传神达意，做好商品商标翻译工作。

2.3　我国出口产品商标英译的原则和方法

2.3.1　引言

　　商标是识别商品的文字标志，是商品宣传语言的精华。我国出口商标词的翻译，在遵循一定的翻译原则基础上，要传递商标中的文化信息，发挥语言的美学优势。译者要运用灵活多样的翻译方法译出原文的风韵，达到吸引西方消费者的目的。

　　随着中国加入WTO，我国与世界各国的经贸往来日益活跃，越来越多的外国产品涌入国内市场，同时又有更多的国内产品打入世界市场。随着世界经济全球化的趋势，特别是我国"一带一路"和互联互通倡议的实施和推进，我国进出口贸易额不断增加，越来越多的中国品牌进入国际市场，经济越来越繁荣昌盛。同时，对于商家来说，这既是机遇，又是挑战，因为市场竞争日趋激烈。中国食品要在国际市场竞争中处于有利地位，就要树立良好的商品形象，为此除了具有过硬的质量、合理的价格、精美的包装外，还要重视出口商标的翻译。商标是生产者用来标识他们生产和销售的商品的标识符号，具有一定的广告宣传作用。商标是企业宣传和推销产品的利器，也是消费者认识或购买商品的向导，其作用已为越来越多的企业所重视。因此研究我国出口产品商标的翻译原则和方法，提高出口商标的翻译质量是极其重要的一环。

　　我国出口商品要打开国际市场，除了出口商品价廉物美之外，也要注意发挥出口产品商标的品牌效应。出口产品商标就是综合体现商品外在形象和内在品质的特殊符号，是商品打入国际市场给他国消费者带来第一印象的"名片"，是无硝烟的国际贸易战役中的重要武器，因此商家都特别重视汉语商标的翻译。一个成功的出口商标翻译不仅有助于商家市场推广，宣传自己的品牌，从而带来无限商机，使其出口产品打开国际市场而名扬四海，而且也有利于促进中西方文化的交流，因为商标蕴含着丰富的文化内涵。以下尝试探讨我国出口产品商标英译的原则和方法。

2.3.2 我国出口产品商标英译的原则

第一，文化契合原则。

语言是文化的一部分，商标词能够反映一个民族的悠久历史和文化。由于商标词蕴含丰富的文化，在翻译商标时就必须传递其内在的文化信息。如果缺乏文化意识，只进行简单的双语转换，忽视对内含的民族文化信息作相应的传递，译文缺乏原语本应具有的文化内涵或联想意义，甚至有时还会产生意想不到的副作用，导致产品销售不畅。因此文化因素在翻译过程中起着不可或缺的作用，因不谙商标翻译过程中的文化差异，而闹出的笑话早已屡见不鲜。上海一个厂家生产的钢笔，用"白翎"作为其商标，这个名字在中文中很高雅，但直译为英语却是 White Feather，而它在英语中是有贬义的，例如短语"to show white feather"是示弱、临阵脱逃的意思。在西方文化背景下，可以骂别人是 a chicken 或 a coward（懦夫），要是类比别人为一根白羽毛，那甚至是一种侮辱。可以想象，如果一个出口企业靠这种令人不愉快的出口商标的译名去推销商品效果会怎样？同样的例子还有"白象"牌电池，其英文商标译名为"White Elephant"，该词在英语中是指花钱买的废物，不久就成为累赘，"给人以沉重的负担"的东西，可以想象这种电池是否能畅销。这种只考虑语言，不兼顾文化的商标翻译方法是行不通的①。

中国是一个有着悠久历史文化的文明古国，商品的商标往往负载着特定的文化内涵。因此，将出口产品商标翻译成英文时，译者既要注意尽可能忠实于原文特有的文化意蕴，又要考虑到出口国（西方）的文化传统，契合西方消费者的消费心理。例如，广州是我国改革开放的前沿阵地，进出口贸易总额在全国城市名列前茅。因此，我国很多商品取名"五羊"商标，因为广州又称为"羊城"，原来历史上传说古代有五个人骑着羊带来了稻谷的优良品种，从此广州人不再遭受饥荒。虽然，"五羊"商标有文化蕴意，也能够让中国消费者联想到该产品的产地为经济、科技发达的中国历史名城广州，但是如果"五羊"商标直接英译为"Five Goat"，该出口产品将使得西方消费者望而却步，因为在西方文化中，"Goat"表示"好色""淫荡"之人。再例如，我国有一个著名的牙膏品牌——"黑妹"牙膏，但如果销往或出口美国时直接译为"Black Girl"

---

① 商标本身具有文化性，是一定社会文化的产物。不同国家的商标都蕴含着各自的文化，具有不同的文化特色。各国人民对商标的认识也都带有其民族色彩。据了解，目前国内商标翻译过多采用纯粹意译法，只考虑文字对等却忽略了文化内涵，从而导致一些英文商标具有不良的文化含义。比如，"蓝天牙膏"（Blue Sky），在美语中，Blue Sky 是指企业收不回来的债券，这样的译名不利于商品的推广。

就与美国的民族特性、文化传统和价值观念相背离，就伤害了众多美国人特别是黑人的感情，并有可能引起法律上的诉讼和纠纷。①

第二，简洁通俗原则。

除了文化契合原则之外，我国出口商标的翻译要注意贯彻简洁通俗原则。如果英文商标太冗长，消费者不好书写和记忆，因此不利于消费者口口相传，影响商标的宣传和推广。译者可以参考和借鉴一些著名的英文商标，如"P&G"（保洁）就是由该商标品牌的两位创始人的名字的首写字母组合而成。还例如"HP"（惠普），简单易记。因此，我国出口商标的英译要注意简洁精炼、形象生动、通俗易懂，如此才有利于普通西方消费者的理解和记忆，有利于他们对商标品牌留下深刻印象。例如双喜牌压力锅商标可翻译为"Double Happy"；报春花牌衬衫商标可翻译为"Spring Flower"，普通西方消费者一看到商标就明白该商标的含义和蕴意，易于记忆，同时给消费者留下较大的联想空间，有利于商标品牌的传播和推广。

出口产品商标词的翻译要简洁、通俗、形象、生动、易于记忆，给消费者留下深刻印象。如将"飞燕牌"译为Swallow，"飞鸽牌"译为Pigion，能让西方消费者产生积极联想。再比如"矫健牌"运动衣商标，英译为Viger，含义是精力充沛，充满活力。这样的翻译把"矫健"的内涵准确地表达了出来，外国人一看就明白，容易激起他们的消费欲望。还有很多中国出口产品商标词的翻译，如"蜂花牌"英译为Bee and Flower，"西湖牌"译为West Lake，等等，既简洁又通俗，有利于消费者的记忆，还能扩大消费者的联想空间，与消费者产生共鸣，同时，符合英语的表达习惯，能够真正把商标所具有的含义传递出去，起到宣传和劝购的作用。②

第三，突出性能原则。

翻译是一种跨越时空的语言活动，是"把一种语言已经表达出来的东西用另一种语言准确而完整地重新表达出来"，是"从语义到文体在译入语中用最切近而又最自然的对等语再现原语的信息"③。由于商标是生产者用来标识他们生产和销售的商品的标识符号，往往负载着商品的性能等相关信息，具有一定的广告宣传作用，而注册商标又受到法律的保护，所以商标的译文要求准确化、标准化，译名必须独特新颖、醒目悦耳、简短明快、实意明确，更为重要的是

---

① 李卿. 农产品商标英译现状调查与优化策略——以青岛市农产品商标译名为例 [J]. 对外经贸实务, 2017 (5).
② 解淑暖. 浅谈出口商品商标英译的原则及方法 [J]. 青岛大学师范学院学报, 2007 (1).
③ 张佑明. 商标翻译中译者的营销意识 [J]. 中国科技翻译, 2016 (4).

要突出商品的功能和特色，使消费者产生有益于商品销售的联想，刺激消费者的购买欲。从本质上说，商标的作用就是让消费者能一目了然地知晓商品的种类及特色，因此我国出口商标的英译名一定要能较好地体现产品的性能和特色，并应选用吉祥美好、积极向上的词汇，以传递商品的情感交际，给异国消费者带来美好的感受和联想。产品商标的主要功能就是广告和宣传的功能，因此，我国出口产品商标的翻译要力求直观地反映目标产品的性能和特色，以便吸引西方消费者的关注，满足他们的消费心理和消费需求，从而刺激他们的购买欲望。例如："肤美灵"（洗面奶）译成"Skinice"，就是选用美好的词汇"nice"，把"美丽而水灵的皮肤"展现于受众，清晰表达产品的效果，自然吸引消费者的购买。

"居然之家"（家具）译成"Easyhome"，把"一站式"互动共生的家居设计和家居饰品呈献给顾客，"美化居室，舒服惬意"的效果历历在目，因此也就达到了商标促进消费、拓展市场的预期目的。

"波司登"西裤商标翻译为"Bestn"也突出了该产品的质量特性。"Bestn"的读音和汉语商标的读音相似，如此传承了中文商标的品牌效应。"Bestn"是一个在英语词典里无法找到的生造的词，是由"Best"（最好的）和字母"n"组成，蕴意是该品牌西裤是该行业做得最好的，品质是一流的，如此会刺激西方消费者的购买欲望。

再例如，"荣事达"是我国著名的家电品牌，出口到西方国家时商标翻译为"Royalstar"，该英文商标由"Royal"（皇家的）和"Star"（明星）两个单词组合而成，预示着该品牌高贵典雅、质量优良，突出传递了产品的性能和质量等方面的信息，充分显示了商标的宣传和广告的功能。[①]

2.3.3 我国出口产品商标英译的方法

第一，音译法。

传统上我国出口产品商标习惯使用汉语拼音作为英文商标名。目前也有一些产品，如长虹（Chonghong）、春兰（Chunlan）、健力宝（Jianlibao）已成功进入国际市场，但在成功的翻译案例中只占少数。由于汉语为表意文字，注重意合；而英语为表音文字，注重形合。因此在将我国产品商标译成英文时译者须考虑英译商标的形意调和，结合二者之长且为外国消费者所接受。汉语商标音译如果机械地用汉语拼音很难实现国际化，一般不易被外国人看懂、识别，甚至易引起误解，不利于我国出口商品参与国际竞争。因此我国出口商标英译

[①] 毛少华. 浅析出口产品商标的文化意蕴与商标词的翻译原则 [J]. 开封大学学报, 2012 (1).

采用音译法要进行变通,如根据汉语商标的发音,试图找到英语中发音相同或相似的词汇进行翻译。如北京中关村四通公司,若按汉语拼音译成 Sitong,西方消费者就不解其意了,而译成 Stone(石头)则外国客户和商家都明白了。Stone(石头)让人感觉很有力量,使西方消费者联想到该品牌一定是优质的、质量过硬的。从某种意义上讲产品的商标对于产品的销售有一种不可言喻的导向作用,所以译此类商标要尽可能小心谨慎、反复斟酌并做到精益求精。①

汉语商标的音译分为两种,一种是完全用中文商标的汉语拼音作为其英文商标名称。例如,"婺源"茶叶商标翻译为"Wuyuan"。第二种是根据汉语商标的发音,试图找到目标语言发音相同或相似的词汇进行翻译。音译法的优点就是能够保证世界不同的消费者对同一商标品牌的发音相同或基本相同,如此有利于不同文化背景消费者的交流,以及该品牌的全球流行和传播。

对于第一种音译法,即完全的汉语拼音法应该非常慎重。虽然这种翻译方法非常简单,其中也不乏成功的案例,但是如果该汉语拼音对于西方人来说很陌生②,无法使其理解该商标在源语文化中的含义,而且这些汉语拼音对他们来说非常拗口,不利于书写和记忆,则不利于出口商标的宣传、传播和推广。因此,只有一些西方人普遍熟悉的汉语拼音才能使用该翻译方法,例如北京烤鸭商标可翻译为"Beijing";功夫牌轮胎商标可翻译为"Gongfu",因为北京是中国的首都,北京的拼音"Beijing"外国人比较熟悉。同理,中国功夫也是世界闻名,对功夫的拼音"Gongfu"外国人也不陌生。因此,一般而言,我国著名的城市名称、名胜古迹,以及具有中国民族特性的事物的名称作为商标名的翻译,才可以采用这种汉语拼音的音译法。

此外,用汉语拼音法翻译出口产品商标还要注意文化的冲突,例如"芳芳"化妆品商标,在汉语的语言背景下,"芳芳"商标预示着该品牌化妆品散发着迷人的芬芳,具有特有的芳香,给中国消费者带来美好的联想,能够刺激消费者的消费欲望。但如果"芳芳"化妆品出口到西方国家,将其商标用汉语拼音法翻译为"Fangfang"就会让西方消费者望而却步,甚至无人问津,因为在西方文化或语言背景下,"Fang"指动物的毒牙或魔鬼的獠牙,会让人不禁毛骨悚然、惊恐万分。

对于第二种音译法,即根据汉语商标的发音,试图找到目标语言发音相同或相似的词汇进行翻译。值得强调的是,汉语商标英译时,有些是选择与汉语商标发音相同或相似的寓意好的单词,有些是生造出来的在词典中找不到的词,

---

① 张佑明. 商标翻译中译者的营销意识 [J]. 中国科技翻译, 2016 (4).
② 西方人比较熟悉的汉语拼音只占少数,如一些国际大城市如北京、上海的拼音等。

但生造出来的词与某个寓意好的英文单词拼写和读音都非常相似。也就是说，我国出口商标翻译时，不必与汉语商标的发音完全相同，可以取其谐音，关键的是要考虑商标翻译的原则，例如要体现出口产品的性能和特色，要有利于刺激西方消费者的购买欲。

海南目前有许多企业都喜欢用"三湘"作为自己产品的商标。一般音译为"San Xiang"，这一译法本身并无不妥之处，但若将其改为"Sun Shine"效果会更好。"Sun Shine"既与"三湘"的汉语拼音谐音，在英文中又有"阳光"之意，象征着产品有着美好的未来。

还例如"瑞星"杀毒软件商标的翻译，如果与汉语商标的发音完全相同就可以翻译为"Ruixing"，但西方消费者不知所云，因此取其谐音，改译为"Rising"。"Rising"这个单词是"不断提升"的意思，寓意为该商标的杀毒软件产品会根据电脑病毒的变化而不断更新和技术升级，如此体现了该商标产品的性能和特色，有利于该品牌的宣传和推广。还例如，"乐凯"羽毛球拍，商标设计中希望给消费者带来运动快乐和比赛凯旋的美好联想，英译时可以音译为"Lucky"。在英文中，"Lucky"是"幸运"的意思，也能给西方消费者带来美好的联想，且与汉语商标"乐凯"读音非常相似。

我国有一商标为"哈福"的高科技电动汽车产品，基于其汉语商标的读音可音译为"Haval"。"Haval"是一个在英文词典中无法找到的生造出来的词，由"Have"和"All"两个单词拼凑而成，寓意为"无所不能"，可以给西方消费者带来无限遐想。"Haval"这个英文商标的发音与中文商标"哈福"的发音基本相同，而且与美国著名的哈佛大学读音相似，西方消费者很容易理解、接受和记忆，因此是一个比较成功的音译的范例。

第二，意译法。

意译法和音译法一样，也是我国出口产品商标翻译中常用的方法和英译策略。意译法就是在汉语商标英译时，试图选择与汉语商标的意义相同或相近的英文词汇作为其英文商标名称。意译法的优势就是能够保留原文商标所特有的，包含具有广告宣传如有关产品性能和特色的含义或蕴意。例如，永久牌自行车商标可翻译为"Forever"，如此保留了原文商标所蕴含的该自行车经久耐用的寓意。再例如矫健牌运动服商标，可意译为"Viger"。英文单词"Viger"意思是充满活力，与中文"矫健"意思相近，预示着消费者穿上该运动服参加各种活动会显得活力四射、精力充沛，如此传承了原文商标特有的广告宣传和品牌推广的功能。还例如，"大海"是我国一高级衬衫品牌，在中国传统文化中，海纳百川、上善若水，因此该商标有美好的蕴意。"大海"商标意译为"Bluesea"（蓝色海洋），给西方消费者带来与汉语商标给中国消费者带来的类似的感受和心理体验，因为在西方文化背景下，无边无际的蓝色海洋令人心旷神怡，同时充满神秘感且富有挑战性，因此契合西方消费者的消费心理和情感体验。

商标是商品质量、规格和特点的标志。作为一种跨文化活动，商标名称英译要求译者不仅熟练掌握两种不同语言，同时熟悉中西两种文化的差异，穿过表层文化挖掘深层文化意蕴，准确有效地传达出商标所蕴含的商品信息。译者要注意跨越文化障碍，迎合目标市场消费者的文化心理和审美心理，使之对我国出口商品喜闻乐见并产生购买欲，以最终达到宣传促销的目的。在出口商标意译时，译者要特别注意文化的冲突。有些词语在不同语言文化环境中具有不同的蕴意或文化内涵，有些作为商标译文的英语单词或词语有多重含义，可能会引起令西方消费者不愉快的联想，如此不利于产品的销售、宣传、推广。例如"龙井"茶商标不得意译为"Dragon"。因为在中国传统文化里，龙蕴含着"勇敢"等积极和正面的意义，而"Dragon"（龙）在西方的文化背景下预示"残暴"和"邪恶"[1]。

还例如"海燕"牌风扇商标不得意译为"Petrel"，因为在中国传统文化里，海燕搏击长空，勇于挑战，不畏艰险，能够给消费者带来正面的积极的联想，而"Petrel"（海燕）在西方文化中预示着"灾难""不幸"和"危险"的临近。再譬如，帆船牌皮鞋商标不得翻译为"Junk"，在中国文化背景下，帆船预示着一帆风顺，即蕴意是消费者穿上帆船牌皮鞋未来的路不再坎坷，而在西方文化或语言环境里，"Junk"除了"帆船"的意思外，还有"假货"的意思。此外，"公鸡"牌闹钟商标不得翻译为"Cock"，在中国语言文化背景下，公鸡牌闹钟商标是一种非常好的商标设计，预示着该闹钟就像公鸡打鸣一样自然准时地叫醒主人，但是在西方语言文化背景下，"Cock"除了公鸡的意思之外，还有男性的生殖器的意思。还有，"凤凰"牌自行车不得直接意译为"Phoenix"，因为"凤凰"在中国传统文化中有高贵典雅之意，但"Phoenix"（凤凰）在西方文化背景下则有"死里逃生"的含义[2]，西方消费者就不愿意购买该品牌的

---

[1] 茶叶产业品牌自身的力量和茶叶品牌商标的翻译质量有着直接的关系。作为我国重要的出口商品，茶叶自古至今占据我国大部分出口份额。茶叶自从传入英国以后，给了英国民众以全新的味觉体验，使他们被我国茶叶的独特魅力所征服，被认为有独特口感和独到功效，被英国人称为"神奇的树叶"。我国与英国文化差异较大，我国茶叶商标翻译上产生了很多的问题。为了促进中西方茶文化及茶叶经济的发展，以实现茶叶商标翻译的国际化，要采取积极措施对茶叶商标翻译的内容和方法进行改善，在尊重茶叶物理属性及茶叶文化特性的基础上，正视其存在的实际问题，以期解决在中英文化差异背景下茶叶商标翻译出现的问题。

[2] 毛少华．浅析出口产品商标的文化意蕴与商标词的翻译原则 [J]．开封大学学报，2012 (1)．

自行车了。这样出口商标英译导致文化冲突的例子举不胜举。因此，在出口商标英译（意译）时要注意避免文化的冲突。

第三，音意结合译法。

我国出口商标的音意结合译法，就是在出口商标翻译时兼顾汉语商标的发音和意义的方法，也就是说同时发挥音译和意译的优势，即所谓"声似意合"。一方面，某一汉语商标的英文译文，在发音上与汉语商标的发音基本一致或相似，如此传承并叠加了原商标的品牌优势。另一方面，又充分考虑了西方文化特质，契合西方消费者的消费心理和需求，使西方消费者对品牌产品产生积极和美好的联想，从而刺激其购买欲。因此，音译与意译结合法是出口商标英译乃至所有商标翻译中，最理想的也是难度最大的翻译方法和技巧。我国出口商标的音意结合译法要求译者不仅要具有广博深厚的汉语和英语的语言知识功底，而且还要通晓中西方文化，同时还要具有敏锐的语言思维能力和丰富的想象力。以下列举我国出口产品商标英译中运用音意结合译法的成功案例：

例1 "雅戈尔"（Youngor）衬衫商标

"雅戈尔"是我国知名的衬衣品牌，是我国第一批"驰名商标"，也是国家第一批"重点支持和发展的名牌出口商品"品牌。对于"雅戈尔"商标的翻译，最容易想到的是选择用"雅戈尔"汉语拼音翻译为"Yageer"。必须指出我国出口商标的翻译有一种滥用汉语拼音的趋势。只有西方消费者所熟悉的才可以选择用汉语拼音，如"北京"烤鸭，烤鸭商标"北京"可翻译为"Beijing"，因为北京是中国的首都，也是国际化大都市，西方消费者对"Beijing"熟悉，好记。而用"雅戈尔"汉语拼音翻译为"Yageer"，西方消费者将不知所云，因为英文Yageer是个生造词，在英文中没有任何意义，也不会给西方消费者带来任何积极的联想，因此完全的汉语拼音的翻译在这里不合适。此时，"雅戈尔"商标可以取"雅戈尔"汉语拼音的谐音翻译为"Younger"（更年轻）。显然"Younger"比"Yageer"好，通俗易懂，能够给译文受众带来积极的联想，即穿上该品牌的衬衫显得更加年轻，富有朝气，而且与中文商标发音相似，可谓"声似意合"。但是，"Younger"不符合商标的独特新颖原则。最后，译者将"雅戈尔"翻译为"Youngor"。"Youngor"是个生造词，但容易使西方消费者联想到"Younger"（更年轻），因此保有了翻译为"Younger"的所有好处，同时又具有了商标注册所要求的独特新颖性，可谓是非常成功的翻译案例。

例2 "苏泊尔"（Supor）压力锅商标

"苏泊尔"是我国知名的压力锅品牌，刚出口到美国时，完全按照汉语拼音翻译为"Suboer"，美国消费者不知所云，对这个商标品牌反应冷淡，产品甚至出现滞销的情况。后来,译者将"苏泊尔"改译为"Supor",这个品牌的产品在美国的销售一下子就好了起来,可以说是我国出口产品商标英译中比较成功的案例。"苏泊尔"改译为"Supor"符合我国出口产品商标英译的三个原则①。如果将"苏泊尔"翻译为"Suboer",由于"Suboer"在英文中是个生造词,没有任何意义。而"Supor"与英文中"Super"(超级的)近似,"Super"作为前缀可以有许多西方流行的词汇,如"superstar"(超级巨星)、"supermodel"(超模)等,因此,"苏泊尔"改译为"Supor"契合西方文化。同时,"Supor"比"Suboer"更简洁通俗,易于西方消费者的书写、理解和记忆,有利于该品牌的广告宣传和销售。此外,"Supor"与"Super"(超级的)形似,发音也差不多,突出了该品牌压力锅是同类产品中最"超级的",能给西方消费者带来积极的联想。最后,"Supor"与"Super"虽然很像,但"Supor"毕竟是一个生造词,因此,符合我国出口产品商标英译中"独特新颖原则",不太可能被其他商家注册,不会侵犯他人的知识产权。总之,将压力锅"苏泊尔"商标翻译为"Supor"与中文商标发音相似,又充分利用了英文中"Super"(超级的)这一词汇,实现了音译与意译的完美结合。

例3 "网视无忧"(Wansview)家用网络摄像机商标

很多读者对"网视无忧"这个品牌可能很陌生。这是一个属于中国人的品牌。虽然这个品牌在欧美网络摄像机有一定的知名度,其拥有者深圳慧眼视讯公司虽然是国内家用网络摄像机行业的产销量冠军,但由于网络摄像机作为一个尚未普及的高科技产品,加上该公司之前的业务重心放在欧美市场,所以国内很多人不是很了解。之所以把它选进来作为实现了音译与意译的完美结合的经典案例,是因为其品牌翻译确实有可圈可点值得称道的地方。Wansview 是由两个单词"wans(宽带)+ view(视野、风景)"组合而成的一个商标,而商标持有人是深圳市慧眼视讯有限公司,恰好是做基于宽带传输的家用网络摄像机,行业相关性高。这个商标已经在欧美都进行了注册,从欧美人的角度来说,这算是一个不错的商标。因为该商标准确地反映了该商品的特色。同时与中文商标的汉语发音非常相似。假设 Wansview 是一个外文商标,那么其中文译名"网视无忧"也令人拍案叫绝。网视精确地表明了它的功能,无忧表明了质量,同时是品牌 Wansview 的准确音译。从某种程度上来说,能跟奉为品牌翻译界不可逾越的经典"可口可乐"一争高下。

2.3.4 小结

当下,在全球经济一体化的背景下,无论是食品、服饰、家用电器等日常

---

① 前文已述,我国出口产品商标英译要遵循文化契合原则、简洁通俗原则和突出性能原则。

用品，还是轮船、飞机、高铁等大型运输产品，到处都呈现"中国制造"的字样，可以说，既价廉物美又具有一流技术附加值的中国产品越来越受到外国消费者的青睐。但是，从另一个角度来看，国际市场竞争也愈加激烈。随着社会的发展和文明的进步，市场竞争已经从单纯的技术附加和制造成本等物化硬实力的竞争，转化为包括商标创意等文化软实力的综合竞争。我国出口产品必须实现从"中国制造"转变为"中国"商标品牌作为商家的无形资产，提高商家的市场竞争力。可以说，商品商标的设计是一门需要研究和不懈追求的艺术，而商标的翻译则是一种特殊的文化交流，是艺术的再创造。对于我国出口产品商标的英译，译者不仅要遵循以上翻译的原则，参照以上翻译的基本方法，在具体的商标翻译过程中还要绞尽脑汁、千锤百炼、反复斟酌，结合汉语商标的发音和蕴意，灵活运用商标翻译的各种方法和技巧，以便使商标在源语文化背景下所负载的产品信息、文化内涵和广告功能，通过英文商标名在西方文化背景下最大限度地呈现出来。

中国商品要想进入国际市场与国外品牌竞争，除了优良的质量、合理的价格、精美的包装外，还应该有个性鲜明、符合异域风情的商标。"一个成功译名的标志应该是能吸引目标语消费者，激发美好的想象与购买欲望"[1]。本书认为，我国出口产品商标英译要遵循文化契合原则、简洁通俗原则和突出性能原则。我国出口产品商标英译的方法主要有音译法、意译法和音意结合译法三种。音译法的优点就是能够保证世界不同的消费者对同一商标品牌的发音相同或基本相同，如此有利于不同文化背景消费者的交流，以及该品牌的全球流行和传播。意译法的优势就是能够保留原文商标所特有的，包含具有广告宣传如有关产品性能和特色的含义或蕴意。音意结合译法同时发挥音译和意译的优势，是最理想的也是难度最大的翻译方法。

2.4 我国出口产品商标英译存在的问题及优化策略

作为与同类产品相互区别的标识，商标直观地反映了商家的经营理念和企业文化，是给消费者的第一印象，是商品宣传语言的精华，影响消费者对产品的功效、性能和品质的判断，因而直接影响到产品的宣传、推广和销售[2]。随着我国"一带一路"倡议的实施，中国与世界各国的贸易往来日益频繁，经济

---

[1] 金惠康. 跨文化交际翻译 [M]. 北京：中国对外翻译出版公司, 2002. 175.
[2] 唐忠顺. 我国出口产品商标翻译的主要问题与对策研究 [J]. 湖南科技大学学报, 2013 (3).

全球化一体化的进程加快,国际市场的竞争将日趋激烈。我国出口产品要想在国际市场的竞争中取得优势,出口商标的翻译则显得十分重要。对于中国企业而言,一个好的商标英文译名,能够使产品迅速打入国际市场,在国际市场的竞争中分得"一杯羹"。如何把我国出口产品商标翻译变成走向世界的"黄金名片",已成为我国出口产品能否抢占国际市场的关键。英语是目前世界的通用语言,可以说,我国出口商标的英文译名直接影响到国外的消费者对产品的认知,进而影响到产品的销售和我国出口企业的生存和发展。因此,中国产品要想出口海外积极参与国际竞争,并在国际市场竞争中占领先机,给商品取一个新颖独特的外国名字是首要的一步[1]。如何很好地进行我国出口商标的英译,使商标译名受众对译名产生与中国人对原商标名接近的反应和感受,是一个值得认真探讨的课题。以下探究我国出口产品商标英译存在的主要问题,并提出针对性的解决办法和对策。

2.4.1 我国出口产品商标英译存在的主要问题

我国目前只是商标大国还不是商标强国,与发达国家相比我国还存在着巨大的差距。在经济全球化时代,质量不相上下的商品之间的竞争实质上是品牌的竞争,而商标则是品牌走向世界的"黄金名片"。在英语已经成为国际通用语的今天,如何把我国出口产品的商标翻译成可以通行世界的英语商标,已经成为我国民族产品抢占国际市场的重要因素。由于我国长期以来对商标翻译重视不够,加之受传统翻译思想的影响,更由于东西方语言文化的巨大差异和商标翻译的跨学科特性,我国商标翻译领域还存在着一些较为突出的问题,如忽视中西文化差异,过度使用汉语拼音,忽视商标的独特性新颖性,商标译名过长等问题。

第一,忽视中西文化差异。

随着全球经济一体化进程的加快,国际贸易已经成为促进世界各国经济发展的重要动力,商标译名对于商品在本土以外的销售情况则起着举足轻重的作用。正如美国学者艾·里斯所说:"一个译名的好坏,会带来销售业绩千百万美元的差异。"我国出口企业正面临国际文化差异造成的传播障碍与风险,因商标翻译失误影响商品出口的案例时有发生。

在经济全球化和国际贸易不断增长的今天,商标也日益具有国际性。商标所代表的是产品乃至整个企业的形象。因此,在竞争激烈的国际市场上,商标词的翻译倍受瞩目。但是,由于各个国家所处地理位置、风俗文化、宗教信仰、

---

[1] 段玲. 英文商标跨文化视角的汉译原则和技巧 [J]. 沈阳农业大学学报, 2015 (4).

消费观念的不同，中英文商标互译须涉及文化的差异，因而翻译中的对等也仅仅是相对的对等性。商标名从一种语言到另一种语言的翻译既要保留原商标名蕴含的文化内涵，又要符合译入语消费者的消费心理①。一个成功的商标译名的标志应该是能吸引译入语消费者的眼球，激发他们与产品质量、性能相关的美好联想和购买欲望，商标名翻译应同原商标一样，对译入语消费者产生相等或接近相等的宣传和广告效果。②

商品要出口到国外，要让外国顾客喜欢，首先就要让外国顾客乐于接受该商品的信息，即符合大众的审美心理。我国出口商标的英文译名应尽量兼顾西方消费者的文化习惯和审美心理，商标词的翻译也应尽可能地发挥想象力和创造力，挖掘出商品与西方文化上的共同的特征，尽可能地向西方文化贴近以求得共识。因此，商标词除了能够反映商品属性之外，它本身就是一种重要的社会文化。③

在漫长的人类历史发展过程中，各民族逐渐形成了自己独特的民族风情和文化传统。同一个事物在不同的地区和国家会有不同的文化表征。由于中西方文化形态、风俗习惯及认知模式的巨大差异，跨文化语用失误时有发生，成为中国产品打入国际市场的一大障碍。④

不同国家或地区消费者因民间文化、宗教信仰、风俗习惯、语言文字等的差异，使得消费者对同一品牌名称的认知和联想是截然不同的。因此我国出口商标英译要适应目标市场的文化价值观念，以免商标译名在西方消费者中产生误解。中国的商品出口到国外时，却往往忽略了文化冲突的存在，以致使译名在国外不受欢迎从而影响到产品的销售⑤。例如上海白翎钢笔物美价廉，但打入国际市场后，在英美国家却无人问津。原因是它的英语商标被直译成 White Feather，而在英美文化背景下 White Feather 具有软弱、胆怯的内涵。帆船牌地毯直译成 Junk 也遭到同样的命运。因为 Junk 在英文中除指中国帆船外，还指废弃物或破烂的旧物⑥。有的汉语商标词在汉语里有美好的形象与象征意义，但直译成英语后，其文化联想意义则截然相反。如商标名为海燕的电视机，它使我们联想起搏击风浪的勇敢者和奋进者的形象，然而直译成 Petrel（海燕），

---

① 李萍凤. 进出口商品商标翻译中存在的问题和翻译技巧 [J]. 对外经贸实务，2013 (7).
② 卜小伟，贾勇. 跨文化视角下出口商品商标翻译 [J]. 西安欧亚学院学报，2007 (4).
③ 唐忠顺. 我国出口产品商标翻译的主要问题与对策研究 [J]. 湖南科技大学学报，2013 (3).
④ 周丹，向荣. 婴幼儿产品商标翻译中存在的问题和处理方法 [J]. 对外经贸实务，2015 (1).
⑤ 褚凌云. 中文商标名称的英译研究 [J]. 对外经贸，2017 (4).
⑥ 李卿. 山东省品牌商标英译的现状与改进策略 [J]. 对外经贸实务，2014 (12).

在西方文化背景下则有"不祥之兆"① 的含义。

翻译理论家尤金奈达指出:"对于真正成功的翻译而言,熟悉两种文化甚至比掌握两种语言更重要,因为词语只有在其作用的文化背景中才具有意义。"② 文化因素在商标翻译中非常重要。国际品牌在全球范围内营销,必然要跨越种种文化障碍。中西方文化差异较大,商品经济现象的复杂性,决定了商标词的翻译超越了语言学概念,而上升到文化心理和市场营销层面。因此翻译时要注意译文能否符合译入语消费者的文化心理和价值观念。③

正如前文已述,我国出口商品要想受到出口地消费者的青睐,首先就要给出口商品取一个令出口地消费者心动的外国名字。同一个名称或词汇在不同的社会文化里有不同的文化内涵,商标翻译首要的就是要考虑中西文化差异。因此,出口商品商标英译者在翻译时,必须了解西方社会的风俗习惯、宗教信仰、文化禁忌、价值观念等社会文化背景,注意中西文化的差异④。值得注意的是,我国出口产品商标英译存在的主要问题之一,就是忽视中西方文化的差异,以至于有些译文引起了西方消费者的误解和反感,因而不利于我国出口产品的宣传和销售。例如部分商标的臆造词汇晦涩难懂,不符合异国消费者或其潜在消费者的宗教信仰、文化、习惯,这不仅有可能在异国消费者心中降低商品的价值,甚至可能引起西方消费者的反感和抵触。⑤

由于商标词的翻译是跨文化传达的,因此它们的翻译必须符合目标国的语言文化特点,迎合目标国人们的文化审美心理。多数国内商标词在翻译时,只注重直译,没考虑到意译,更没考虑到文化上的差异⑥。以下再举例说明。

例1 "海燕"牌紫菜(Sea Swallow)。

中国沿海一些地方的农民,在海边的滩涂或浅海种植了大量的紫菜,作为改善农民生活、促进农民增收的主要农产品出口海外。这些农民将收上来的紫菜在海边搭上支架和棚子就地晾晒,海风吹来,就像成群结队的海燕在海边飞舞跳跃,故将其商标取名为"海燕"牌。在出口到英语国家时,将其商标直译为"Sea Swallow",但外国的消费者并不买账。原来商标译者在商标翻译时忽略了中西文化的差异。在中国文化背景下,海燕在一望无际的大海上不畏暴风骤雨,搏击长空、展翅飞翔,鼓励人们要像海燕一样不畏艰险、奋力拼搏。显然,

---

① 唐忠顺. 我国出口产品商标翻译的主要问题与对策研究 [J]. 湖南科技大学学报, 2013 (3).
② 金惠康. 跨文化交际翻译 [M]. 北京: 中国对外翻译出版公司, 2002. 132.
③ 唐忠顺. 我国出口产品商标翻译的主要问题与对策研究 [J]. 湖南科技大学学报, 2013 (3).
④ 段玲. 英文商标跨文化视角的汉译原则和技巧 [J]. 沈阳农业大学学报, 2015 (4).
⑤ 周丹, 向荣. 婴幼儿产品商标翻译中存在的问题和处理方法 [J]. 对外经贸实务, 2015 (1).
⑥ 李卿. 山东省品牌商标英译的现状与改进策略 [J]. 对外经贸实务, 2014 (12).

该品牌紫菜取"海燕"的商标名，可以给中国消费者带来积极的联想。但是，"sea swallow"（海燕）在西方文化背景下却预示着危险甚至灾难即将来临，因为海燕在暴风雨来临之前，常在海面上飞翔。因此，该品牌的紫菜在海外市场一度滞销，因为西方消费者看到该品牌望而却步。①

例2　"金鸡"牌闹钟（Golden Cock）

"金鸡"牌闹钟是我国闹钟类商品中的知名品牌。"金鸡"牌闹钟作为闹钟的品牌和商标突出了闹钟"金鸡报晓"的功能，公鸡打鸣就意味着天亮了，该起床了，因此该品牌闹钟受到中国消费者的青睐。但"金鸡"牌闹钟刚进入美国市场时，翻译为"Golden Cock"，这让美国消费者望而却步，以至于该产品在美国一度滞销。原来，在中国的传统文化中，人们很容易将公鸡（cock）与"金鸡报晓""闻鸡起舞"联系起来。而在西方文化背景下，cock常暗指男人的生殖器官，显然，商标译名损害了商品的原来形象，也有损中国的国家形象，让西方消费者大跌眼镜、望而却步。②

例3　"龙井茶"（Dragon Well）

"龙井茶"是中国茶叶产品中的知名品牌。"龙井茶"刚进入英国市场时，直译为"Dragon Well"，令英国消费者十分反感和抵触。原来，"龙"这个动物（词语），在中国传统文化里，是中华民族自强不息、奋发图强的象征。在汉语中有许多关于龙的成语，如"望子成龙""飞龙在天""鱼跃龙门""龙凤呈祥"等，都是正面的积极的寓意。中国人都称自己为"龙的传人"，父母常"望子成龙"，这些都在诉说着中国人对于"龙"有着一种特殊的情感，它在国人的心目中有着举足轻重的地位。由于龙在中国人民的生活中产生了重要的影响，"龙文化"一直流传至今。在取名这方面，最可以看出"龙文化"对其影响之深，如李小龙（武术宗师）、成龙（电影巨星）、马龙（乒乓球国手）等。当然在商标词的取名上也不例外，像科龙（家电品牌）、欧龙（汽车音响）等。但若不考虑西方的文化因素，将商标词中的"龙"直译成"dragon"，那就犯了大忌。因为在西方文化里，dragon（龙）则是贪婪、邪恶、残忍、残暴的象征。③

例4　"孔雀牌"电视机（Peacock）

"孔雀牌"彩色电视机是我国20世纪80年代，即我国改革开放初期的电视机行业的领跑者。"孔雀牌"彩色电视机刚出口到西方国家时直译为

---

① 时宇娇. 我国出口农产品商标英译存在的问题及优化策略 [J]. 对外经贸实务, 2019 (1).
② 周桂英. 汉语商标词翻译中存在的问题及对策 [J]. 商丘师范学院学报, 2005 (4).
③ 时宇娇. 我国出口农产品商标英译存在的问题及优化策略 [J]. 对外经贸实务, 2019 (1).

"Peacock"。该品牌电视机质量好,价格也有优势,可以说是价廉物美,但西方人就是不买账。原来,在中国文化中,孔雀是美的化身,预示着该彩色电视机出来的图像孔雀开屏一样色彩鲜艳。而在西方文化中,Peacock(孔雀)是"骄傲自满"的代名词,因而令西方人特别反感。①

例 5 "信伟牌"粮油(Sinvin)

信伟粮油商标"Sinvin",与汉语商标谐音,但是"sin"这个词在西方宗教里是"冒犯上帝或宗教的罪恶或罪孽",而 vin 意思是视频信号输入,同时又与"win"谐音,这个词的采用可能会触犯西方国家人们的宗教信仰。在西方绝大多数人都信仰宗教,宗教是西方文化非常重要的特色,如果我国出口产品商标的英文译名触犯西方国家的宗教信仰,将会引起西方人的极大反感和抵触。②

第二,滥用汉语拼音音译。

目前,汉语商标词被译成汉语拼音的现象相当普遍,译者并未考虑这样译过去的英语商标词能让英语读者获得什么信息,只是为翻译而翻译,完全忽略了商标词的重要功能,这样的翻译几乎等于没译。例如:爱妻牌洗衣机——Ai Qi Washing Machine,双凤皮鞋——Shuang Feng Leather Shoes,太太乐鸡精——Tai Tai Le Granulated Chicken Bouillon,这些有美好寓意的汉语商标词译成拼音后索然寡味。原商标词所包含的含义、情感全部消失了,对国际市场上的消费者所产生的市场效应可想而知。③ 还例如干果类食品"家佳嗑"这个商标词。在中国,这个商标词的创作无疑是成功的,消费者可以很快联想到这是家卖干果类的食品公司,而且寓意也很好:新春佳节,合家团聚,嗑瓜果唠家常,给中国消费者一种其乐融融的感觉。但是它的英文译名却是"Jiajia Ke",对于不懂中国语言文化,不会拼音的外国消费者来说,这样的商标词根本吸引不了他们的注意,从而导致该企业难以在国际市场上打开销路。④

当然,这并不是说,汉语商标翻译中不得使用汉语拼音。实际上,我国出口产品商标英译中,用汉语拼音作为商标译文还是多见的。如青岛牌(电视机)译为"Qingdao",龙井(茶)译为"Longjing"。对于一些知名品牌或地名商标用汉语拼音作为商标译名是比较合适的⑤。但在出口产品商标翻译中,汉语拼音音译的比重过大。在所调研的全国 100 个涉农产品商标中,其译名基本

---

① 唐忠顺. 我国出口产品商标翻译的主要问题与对策研究[J]. 湖南科技大学学报,2013 (3).
② 李卿. 农产品商标英译现状调查与优化策略——以青岛市农产品商标译名为例[J]. 对外经贸实务,2017 (5).
③ 周桂英. 汉语商标词翻译中存在的问题及对策[J]. 商丘师范学院学报,2005 (4).
④ 褚凌云. 中文商标名称的英译研究[J]. 对外经贸,2017 (4).
⑤ 唐忠顺. 我国出口产品商标翻译的主要问题与对策研究[J]. 湖南科技大学学报,2013 (3).

上就是汉语拼音，或者是农产品产地名称拼音首字母缩略。就山东省国际知名品牌商标来说，45.4%的商标英译名采用其汉语拼音形式①。如此滥用汉语拼音音译法也会造成弊端：以我国出口产品商标的汉语拼音作为商标英译名，对不懂中文的西方消费者来说，无法传递商品的性能、功效以及与产品质量相关的联想等信息；也使得在中文商标里蕴含的与产品质量有关的丰富内涵和文化蕴意丧失殆尽。②

由于汉语由音与字形相分离的两个系统构成，商标的汉语拼音对不懂汉语的异国消费者没有任何意义。汉语拼音作为商标英译名，在不懂得汉语的世界里，或者说对不懂汉语的消费者来说，无法传递命名主体的情感信息和有关商品的信息；也使得蕴含在汉字商标里的丰富语义和民族文化丧失殆尽，从而使得汉语拼音译名变成了一个个冷冰冰的奇怪符号，商品生产者想表达的文化意义与理念也因语言不通变得毫无意义可言。③

由于汉语拼音往往长而且拗口，并且同音字众多，国外消费者拼读起来发音不一，难免张冠李戴或者读音与国外消费者国家文化相悖或同不良含义词语吻合，导致得不偿失。比如，青岛姜格庄草莓的商标译名"Shun Yi Feng"（顺仪丰），汉语商标用词暗含有"顺人心，如人愿，丰收"之义，但是"Shun Yi Feng"的拼音在异国消费者心中却与此意义完全不相干，无法用此音产生积极联想到其字形、意义，自然消费者的理念和美好心愿也无法实现跨文化背景下的有效沟通④。以下再举例说明：

例1 "宝通"牌轮胎（Boto）

橡胶轮胎商标取名"宝通"，寓意"保路通"，预示着该品牌的橡胶轮胎质量优良，因此拨动了中国消费者的心弦，成为中国橡胶轮胎产品中的畅销品牌。而"宝通"橡胶轮胎商标按其拼音英译为"Boto"，出口地消费者无法理解"boto"的含义，无法与该品牌橡胶轮胎的质量有任何联想。相反，看到该商标的英文译文，西方消费者会产生不好的不愉快的联想，从而对该品牌产品质量产生怀疑，因为"boto"与"bottle"谐音，英文单词"bottle"指"玻璃瓶"，而玻璃瓶是容易打碎的，如此将使消费者对该轮胎的质量产生负面的联想。⑤

---

① 李卿. 农产品商标英译现状调查与优化策略——以青岛市农产品商标译名为例［J］. 对外经贸实务，2017（5）.
② 李萍凤. 进出口商品商标翻译中存在的问题和翻译技巧［J］. 对外经贸实务，2013（7）.
③ 褚凌云. 中文商标名称的英译研究［J］. 对外经贸，2017（4）.
④ 唐忠顺. 我国出口产品商标翻译的主要问题与对策研究［J］. 湖南科技大学学报，2013（3）.
⑤ 卜小伟，贾勇. 跨文化视角下出口商品商标翻译［J］. 西安欧亚学院学报，2007（4）.

例2 "珠峰"(Zhufeng)

我国有一高原地区天气寒冷,农民主要以放羊为生,因此羊毛作为主要农产品成为当地的收入来源,销往海内外。该羊毛及其制品(如羊毛衫)商标名为"珠峰"。取名"珠峰"有两种寓意,第一,该羊毛的产地是高原,即高寒地区,因此羊毛及其制品的保暖性能优良。第二,该羊毛的品质和制品的质量是最高的,因为中国人知道珠穆朗玛峰是最高峰,而且中国人经常讲"勇攀科学技术高峰"。而"珠峰"羊毛商标按其拼音英译为"Zhufeng",西方人就无法理解,因为他们不会引起任何有关珠穆朗玛峰以及该羊毛及其制品质量优良的联想,该农产品的汉语商标蕴含的商品理念,自然也不会在西方消费者心里产生共鸣。①

例3 "芬芳"牌蔬菜(Fengfang)

中国出口农产品中有一种品牌蔬菜商标名为"芬芳"。"芬芳"这个词在汉语中蕴含丰富,在中文字典里,"芬芳"的解释是"花草的香气",如"芳草如茵""兰桂齐芳"等。商家将该蔬菜品牌商标取名为"芬芳",其经营理念和广告效应就是,这个品牌的蔬菜散发着泥土的芬芳,是天然无公害的绿色有机蔬菜。因此,该商标名突出了该蔬菜产品的特点,同时给消费者美好的联想,如此自然得到了消费者的青睐。但是,"芬芳"牌蔬菜刚出口到英语国家时,译者将其汉语拼音(Fengfang)作为英文商标,让当地西方消费者望而生畏,因为 fang 这个单词的含义是指(魔鬼的)獠牙;(蛇的)的毒牙;(犬的)长而尖的牙等。这个商标译名,不仅不能传递给译文受众,像原文商标名所传递给原文受众一样的商家的经营理念,而且给西方消费者传递了对商品销售不利的负面的信息或联想。②

例4 "顺达丰"草莓(Shun Da Feng)

我国是一个农业大国,我国的许多农村盛产草莓,有一品牌的草莓,商标名为"顺达丰"。"顺达丰"在中国文化背景下寓意很好。"顺"意味着前程似锦、一帆风顺。"达",意味着飞黄腾达、兴旺发达。"丰"意味着五谷丰登、丰衣足食。但是,该品牌草莓出口海外时,该商标用汉语拼音译为"Shun Da Feng",外国消费者无法产生像中国消费者一帆风顺、兴旺发达、丰衣足食这样的积极联想,而是不知所云,觉得莫名其妙。如此滥用汉语拼音作为出口农产

---

① 时宇娇. 我国出口农产品商标英译存在的问题及优化策略 [J]. 对外经贸实务,2019 (1).
② 时宇娇. 我国出口农产品商标英译存在的问题及优化策略 [J]. 对外经贸实务,2019 (1).

品商标的翻译方法在我国比较普遍。①

第三，缺乏对商标译名独特性的关注。

商标是同类产品相互区别的标识。商标能否在出口地注册，以及判别商标是否侵权，关键就看商标是否具有独特性、显著性、新颖性②。因此，商标的独特性、显著性或新颖性是商标必须具备的法律要素。商标的独特性、新颖性或显著性是指它区别于同类商品商标的特征，既不能是商品的属名，也不能是其他业已注册的商标。我国很多的出口产品商标的英文译名喜欢用汉语商标对应的普通英文单词，或汉语商标的谐音词，未能摆脱"忠实""对等""直译"等传统翻译观念的束缚，因而无法保证商标译名的独特性、新颖性和显著性③。我国出口产品商标的译名是给外国消费者看的，在品牌如潮的今天，这些普普通通的单词不一定能受到外国消费者的青睐，毕竟这些词汇对于他们来说已没了太多的新鲜感，而且说不定正因其普通而早就被其他商家注册为商标了。④

我国出口产品商标的翻译存在的问题之一就是缺乏法律意识，即缺乏对商标译名独特性及显著性、新颖性的关注⑤。例如，联想集团是我国著名的电脑品牌，出口到英语国家起初的商标译名是"Legend"，前期花费巨资进行广告宣传，但进行注册时被告知由于与同类产品的商标名相同而无法注册，不得不改名为"Lenovo"，重新花费资金进行广告宣传，如此折腾付出了宝贵的时间和资金的成本。还例如，我国有一著名蔬菜品牌商标为"彩色庄园"，出口到海外起初的商标译名是"Colourful Manor"，前期花费巨资进行广告宣传，但在进行注册时也被告知由于与同类产品的商标名相似而无法注册⑥。因此，在进行出口产品商标的翻译时，不仅要考量中西文化差异，以及广告宣传效应，还要关注商标译名是否具有独特性、显著性、新颖性，即是否与同类产品的商标名称相同或近似。⑦

---

① 李卿. 农产品商标英译现状调查与优化策略——以青岛市农产品商标译名为例 [J]. 对外经贸实务，2017（5）.

② 时宇娇. 我国出口农产品商标英译存在的问题及优化策略 [J]. 对外经贸实务，2019（1）.

③ 周丹，向荣. 婴幼儿产品商标翻译中存在的问题和处理方法 [J]. 对外经贸实务，2015（1）.

④ 唐忠顺. 我国出口产品商标翻译的主要问题与对策研究 [J]. 湖南科技大学学报，2013（3）.

⑤ 时宇娇. 我国出口农产品商标英译存在的问题及优化策略 [J]. 对外经贸实务，2019（1）.

⑥ 除了无法注册甚至涉及可能的侵权的法律后果外，该品牌蔬菜的英文商标译名"Colourful Manor"中两个单词太过普通，很难让西方消费者眼前一亮，不会引起西方消费者的关注和兴趣。

⑦ 时宇娇. 我国出口农产品商标英译存在的问题及优化策略 [J]. 对外经贸实务，2019（1）.

第四，商标英文译名不够简洁精炼。

随着社会的发展和科技的进步，各种新产品新品牌层出不穷，且不断地更新换代，而社会生活节奏日趋加快和信息网络社会的来临，消费者每天接触的商品信息越来越多。而要使得消费者对所翻译的商标名称有特别的印象，就要求我国出口商标的英文译文尽量简洁，便于记忆和口口相传，提高品牌的知名度。如果商标英语译文过长，则不利于商标的宣传和推广。①

汉字具有很强的表意功能，在汉语商标词英译时，译者常常一字不落地把汉语商标词直译过来，用词太多，结果是使其失去了商标词最基本的特征——简洁、易记忆，产生的市场效应肯定不会很好②。例如：报春花——Calling Spring Flower；白云山——White Cloud and Mountain。另外，汉语的商标词往往是"×××牌"，译者往往受限于原文，翻译时常在商标词的后面加上"Brand"一词，例如：双喜牌压力锅翻译为"Double Happiness Brand Pressure Cooker"。这虽没有什么大错，但不符合国际上商品的商标词的英语表达，且不够简练③。

我国是一个农业大国，我国出口的传统产品和优势产品就是农产品。如果我国出口农产品英文商标名过长，则显然不利于该农产品商标品牌的宣传和推广④。随着社会的发展和科技的进步以及人们对卫生健康食品的需求增大，各种新的农产品和新品牌层出不穷，且不断地更新换代，同时随着信息网络社会的来临，消费者每天接触的农产品信息铺天盖地。而人们生活节奏日趋加快，使得大家对各种信息应接不暇，因此要使得西方消费者对我国农产品品牌有特别的印象，就要求我国出口农产品英文商标名不能太长，要尽量简洁，便于消费者的书写、拼读和记忆，如此才有利于品牌的宣传、销售和推广，有利于提高我国出口农产品品牌的知名度。但在现实中，我国出口农产品的英文商标名通常比较长。⑤

例如"黄山黑木耳"英文商标名为"Huangshan Black Fungus"；"黄河大虾"英文商标名为"Yellow River Big Prawn"；胶州大白菜英文商标名为"Jiaozhou Chinese Cabbage"。以上农产品的商标译名都过于冗长，违背了商标

---

① 李卿. 农产品商标英译现状调查与优化策略——以青岛市农产品商标译名为例 [J]. 对外经贸实务，2017 (5).
② 唐忠顺. 我国出口产品商标翻译的主要问题与对策研究 [J]. 湖南科技大学学报，2013 (3).
③ 周桂英. 汉语商标词翻译中存在的问题及对策 [J]. 商丘师范学院学报，2005 (4).
④ 李卿. 农产品商标英译现状调查与优化策略——以青岛市农产品商标译名为例 [J]. 对外经贸实务，2017 (5).
⑤ 李卿. 山东省品牌商标英译的现状与改进策略 [J]. 对外经贸实务，2014 (12).

名应当精炼简洁的原则。虽然中国消费者对黄山、黄河、(山东)胶州(半岛)等非常熟悉,且黑木耳等农产品主要产于中国,中国消费者也耳熟能详,但西方消费者对这些都比较陌生,商标译名太长则难以给他们留下深刻的印象,不利于向西方消费者宣传和推广我国质优价廉的农产品。①

2.4.2 优化我国出口产品商标英译的策略

正如前文所述,我国出口产品商标英译存在忽略中西方文化差异、过多使用中文商标的汉语拼音音译法、忽略对商标英文译名的显著性、新颖性、独特性的关注、商标英文译名过长不够简洁精炼等突出问题,以下针对这些翻译过程中出现的问题提出解决办法。

第一,减少纯汉语拼音音译,取其谐音实现跨文化映射。

正如前文所述,我国出口产品商标英译采用纯汉语拼音音译法比较普遍。因此优化我国出口产品商标英译的策略,其中一个重要的方面就是,要减少中文商标的纯汉语拼音作为商标英译的比例。在商标英译中,即使运用纯汉语拼音翻译方法,也要尽可能选用异国消费者或潜在消费者熟知的汉语拼音,或者与英语中某些单词谐音并且意义又相近,切合商标内涵的翻译。欧元之父、诺贝尔经济学奖获得者蒙代尔也曾建议中国企业要避开太中国本土化的出口品牌英译名称,从而更顺利地获得产品在海外市场的成功销售②。因此出口商标英译,要减少中文商标的纯汉语拼音作为译文的比例。

在跨国贸易中,商标翻译首先要克服不同语境下人们不同的文化接受心理和审美情趣,以使商品在国外亦能借助良好的商标译名来开拓市场。同时,利用商标译名迎合译语地消费者对异域文化的需求,不失时机地在译名中凸显中华文化,培育具有中国本土特色的品牌。尽管拼音也是由拉丁字母构成,但其发音规则和英语有很大不同,商标原有的文化和广告功能难以得到有效表达,很难引起异域消费者的共鸣,最终达不到促销的目的。因此,汉语商标翻译要减少纯汉语拼音翻译方法的使用。③

当然也不是完全排除中文商标汉语拼音音译法,毕竟汉语拼音音译法也是一种重要的商标英译的方法。中文商标汉语拼音音译法,可适用于我国产品出口地消费者所熟悉的汉语拼音,如一些世界驰名的品牌或一些著名的城市地名

---

① 时宇娇. 我国出口农产品商标英译存在的问题及优化策略 [J]. 对外经贸实务, 2019 (1).
② 胡燕, 李雯君. 浅谈商标英译的原则与方法 [J]. 安徽文学, 2013 (10).
③ 唐忠顺. 我国出口产品商标翻译的主要问题与对策研究 [J]. 湖南科技大学学报, 2013 (3).

作为商标名的情况①。例如,"龙井茶"商标可译为"Longjing Tea","北京烤鸭"商标可译为"Beijing Duck"。如果是异国消费者不熟悉的汉语拼音,则慎用纯汉语拼音音译法,可考虑取中文商标的谐音作为其商标译文。当然,所选的这个与中文商标发音相似的英语词汇的意义一定要契合该农产品的品质和特色,能够引起西方消费者有关该农产品特色或质量方面的积极的联想,以便能够刺激西方消费者的购买欲②。以下举例说明。

例1 "上海豆师傅"(Shanghai Do-self)

豆腐是中国特有的一种农产品,也是一种被世界公认为有利于健康长寿的食品。豆腐起源于中国,是公元前100多年西汉时期的淮南王刘安发明的,已有2000多年的历史。豆腐品种多样,风味独特,具有降低"三高"的功效,是老幼皆宜、益寿延年的绿色健康食品,深受中国人民和世界人民的喜爱。美国著名杂志《经济展望》报道:"未来最有市场潜力的并非是各种各类的电器产品,而是中国的豆腐。"有一种豆腐的品牌,商标名为"上海豆师傅",口味独特,受到消费者的青睐,并出口到国外。该品牌的豆腐刚出口到美国时,英文商标是"上海豆师傅"的汉语拼音即"Shanghai Doushifu"。虽然该农产品英文商标显示了"Shanghai",以突出其中国特色,但"Doushifu"是"豆师傅"的汉语拼音,在英文中没有明确的寓意,无法与豆腐的特点和品质相联系,同时该商标英文译名太长,不利于美国消费者的理解、记忆和传播。最后,译者取"豆师傅"的谐音,将"上海豆师傅"的商标改译为"Shanghai Do-self",取得了巨大的成功。"Do-self"与"豆师傅"的汉语拼音相似,即该商标的英文名和中文名发音相似,如此该豆腐品牌的英文商标传承了中文商标已有的品牌效应。同时,"Shanghai Do-self"比"Shanghai Doushifu"更加精炼简洁,且易于外国消费者的理解、记忆和传播。更为重要的是,"Do-self"英文意思是"自己动手制作",在西方国家亲自动手制作的物品是非常难得和珍贵的,因为西方发达国家绝大多数商品都是机器生产的。"Shanghai Do-self"品牌的豆腐预示着该豆腐是大豆通过祖传手工制作加工的纯天然的绿色健康食品。如此"上海豆师傅"商标的英文译名"Shanghai Do-self"既突出了该豆腐手工制作等最为关键的信息和卖点,同时通俗易懂,加之其特有的内在品质和独特风味,自然会得到西方消费者的青睐,并有利于该农产品在海外的广告宣传和市场推广。③

---

① 李卿. 山东省品牌商标英译的现状与改进策略 [J]. 对外经贸实务, 2014 (12).
② 胡燕, 李雯君. 浅谈商标英译的原则与方法 [J]. 安徽文学, 2013 (10).
③ 时宇娇. 我国出口农产品商标英译存在的问题及优化策略 [J]. 对外经贸实务, 2019 (1).

例2 "海尔"（Higher）

海尔商标是我国知名的家电品牌，产品出口到英语国家，如果采用纯汉语拼音音译即译为"Haier"，这个汉语拼音西方消费者非常陌生，会觉得莫名其妙，而如果取其谐音"Higher"（更高地）则预示着该品牌商品的产品质量比同类产品的质量更高。该品牌在美国的广告语"Higher and higher"（越来越高）正是一首当地流行歌曲的名字，如此有效地实现了跨文化的映射，很快吸引了消费者的眼球，可谓比较成功的商标英译的案例[①]。这样就比任何的意译方式要简洁有力，而且充满正能量，抓人眼球，是汉语拼音译名的绝好案例。

例3 "乐百氏"（Robust）

乐百氏饮料是中国饮料工业十强企业之一，是中国饮料行业为数不多的经国家商标局认定的驰名商标。"乐"意为欢乐，"百氏"指无数的老百姓，"乐百氏"饮品寓意是给无数普通老百姓带来健康和欢乐的饮品。如果采用纯汉语拼音音译即译为"Luobaishi"，西方消费者对这个汉语拼音不熟悉，会不知所云，而如果取其谐音"Robust"（使人精力充沛、更加强壮）则预示着该饮品使人精力充沛、活力四射，这当然具有很好的广告宣传效应。[②]

第二，结合出口商品特色精选词语，给商标译名受众产生积极的联想。

商标是商品的无声的免费的广告宣传，是该品牌产品给消费者的第一印象。因此，出口商标的翻译要反复斟酌、千锤百炼，要简洁通俗，有利于消费者的理解、记忆和传播。为此译者可以恰当使用拼音，合理臆造同音译名，使西方消费者能通过该商标的英文译名产生积极的联想，以刺激其购买欲。[③]

拼音虽然是由拉丁字母构成，但是其发音规则与英语字母有很大不同，使得拼音译名很难在译语消费者的生活空间里形成恰到好处的意象映射，也就难以达到原产品汉语商标引人关注、激发购买力、打开市场的功效。但恰当使用拼音，可以根据英语构词法，取其音、补其义的变异拼写法合理臆造商标译名[④]。那如何使商标译文更加精炼，且突出商品的性能、功效和特色，以便给译文受众带来积极的联想？

[①] 胡燕，李雯君. 浅谈商标英译的原则与方法 [J]. 安徽文学，2013（10）.
[②] 胡燕，李雯君. 浅谈商标英译的原则与方法 [J]. 安徽文学，2013（10）.
[③] 唐忠顺. 我国出口产品商标翻译的主要问题与对策研究 [J]. 湖南科技大学学报，2013（3）.
[④] 李卿. 农产品商标英译现状调查与优化策略——以青岛市农产品商标译名为例 [J]. 对外经贸实务，2017（5）.

英语普通词汇众多，有些词汇简洁易记，为消费者所熟知，在中西方文化中都含有一定的意义，甚至能产生美好意义的联想，这些都是优秀商标的构成要件①。例如，山东著名商标三角（Triangle）轮胎，由于三角形的稳定性定律，众所周知的特点从而激发人们对轮胎的稳固性的联想。此时的英语普通词汇却起到了生产者和消费者之间无声沟通的桥梁作用，有效地传达了商品的功能信息②。佳农（Good Farmer）食品商标译名虽然普通，但是简单易记，同时暗含这种食品的安全性以及良好品质，也刚好使消费者与西方著名的电视剧"Farmer's Market"（农贸市场）中新鲜的食品相关联，从而在品质上起到先入为主的作用，抓住消费者。③

翻译是个创作性的艺术过程，既然是创造性的，我们就要大胆创意，使翻译出来的商标词符合目标市场上消费者的心理需要④。在英语商标词翻译成汉语的过程中就不乏这样创造出的好例子。例如：著名的 P & G 公司生产的两种洗发水的英语商标词分别为"Rejoice"和"Head & Shoulder"，它们的汉语译名分别为"飘柔"和"海飞丝"。"Rejoice"意为"快乐、喜悦"，如果按这个意思来确定译名，则会显得平淡无奇，而"飘柔"则打破原商标词的字面意思，大胆扩展，使之与飘逸柔顺的秀发产生联系，让人产生遐想；"Head & Shoulder"原意为"头和肩膀"，似乎与洗发水毫不相干，而译名"海飞丝"则突出"飞扬的青丝"，令人耳目一新⑤。同理，在我国出口产品商标词英译的过程中，也要在原文汉语拼音的基础上大胆创新，开拓思路，另辟蹊径，更为传神地体现原商标词的特色。以下举例说明如何使我国出品农产品的商标译文更加精炼，突出其产品的特色和品质，以便给外国消费者带来积极的联想，从而刺激他们的购买欲。⑥

例1 "哈福"牌蔬菜（Haval）

我国有一"哈福"品牌的（农产品）蔬菜公司，该品牌的蔬菜不仅品质十分优良，而且品种非常齐全，于是译者将该商标译为"Haval"，这不仅与中文商标发音相似，而且与两个英文单词（have all）连读时的发音也相似，预示着这家农产品品牌的蔬菜品种十分齐全。此外，Haval 与美国最顶尖的大学即哈佛大学读音相似，即给西方消费者产生的联想是"Haval"蔬菜品牌不

---

① 胡燕，李雯君. 浅谈商标英译的原则与方法［J］. 安徽文学，2013（10）.
② 褚凌云. 中文商标名称的英译研究［J］. 对外经贸，2017（4）.
③ 唐忠顺. 我国出口产品商标翻译的主要问题与对策研究［J］. 湖南科技大学学报，2013（3）.
④ 段玲. 英文商标跨文化视角的汉译原则和技巧［J］. 沈阳农业大学学报，2015（4）.
⑤ 段玲. 英文商标跨文化视角的汉译原则和技巧［J］. 沈阳农业大学学报，2015（4）.
⑥ 周桂英. 汉语商标词翻译中存在的问题及对策［J］. 商丘师范学院学报，2005（4）.

仅是最大的、品种最齐全的蔬菜品牌，而且是品质最优良的蔬菜品牌。同时，该英文商标名简洁生动、通俗易懂、朗朗上口，西方消费者很容易拼读、理解、接受和记忆，因此是一个比较成功的出口农产品商标翻译的例子。①

例2 "瑞星"牌杀毒软件（Rising）

随着信息网络时代的到来，网络病毒不断增多，各种杀毒软件不断问世，以帮助杀灭不断变化和升级的网络病毒，维护客户的信息安全。"瑞星"杀毒软件是高科技产品，以其不断升级的杀毒效果得到中国消费者的好评。"瑞星"杀毒软件产品刚进入英国市场时，完全用汉语拼音将"瑞星"译为"Ruixing"，英国消费者无法将该商标与杀毒软件即该产品的性能联系起来，产品销售不温不火。后来，经过斟酌，译者取其谐音，将"瑞星"商标改译为"Rising"。"Rising"是"不断提升"的意思，寓意该杀毒软件会不断升级，杀毒技术不断提升。"Rising"比"Ruixing"更简洁、通俗，易于消费者的理解和记忆，同时突出了该杀毒软件的性能和特点，给潜在的消费者带来积极的联想，这当然有利于该产品的宣传和销售。②

例3 "同仁堂"中药（Torento）

"同仁堂"具有几百年的历史，属于中华老字号，是我国中医中药界的顶级品牌，在中国几乎家喻户晓。"同仁堂"产品进入国际市场走向世界，商标的翻译就显得非常重要。"同仁堂"商标的英译经历了曲折的过程，刚开始是完全按照其汉语拼音译为："Tongrentang"，外国人不理解，当然不买账。后来，为了突出其历史悠久，彰显其属于中医中药界的中华老字号，改译为"Tongrentang Chinese Medicine-Since 1669"。改译后的商标名虽然突出了该品牌辉煌的历史以及产品的性质，但商标名称太长，消费者不好书写和记忆，不利于该品牌的推广和宣传，经过反复斟酌，最后译者将中华老字号"同仁堂"商标译为"Torento"。"Torento"是基于"同仁堂"的汉语拼音而造出来的一个新词，以体现其中国特色，但比"同仁堂"的汉语拼音"Tongrentang"更加简洁，好记。同时，该英文商标名"Torento"恰巧同加拿大的一个世界著名城市多伦多"Toronto"发音相似，西方消费者毫不费力就能记住这个商标品牌的名字，使得"同仁堂"（Torento）这个中国老字号不仅是中国的知名品牌，而且名扬四海，成为世界驰名商标品牌③。

第三，用简洁的臆造的新词作为出口产品英文商标，突出商标译名的独特

---

① 时宇娇. 我国出口农产品商标英译存在的问题及优化策略 [J]. 对外经贸实务，2019（1）.
② 周桂英. 汉语商标词翻译中存在的问题及对策 [J]. 商丘师范学院学报，2005（4）.
③ 胡燕，李雯君. 浅谈商标英译的原则与方法 [J]. 安徽文学，2013（10）.

性和显著性。

臆造新词作为商标译文，是指由2个或2个以上的英语单词剪切拼凑的新词作为商标名称。换句话说，臆造新词指使用两个或两个以上的英文词或词缀或词根，进行或剪或拼的黏合法构成新词来巧妙地诠释商标的原有含义。这是利用英文构词的粘合法而创造的英文词典中没有的词汇，其构思新颖独特、寓意深刻、联想丰富，既符合构词法，有一定的构词依据又符合商标简洁、醒目的特点，可以突破简单音译和意译的局限性，绘神传意。①

根据有关调查，当今世界上各国在商标词上采用新创造的词汇（即臆造词汇）已经占商标总数的一半②。究其原因，臆造词汇形式灵活，而且又能根据商品生产者意愿，在符合目的语文化和构词规则的前提下创造新颖的词汇，给人耳目一新的感觉。但是臆造商标词汇必须要简洁、醒目、忠于商标原义，同时符合译名受众的文化和心理，突破简单音译和意译的局限，打破空间上的局限性，这样才会取得商标宣传功能上的成功。③

目前，用简洁的臆造的新词作为商标名称越来越普遍，也得到了消费者的认同，成为一种趋势。我国产品出口企业或译者可以结合中文商标名的发音、该产品的品质和特色以及西方消费者的文化和心理，灵活地创造简洁的新颖的词汇作为英文商标名，这样既有利于消费者了解我国该品牌出口产品的特色和品质，又突出了英文商标名的独特性、显著性和新颖性，从而有利于外国消费者对中国出口产品的商标形成深刻的印象，有利于该产品品牌的宣传和推广。④

臆造新词作为商标译文的策略在商标词翻译中普遍应用，绝大多数由于语言和文化差异造成的翻译问题都可以用此法即创译法解决。通过创译法翻译出的译名简洁，且给人一种耳目一新的感觉。"百斯盾"（裤装企业）的译名"Bestn"就是一个很经典的创译法例子。它由"best"和"n"组成，是一个臆造词。best是"最好"之意，它显示给消费者的信息是："百斯盾"做最好的裤子。而且其发音也与中文发音相同，比起拼音式的"Bai Sidun"实在美妙太多⑤。类似的还有荣事达（家电）——Royalstar，将royal和star两个单词组合在一起，寓意为家电行业中的高贵之星，传达出产品质量高的信息⑥。因此绝

---

① 周桂英. 汉语商标词翻译中存在的问题及对策 [J]. 商丘师范学院学报, 2005 (4).
② 李卿. 农产品商标英译现状调查与优化策略——以青岛市农产品商标译名为例 [J]. 对外经贸实务, 2017 (5).
③ 唐忠顺. 我国出口产品商标翻译的主要问题与对策研究 [J]. 湖南科技大学学报, 2013 (3).
④ 段玲. 英文商标跨文化视角的汉译原则和技巧 [J]. 沈阳农业大学学报, 2015 (4).
⑤ 周桂英. 汉语商标词翻译中存在的问题及对策 [J]. 商丘师范学院学报, 2005 (4).
⑥ 胡燕, 李雯君. 浅谈商标英译的原则与方法 [J]. 安徽文学, 2013 (10).

大多数的买家对于这样的译名,心动是肯定的。

目前,臆造新词作为商标名称越来越普遍,也得到了消费者的认同,新词在商标中的比例逐渐增大成为一种趋势①。译者可以根据中文商标名称的拼音、产品的特色以及译文受众的文化和心理灵活地创造新颖的词汇,既有利于消费者了解商品的性能和功效,又突出商标的显著性和新颖性②。例如医药类商标"威高"译为"Wego"(持有人山东威海医用高分子有限公司),既不失原商标之音,又简洁且附带了药效显著、寓有药到病除恢复立即出发的活力之义③。还例如"九牧王"男装的译名是"Joeone"。Joe 是英美国家常用的男子名,one 就是第一,引申义就是王者,结合在一起就能给买家释放出一种信息:九牧王是男装界的翘楚,是业界 No.1④。以下再详细举例说明。

例1 "海信"(Hisense)

海信商标是中国家喻户晓的知名家电品牌,如果采用纯汉语拼音音译即译为"Haixin",西方消费者将不知所云。译者取海信汉语拼音的谐音,将海信译为"Hisense",则独具匠心,非常精妙。"Hisense"是由 2 个单词,即 high(高)和 sense(灵敏)剪切拼缀而成的新词,预示着该电器产品非常灵敏、质量优良,体现了商家的经营理念,有利于消费者产生积极的联想。该英文商标和中文商标发音相似,既传承中文商标的价值,又突出了商标的独特性、显著性和新颖性,使海信电器扬名海外,成为世界知名品牌。⑤

例2 "瑞阳"(Reyoung)

瑞阳制药有限公司创建于 20 世纪 60 年代,是我国"863"计划成果产业基地,是我国重点高新技术企业。"瑞阳"蕴意是冬日的太阳带给人们温暖。"瑞阳"商标名预示着在一个人生病失意时,通过该药物治疗后走向柳暗花明。"瑞阳"药品出口到美国,如果采用纯汉语拼音音译即译为"Ruiyang",西方消费者可能只知道该药品为中国制造,但无法理解商标的含义。译者考虑该商标的中文发音,将"瑞阳"译为"Reyoung"。"Reyoung"是一个臆造的新词,由前缀"re"("重回,重新")和词汇"young"("年轻的,有朝气的,有青春活力的")结合而成,既应和了商标的汉语拼音,又寓意药到病除,预示着该药品可以使病人焕发青春,重回健康和活力,如此达到了原文商标对原文受众

---

① 唐忠顺. 我国出口产品商标翻译的主要问题与对策研究 [J]. 湖南科技大学学报,2013 (3).
② 段玲. 英文商标跨文化视角的汉译原则和技巧 [J]. 沈阳农业大学学报,2015 (4).
③ 李卿. 山东省品牌商标英译的现状与改进策略 [J]. 对外经贸实务,2014 (12).
④ 李萍凤. 进出口商品商标翻译中存在的问题和翻译技巧 [J]. 对外经贸实务,2013 (7).
⑤ 胡燕,李雯君. 浅谈商标英译的原则与方法 [J]. 安徽文学,2013 (10).

一样的宣传效果，体现了商家一贯的经营理念和企业文化。①

例3 "鄂尔多斯"（Erdos）

羊绒是我国边疆地区农村主要的农产品之一。其中，为人们所熟知的有"鄂尔多斯"羊绒以及羊绒制品（如羊绒衫）品牌。该品牌是以我国内蒙古自治区的一座城市的名字作为其商标名，如果以其纯汉语拼音"Eerduosi"作为其英文商标，由于西方消费者对于中国的这座城市不熟悉，如此西方消费者将不知所云，加之其商标译名又过长，且不具有独特性，这样就不会吸引西方消费者对这个普通的中国农产品的注意力。因此，该农产品出口企业将其简化为"Erdos"作为其英文商标名。"Erdos"不是一个英语单词，是一个臆造的新词，但这个臆造的新词非常简洁。同时，这个英文商标名恰巧与一位西方著名的学者同名。Erdos（厄多斯）是一位20世纪世界上最具天赋的数学家。1984年以色列政府颁给10万美元"沃尔夫奖金"（Wolf Prize）就是由他和华裔美籍的陈省身教授平分。因此虽然Erdos是一个臆造的新词，但西方人并不陌生，因为这个词在西方各种媒体中时常出现。译者巧妙地用Erdos作为中文商标"鄂尔多斯"（羊绒）的英文商标译名，由于与中文商标名发音相似，因此传承了中文商标的品牌效应，同时突出了商标译名的独特性和显著性，使西方消费者对这个来自中国边远地区的普通农产品"一见钟情"，并过目不忘。现在"鄂尔多斯"羊绒以及羊绒制品享誉海内外，成为世界知名品牌和驰名商标。目前"鄂尔多斯"羊绒作为出口农产品，特别受到英国、美国等英语国家消费者的青睐，除了该农产品的优良的内在品质外，其商标的成功翻译也一定功不可没。②

2.4.3 结语

在我国已经加入WTO的背景下，国外商品纷纷进入中国，抢滩中国市场。同时，中国的品牌也要走向世界，赢得越来越大的市场份额。中国的商品要想在世界上占有一席之地，除了质量、价格等因素外，一个至关重要的因素是要有一个良好的对外商标词，这是研究汉语商标词英译的动力所在③。商标的翻译是复杂、多学科的行为，涉及语言、社会文化、营销、消费者心理、法律等诸多要素。在当前商品竞争日益激烈的时代，要使产品成功进入国际市场，我国出口产品商标的翻译发挥着举足轻重的作用。在进行商标词翻译时，需要运

---

① 周丹，向荣. 婴幼儿产品商标翻译中存在的问题和处理方法［J］. 对外经贸实务，2015（1）.
② 时宇娇. 我国出口农产品商标英译存在的问题及优化策略［J］. 对外经贸实务，2019（1）.
③ 唐忠顺. 我国出口产品商标翻译的主要问题与对策研究［J］. 湖南科技大学学报，2013（3）.

用语言、营销、美学等方面的综合知识，灵活选用不同的翻译策略，使商标译名在保留源语精华的同时又符合目标语消费者的社会文化心理。商标词的翻译作为一种特殊的科技翻译形式，以商标词的特点和作用为指导，在翻译时，不应呆板地拘泥于汉语商标词的含义，应当改良传统商标词翻译方法中不太合乎英语商标词特点的部分，有时甚至可以大胆创新，不求貌似，但求神合，使翻译出的商标词符合西方主流文化口味，做到"入乡随俗"，达到树立企业和商品的良好形象、让它们为众多消费者所喜爱的目的，为国货的强盛与走向世界作出应有的贡献。[①]

随着社会的发展、科技的进步和世界经济一体化进程的加快，新技术、新产品不断出现，国际市场竞争日趋激烈。中国出口产品要想在国际市场激烈的竞争中独占鳌头，除了要练好内功，精益求精，不断提升产品的内在品质，提升产品的技术附加值，降低生产和管理成本，做到物美价廉、包装精美外，还要有能够激发西方消费者购买欲的英文商标[②]。但是，我国许多产品出口企业并不十分重视商标的翻译，在商标的英译中存在忽视中西文化差异、滥用汉语拼音英译法、缺乏对商标译名独特性和显著性的关注、许多出口农产品英文商标名太长等诸多问题。为此，本书针对性地提出了减少纯汉语拼音音译取其谐音实现跨文化映射、用简洁的臆造的新词作为出口产品英文商标以突出商标译名的独特性和显著性、结合出口产品品质和特色精选词语让西方消费者产生积极的联想等具体的优化策略。[③]

2.5 以文化为视角论我国出口产品商标的英译策略

2.5.1 引言

在现代社会生活中，商标在电视、报纸、杂志、广播等传统媒体上，在电脑、手机等可连接互联网的信息网络媒体上，甚或在公路、街边的广告牌上，到处可见。商标作为产品的品牌，是一种知识产权，是商家宝贵的无形资产。商标体现了商家的企业文化和经营理念，是商品的外在形象、内在品质、性能功效、信誉保证的综合展示和象征，在经济全球化时代是商家参与激烈的国际

---

① 卜小伟，贾勇. 跨文化视角下出口商品商标翻译［J］. 西安欧亚学院学报，2007（4）.
② 褚凌云. 中文商标名称的英译研究［J］. 对外经贸，2017（4）.
③ 时宇娇. 我国出口农产品商标英译存在的问题及优化策略［J］. 对外经贸实务，2019（1）.

市场竞争的重要武器。① 我国出口产品商标的翻译，在某种程度上直接影响到出口产品在国际市场上的销售和市场占有率。随着社会的发展、科技的进步和世界经济一体化进程的加快，新技术、新产品不断出现，国际市场竞争日趋激烈。② 商标译名的优劣对于商品能否打入国际市场，企业能否赢得经济效益起着举足轻重的作用。商品的商标是语言和文化的统一体，所以，作为一种特殊的跨文化交际方式，商标翻译必须考虑到中国和西方国家在历史背景、风俗习惯和文化传统上存在的差异。

中国出口产品要在国际市场上占有一席之地，除了要练好内功，精益求精，不断提升产品的技术附加值，提升产品的性能和品质，降低生产和管理成本，做到物美价廉、包装精美外，还要有新颖独特，能突出产品的功效，契合产品出口地消费者的文化心理，能拨动译文受众的心弦，激发美好想象从而刺激其购买欲的商标译名。③ 因此，从某种意义上来说，一个出口产品商标英译的好坏决定了这个产品的国际命运。这就决定了商标的翻译不能随心所欲、杂乱无章，必定要遵循某些原则，而对于出口产品商标英译的原则众说纷纭，但展示中国文化特色，同时注意中西文化差异一定是其中一个重要原则。由于中西方文化的差异，英汉商标在遣词造句以及修辞上既有相似之处又有差异。因此，在翻译我国出口商标时，应根据具体商标的不同特点，采用灵活的译法，译成符合目的语读者的文化和审美需要的商标名。④

所谓文化，指的是一个社会具有的独特的信仰、习惯、制度、目标和设计的总模式。它包括一切人类社会共享的产物。文化是一个社团成员所共有的由社会习得的一个统一的整体，是指受社会成员决定和制约的人类生活的各个方面，因此文化不仅包括历史背景、风俗习惯、地理环境、政治、经济、法律、宗教信仰、价值观念、行为规范等，还包括语言⑤。文化具有象征性，而语言是文化中最重要的象征系统，语言也是文化中一个颇为特殊的组成部分，是整个文化的基础。国学大师钱穆先生指出：中西文化是两种根本不同类型的文化，属于平行发展、互不冲突、各有偏重、各具特色的两大文化系统⑥。文化的传承与传播都是通过语言的交流来完成的。而翻译是将一种语言文化转换为另一

---

① 忠顺. 我国出口产品商标翻译的主要问题与对策研究 [J]. 湖南科技大学学报, 2013 (3).
② 周丹, 向荣. 婴幼儿产品商标翻译中存在的问题和处理方法 [J]. 对外经贸实务, 2015 (1).
③ 段玲. 英文商标跨文化视角的汉译原则和技巧 [J]. 沈阳农业大学学报, 2015 (4).
④ 褚凌云. 中文商标名称的英译研究 [J]. 对外经贸, 2017 (4).
⑤ 卜小伟, 贾勇. 跨文化视角下出口商品商标翻译 [J]. 西安欧亚学院学报, 2007 (4).
⑥ 参见唐忠顺. 我国出口产品商标翻译的主要问题与对策研究 [J]. 湖南科技大学学报, 2013 (3).

种语言文化的过程，也就是说任何翻译都离不开文化，语言的翻译实质上是文化的翻译。美国著名的翻译理论家尤金·奈达认为："翻译是指从语义到语体在译语中间最贴切而又最自然的对等语再现原文的信息。"[1] 虽然奈达的定义未提到文化的再现，但强调在语义和语体两个层面提倡等值翻译，这种"等值"就是文化的合理转换。所以，我国出口产品商标的英译，必须注重中英两种语言的文化背景，避免出现文化失语现象。[2]

在我国出口产品商标的翻译中，译者对商标名的理解得正确与否，在很大程度上取决于他对该商标所蕴含的文化内涵的正确把握。如果他没有这两种文化的对比知识，就无从谈起对这两种语言文字的正确理解与表达。在我国出口产品商标的英译中，需要了解大量的中国文化和西方文化，特别是两种文化的差异，因为正是这些差异给我们带来了翻译的障碍，对两种文化差异的理解度标志着等值等效的翻译度。为此，译者不但要精通目的语和源语，还要了解和研究诸多语言背后的文化，熟悉中西文化的差异，在正确翻译观的指导下，对文化差异进行合理的文化转换。[3]

一个出口产品商标英译的好坏决定了这个产品的国际命运。商标负载着特定的文化内涵和民族特色。我国出口产品商标的翻译，涉及的不仅仅是纯粹的语言学问题，还关联到两种截然不同的文化浸润和话语交流，并形成独特的概念范畴和言说规则[4]。从某种意义上说，翻译本身就是一种异质文化与本土文化的潜在对话。译者作为跨越两种文化的使者，同时面临着源语与译入语两种不同的文化。商标翻译中最大的困难是跨越文化的屏障。我国出口商标英译的一个重要原则或策略是展示中国文化特色，同时注意中西文化差异，不能与译文受众的文化背景、风俗习惯、价值观念和宗教信仰相抵牾，不能让译文受众对商标译文产生不利的联想。[5]

2.5.2 展示中国文化特色

随着我国经济与国际接轨，与国外的交流日益频繁，商标的翻译显得越来越重要。商标翻译不仅同产品信誉、销售和经济效益息息相关，而且在一定程

---

[1] 参见周丹，向荣. 婴幼儿产品商标翻译中存在的问题和处理方法［J］. 对外经贸实务，2015（1）.
[2] 卜小伟，贾勇. 跨文化视角下出口商品商标翻译［J］. 西安欧亚学院学报，2007（4）.
[3] 韩俊芳，石江泽，秦娟. 国际化视角下河北品牌翻译策略［J］. 海外英语，2017（2）.
[4] 解淑暖. 浅谈出口商品商标英译的原则和方法. 青岛大学师范学院学报，2007（1）.
[5] 王盈秋. 简析汉语商标英译遵循的标准问题［J］. 对外贸易实务 2013（6）.

度上反映出一个国家和民族的文化特质。在跨国贸易中,我国出口产品商标的翻译首先要克服不同语境下人们不同的文化接受心理和审美情趣,以使商品在国外亦能借助良好的商标译名来开拓市场。同时,译者翻译时要注意利用商标译名迎合译语消费者对异域文化的需求,不失时机地在译名中凸显中华文化,培育具有中国本土特色的品牌[1]。

文化没有好坏之分,但文化是一个民族在长期的生产、生活和发展过程中所创造的精神财富的总和,具有鲜明的民族和地域特色。人们在长期的生产、生活等社会实践中逐渐形成的风土人情、风俗习惯、宗教信仰、价值观念、思维方式、审美情趣等是文化的核心部分。文化作为民族传统和社会意识的一部分,渗透到社会生活的各个方面,商标自然也会受到文化的影响。[2] 因此,商标负载着特定的文化内涵和民族特色。我国出口产品商标的翻译是一座文化沟通的桥梁,是一个展示民族文化的窗口[3]。我国有着五千年的文明发展历程,有悠久的历史和文化。我国许多商标都负载着非常丰富的文化内涵。我国出口产品商标的英译要展示民族文化特色和文化意蕴,使西方人感受到具有悠久历史的中华民族的文明、文化和魅力,促进东西方文化的渗透与交流。因此,我国出口产品商标的英译,尽可能保留已为世界各国所熟知的中国优秀文化,以展示商标品牌的民族特色,并试图向西方进行文化渗透。[4] 因此在翻译过程中贴切得体地传递商标词内在的文化信息,不仅可以准确地反映出商品的质量特征,同时又可引发消费者的文化联想,对商品的销售产生广告效应,并起到对中华民族文化的宣传作用。

例如,"中国功夫"(Chinese GongFu)是中国优秀传统文化,享誉海内外,为世界人民特别是西方人所崇拜,许多西方年轻人专门来到中国学习"中国功夫",因此"中国功夫"开始渗透到西方文化中,为许多西方人所熟识。因此,我国出口产品以"功夫"为商标名的多了起来,如"功夫"牌跆拳道系列产品。跆拳道系列产品的商标"功夫"可英译为"GongFu",既包含中国文化元素,又为西方文化所接纳并为大多数西方人所熟知,因此对西方消费者具有较大的吸引力,能激起外国友人强烈的好奇心和购买欲,同时传播了中国文化,

---

① 李卿. 农产品商标英译现状调查与优化策略——以青岛市农产品商标译名为例 [J]. 对外经贸实务, 2017 (5).
② 王战锋. 论跨文化广告传播中茶叶商标的翻译 [J]. 湖北广播电视大学学报, 2009 (8).
③ 刘艳. 文化语境差异下茶叶商标翻译的策略 [J]. 山东农业工程学院学报, 2017 (2).
④ 卜小伟, 贾勇. 跨文化视角下出口商品商标翻译 [J]. 西安欧亚学院学报, 2007 (4).

增强了中国文化在世界上的影响。[1]

再例如，长城是中国的名胜古迹，位于中国的首都北京。中国有一句常被人们津津乐道的话就是："不到长城非好汉"。因此，外国友人来中国旅游，到了北京就一定会去登长城。一些外国政要到中国访问，无论公务多么繁忙，都要抽时间游览长城，如此外国媒体频繁报道，可以说"长城"为世界人民所向往和熟知。因此，不同种类的出口商品以"长城"为商标名的多了起来，例如长城牌电扇、长城牌抗磨液压油、长城牌床垫、长城牌高级绘图橡皮、长城汽车，等等。我国出口产品商标"长城"可直译为"Great Wall"，既简洁明快、通俗易懂，又突出了产品的中国文化特色，对西方人而言则具有"异国情调"，能引起西方人的向往和美好的联想，从而刺激其购买欲。[2]

2.5.3　注意中西文化差异

每一个民族都有自己的社会文化特色，文化是使人们凝聚为一个共同整体的一系列共享的意义、信仰和价值，有其特定的时空范围。在中国文化和历史中，有许多辉煌成就令外国学者向往，他们认为中华文化博大精深、多姿多彩，其历史源远流长。中国出口产品商标负载着浓郁的中国文化[3]。

语言不仅是人类思想感情表达与交流的工具，而且是文化的组成部分，是文化的载体。语言能真切地反映一个国家、一个民族的生态地域、政治经济、物质文化、宗教信仰、风俗习惯等。不同的语言体现了不同民族不同的文化传统、思维方式、行为方式。汉语商标蕴含着中国的特定文化，作为一种浓缩传播商品信息的工具，我国出口产品商标的英译要选用恰当的翻译策略，既忠实原文信息，又契合译入语地方的文化心理，既表达汉语商标的文化内涵，又能给读者相同或相似的美好联想，使商标译名在译入语的交际环境中再现原文信息[4]。译者既要以英语的语言、文化为取向，遵从英语的语言习惯和文化规范，提取译文所需的实质性内容，从西方消费者的心理着手，有效传递商标赋予的内涵，又要兼顾传播中国独有的文化元素，达到"文字翻译"和"文化翻译"的完美结合。[5]

---

[1] 毛少华. 浅析出口产品商标的文化意蕴与商标词的翻译原则 [J]. 开封大学学报, 2012 (1).
[2] 卜小伟, 贾勇. 跨文化视角下出口商品商标翻译 [J]. 西安欧亚学院学报, 2007 (4).
[3] 毛少华. 浅析出口产品商标的文化意蕴与商标词的翻译原则 [J]. 开封大学学报, 2012 (1).
[4] 李培璐. 从文化差异角度谈汉语商标的英译－以功能对等理论为指导 [J]. 海外英语, 2014 (9).
[5] 段玲. 英文商标跨文化视角的汉译原则和技巧 [J]. 沈阳农业大学学报, 2015 (4).

鉴于英汉语商标在文化背景方面存在着一定差别，我们在翻译中一定要慎重对待，以保证在翻译中实现在"功能对等"① 的基础上等效。商标的主要功能就是要打动读者，诱发其消费欲望。商标翻译亦然，它强调的是商标译名对译入语地方消费者产生的效果，不仅要提供明白易懂的商品信息，而且还要具有原文的艺术感染力，让译文读者也能获得同样的文化意蕴和心理感受②。

商标翻译是一种跨文化交际活动，语言本身承载着丰富的文化，所以翻译的过程并不是将一种文字转换成另一种文字的简单而机械的过程，而是两种文化的碰撞和对接③。例如，英汉民族由习俗引起的文化差异在一些与动物有关的词汇短语上体现得非常明显。英国人喜欢马，养马、骑马、赛马成为其风俗，英国文化就属于典型的"马文化"，所以英语中有关马的说法极其丰富，诸如 talk horse（吹牛）、get on one's high horse（趾高气扬）、horse and horse（并驾齐驱）等。然而中国是传统的农业国，世代的牛耕生活使汉语囤积了大量的"牛文化"。牛是"吃苦耐劳，勤奋踏实"的象征，"俯首甘为孺子牛"就体现了这种情结。相反在英语中却用马来代替，汉语中的"老黄牛"翻译成英语也就成了"a willing horse"。④

语言学家认为世界上各族人看到的同一客观现象，不同的民族语言会给它"刷上不同的颜色"⑤。缘于此，文化意象的错位（Nonequivalence of Culture Image）会具体表现为作为喻体的文化意象上的差异。换言之，在一种文化传统中一个具有正面寓意的美好文化意象，在另一种文化里却成了反面寓意的丑陋文化意象⑥。例如，狗在西方人的价值观念中是一种最为人所钟爱的动物，是忠诚的伴侣，怜爱无比。故英语中带"狗"的词语多为褒义，如：lucky dog

---

① 由于存在较大的文化差异因此不利于商品顺利进入另一地区。不同文化含有不同的文化特点，只有正确分析商标中的信息才能做出正确翻译。因此翻译人员不能掉以轻心。而利用功能对等的翻译方法则可以解决这一问题。功能对等的概念是奈达翻译理论的主要内容，奈达于1969年联合泰伯共同完成《翻译的理论与实践》一书，其中明确提出"接受译文的民众对译文的理解应该与阅读原文的民众理解原文信息大体一致"。应用这种方法可以生动再现原商标中包含的主要意义。如在翻译我国一个枕套的商标"鸳鸯"时，则不能一味依据字面意思将其翻译为"mandarin"。这是由于中国公众自古以来就认为鸳鸯代表着双宿双飞、白头到老的忠贞爱情，但英语当中的"mandarin"却只是一个鸟的名字，不能生动表现商品的寓意。为了达到较好的翻译效果，可以将"鸳鸯"翻译为"lovebirds"，则能保证在商标翻译中实现在"功能对等"。
② 腾延江. 商标英译中的文化失真现象 [J]. 山东外语教学，2004 (1).
③ 胡燕. 李雯君. 浅谈商标英译的原则与方法 [J]. 安徽文学，2013 (10).
④ 卜小伟，贾勇. 跨文化视角下出口商品商标翻译 [J]. 西安欧亚学院学报，2007 (4).
⑤ 毛少华. 浅析出口产品商标的文化意蕴与商标词的翻译原则 [J]. 开封大学学报，2012 (1).
⑥ 李培璐. 从文化差异角度谈汉语商标的英译－以功能对等理论为指导 [J]. 海外英语，2014 (9).

(幸运儿)、gay dog(快乐的人)、bull dog(硬汉)、run-ning dog(乖顺的家犬)等①。而狗在中国人眼里却有"仗势欺人""为虎作伥"之嫌。故汉语中用狗比喻人多带贬义,如:"狗仗人势""走狗""狗腿子"等。还如,猫头鹰在西方人的文化价值观念中是一种有智慧的动物,"wise as an owl"意为像猫头鹰一样聪明,这可能令中国人费解。owl 在汉语中是"猫头鹰"或"夜猫子"。两词都含贬义,因为它们的叫声吓人,样子丑陋,因此中国人对它们并无好感,常把它与厄运、死亡、荒凉联系在一起。而西方人对 owl(猫头鹰)则会联想到智慧。在儿童读物、漫画和动画片中,猫头鹰通常很严肃,很有头脑,俨然一副学者的派头。②

还如英汉语言中的一些表示颜色的词汇也沉淀了不同民族的文化③。中国人喜欢红色,因为它表示喜庆、热闹、吉利,所以中国新娘子通常穿着大红色的衣服,喜帖、红包、婚房等都会用红色来装点,"红色"在汉语中含有极强的褒义色彩,"大红大紫"表示成功和富贵、喜庆和吉祥。与此相反,"red"却常常让西方人想起流血、战争、恐怖、愤怒、残暴和危险,含有较强的贬义。西方国家偏爱白色,因为白色象征着纯洁、美好。西方的婚礼上,新娘的礼服、捧花以及会场的布置都会采用白色,而在中国,人们容易将白色与披麻戴孝联想在一起。

数字在中西文化中也有不同的偏好和蕴意。中国人喜欢 6、8、9 等数字,6 代表着顺利,8 与"发"谐音,暗示着发财的意思,而 9 表示长久、恒久之意。而 4 与"死"谐音,是不吉利的数字。在西方 7 却是最吉利的数字,代表着顺利、胜利,而 13 却是不吉利的数字④。文化差异的形成有多方面的原因,它是一个国家或地区地理位置、民族精神、风俗习惯、宗教信仰和历史特点的综合反映。我国出口产品进行商标翻译时,译者既要考虑源语的文化特点以及尽可能传递原商标负载的文化内涵,又要兼顾译入语的文化传统,要避免出现文化失语现象⑤。因此,在翻译出口产品商标时,译者只有将原商标词与西方的文化传统有机结合,避免出现文化冲突,才能准确地传递产品信息,反映产品文

---

① 王战锋. 论跨文化广告传播中茶叶商标的翻译 [J]. 湖北广播电视大学学报,2009(8).
② 刘艳. 文化语境差异下茶叶商标翻译的策略 [J]. 山东农业工程学院学报,2017(2).
③ 卜小伟,贾勇. 跨文化视角下出口商品商标翻译 [J]. 西安欧亚学院学报,2007(4).
④ 在数字方面,西方国家认为 13 是个不吉利的数字。因为在西方的基督教里最后的晚餐中犹大就是第十三个入席的,后来他背叛了耶稣,害耶稣被钉死在十字架上。因此在西方文化背景下 13 象征着背叛、黑暗、恐惧。而在我国的文化背景下 14 是非常不吉利的,因为 4 的发音与"死"相近,而中国人非常忌讳谈到"死亡"。
⑤ 腾延江. 商标英译中的文化失语现象 [J]. 山东外语教学,2004(1).

化，创造出最佳英文商标译名，帮助产品在西方国家打开销路。

商标翻译中最大的困难是跨越文化的屏障。① 我国出口产品商标的英译不仅仅是中英语言的转换，而且是一种跨文化的交流，是中西文化的碰撞，需要认真研究中西文化背景、风俗习惯、价值观念、宗教信仰等方面的差异，因而商标的英译绝不是一种语言转换成另一种语言的简单、机械的翻译过程②。每个民族都有每个民族的传统文化，对同一商标名称，不同的文化会产生不同的联想。因此，我国出口产品商标英译的首要原则，就是英译译文要契合西方文化，符合西方消费者的消费心理和价值观念，使译文受众产生积极联想，从而刺激其购买欲。换句话说，在进行中文商标的翻译时，要入乡随俗，不能与译文受众的文化背景、风俗习惯、价值观念和宗教信仰相抵牾③，不能让译文受众对商标译文产生负面的联想，这对于我国出口产品商标的英译来说，是一条非常重要的原则。

商标翻译的译者要非常了解中西方文化，要熟悉几乎所有的词汇在不同文化背景下，所负载的文化内涵和象征意义④。中文商标中有许多商标是以动物的名称作为商标名，故以下以一些动物的名字为例，来说明其所负载的文化和意义。有些词汇在中西方文化里内涵和联想意义大致相似，如果中文商标名是这些词汇，将其直译为英文作为英文商标就可以达到类似在原文背景一样的效果。例如，插线板中文商标"公牛"可直译为"bull"。而有的词汇在中国文化背景下有美好的象征意义，而在西方文化中则显得平淡无奇，没有那么多丰富的文化内涵。特别要注意的是，另外一种情况，即同一词语在中西文化中负载的文化内涵和象征意义出现截然相反的情况⑤。也就是说，有时我国出口商标在汉语语境中有非常丰富的文化内涵，即在中国传统文化里有美好的象征意义，能给中国消费者带来积极的联想，但由于中西文化差异，如果机械地直译就可能失去原有的寓意，或者说在西方文化里其象征意义则可能大相径庭，不仅不能给西方消费者带来积极的感受，相反还可能产生负面、消极的联想⑥。因此，我国出口商标英译时，译者要慎之又慎。

---

① 腾延江.商标英译中的文化失语现象［J］.山东外语教学，2004（1）.
② 胡燕.李雯君.浅谈商标英译的原则与方法［J］.安徽文学，2013（10）.
③ 刘艳.文化语境差异下茶叶商标翻译的策略［J］.山东农业工程学院学报，2017（2）.
④ 腾延江.商标英译中的文化失语现象［J］.山东外语教学，2004（1）.
⑤ 刘艳.文化语境差异下茶叶商标翻译的策略［J］.山东农业工程学院学报，2017（2）.
⑥ 李培璐.从文化差异角度谈汉语商标的英译－以功能对等理论为指导［J］.海外英语，2014（9）.

世界上任何一个语言文字符号，都有着传递信息的功能。而商标词翻译作为跨文化交际中的一种特殊形式，商标词译名除了可以折射出商品的信息外，还有一个重要的作用，那就是传递两国的文化。但由于一些商家在翻译的过程中没有考虑到各种文化差异所带来的影响，因此其译名很有可能触碰到别国的一些文化禁忌[1]。以下举例说明。

例1 上海糖果"大白兔"商标

"大白兔"奶糖是中国著名的糖果品牌，周恩来总理曾将"大白兔"奶糖作为礼品馈赠给第一次访华的美国总统尼克松。"大白兔"奶糖香醇的奶味与通俗易记的商标名使其在中国妇孺皆知、家喻户晓，陪伴了无数人度过了他们青涩而无限美好的童年。现在，大白兔奶糖不仅受到中国人的喜爱，而且畅销全世界，享誉海内外，成为国际市场上历久弥新的"大众宠儿"。但是，刚出口到澳大利亚、新西兰、英国等英语国家时，"White Rabbit"（大白兔）奶糖无人问津。原来，在中国的文化里，大白兔洁白无瑕、天真可爱，深受国人特别是小朋友的喜爱。但是，在澳大利亚等国家，畜牧业是这些国家的支柱产业，野兔在草原上到处打洞，严重影响了植被的生长，人们一直在寻求消灭野兔的方法，因此，在这些国家的人们心目中，野兔不是一个好的动物。[2] 故"White Rabbit"（大白兔）奶糖给澳大利亚等国的消费者带来不好的消极的联想[3]，"White Rabbit"（大白兔）奶糖销售不畅也在情理之中。因此，商标的翻译不是简单机械的语言转换的过程，要考虑到中西文化的差异，可在商品出口地国找到一种受当地人喜爱的小动物代替大白兔作为商标译名，以实现翻译目的，即翻译功能和效果的对等。[4]

例2 自行车"凤凰"商标

上海"凤凰"牌自行车是享誉海内外的著名的自行车品牌。"凤凰"在中国被称为鸟中之王，非常具有中国文化特色，象征着飞黄腾达、吉祥如意，在中国普遍受到民众的喜爱。中国人形容一个人发达了，就说"鸡窝里飞出了金

---

[1] 腾延江. 商标英译中的文化失语现象 [J]. 山东外语教学, 2004 (1).
[2] 胡燕. 李雯君. 浅谈商标英译的原则与方法 [J]. 安徽文学, 2013 (10).
[3] 在我国的出口商品中，不少商标是以动植物名称命名的。在不同的文化背景下，动植物有着不同的联想意义。除了大白兔的例子外，还有熊猫。熊猫是中国的国宝，熊猫电子集团将 Panda（熊猫）作为其产品的出口商标。然而，在伊斯兰国家，猪被当作禁品，猪肉也被禁止食用。当地人们普遍对熊猫很反感，认为其长相与猪相似。因此，熊猫电器在这些伊斯兰国家难以打开销路不足为奇。在翻译此类商标时，译者一定要事先了解商品销售的目的地国家或地区，充分了解当地宗教信仰、风俗习惯和文化心理，留心那些需要避讳的禁忌。
[4] 卜小伟，贾勇. 跨文化视角下出口商品商标翻译 [J]. 西安欧亚学院学报, 2007 (4).

凤凰"。我国的成语词典里涉及凤凰的成语,如"百鸟朝凤""龙凤呈祥""凤毛麟角"等,都能够给中国消费者带来"出类拔萃"等积极的联想,预示着该品牌自行车是所有品牌中质量最好的。"凤凰"牌自行车上面的英文商标"Phoenix"在中国范围内,可说是不错的翻译,因为懂英语的中国人看到"凤凰"或"Phoenix"都会有积极的联想。然而,如果该品牌自行车出口到英语国家,将凤凰商标直译为"Phoenix"就不是好的翻译,因为在西方文化中,凤凰是凶猛的怪物,这种文化含义主要源自《圣经》和希腊神话。凤凰是希腊神话中的鸟,在沙漠中可存活数百年,然后自焚为灰而再生。因此,"Phoenix"(凤凰)在英语国家里意味着"再生"。如果以"Phoenix"作为商标名,不仅不能使译文受众产生积极的联想,相反还会让西方消费者产生"死里逃生""死而复生"等消极甚至恐怖的联想,使得西方消费者对该自行车的安全性能非常担忧,如此显然不利于该品牌自行车的销售。①

例3 电扇商标名"蝙蝠"

在我国广大地区,大多数蝙蝠以昆虫为食,在维持生态平衡中起重要作用,有助于控制蝗虫、飞蛾等害虫的数量,有利于粮食作物的生长。故蝙蝠在民间被视为一种对人类有益的动物。同时由于"蝠"与"福"发音相同,因此,蝙蝠在中国传统文化中象征着"幸福"和"福气"。蝙蝠是一种像鸟一样有飞翔能力的哺乳动物,在飞翔中不停地扇动翅膀,而且频率比鸟快2倍,因此,用"蝙蝠"作为电扇商标突出电扇的性能和特点,预示着该电扇像"蝙蝠"的翅膀一样高频率地扇动,给人带来凉爽、惬意和幸福。因此,"蝙蝠"电扇商标给消费者带来积极的联想,契合消费者的文化和消费心理。但是,如果该品牌电扇出口到美国,将"蝙蝠"电扇商标直译为"Bat"就非常糟糕了,因为在美洲,蝙蝠以吸食哺乳动物及大型鸟类甚至人的血液为生。这些蝙蝠有时会传播各种疾病。因此,在西方文化里,特别是英美国家,认为蝙蝠是个无比丑陋的东西。在欧洲的民间传说中,蝙蝠是一种邪恶的动物。总之,在西方世界,蝙蝠被认为是禽兽中的败类,是邪恶的化身。例如英文中有"crazy like a bat"(疯狂得像蝙蝠一样)的说法。因此,用"Bat"(蝙蝠)作为我国出口产品商标译名将会给西方消费者带来负面的联想,如此会让西方消费者望而生畏。②

---

① 唐忠顺. 我国出口产品商标翻译的主要问题与对策研究 [J]. 湖南科技大学学报, 2013 (3).
② 毛少华. 浅析出口产品商标的文化意蕴与商标词的翻译原则 [J]. 开封大学学报, 2012 (1).

例 4 跨海电缆商标名 "海燕"

随着科技的发展和信息社会的到来，民用和军用的需要，各国特别是世界强国都在进行跨海电缆的铺设，跨海电缆在国际市场的需求很大。商家将跨海电缆商标取名为 "海燕" 有其象征意义。海燕是一种小型海鸟，栖息于全球的各大洋，为了觅食常会迎着大海的狂风在海面上跳跃或行走。在中国的传统文化背景下，海燕敢于冒着暴风骤雨顽强地翱翔，在无边无际的海洋中搏击风浪，象征着勇往直前不畏艰险的勇气，以及百折不挠的大无畏精神，是中国人永远追求的一种高尚品质。因此，我国出口产品跨海电缆商标取名 "海燕" 突出了该商品的特色，在中国文化背景下有美好的文化内涵。但在西方文化里，"Petrel"（海燕）预示着黑暗和暴力，象征着危险、厄运和灾难即将来临。因此，我国出口产品跨海电缆商标名 "海燕" 不能翻译成 "Petrel"。译者在英译时有必要在西方文化背景下，找出一种和海燕在中国文化中类似象征意义的飞禽来代替 "Petrel"，以达到商标的文化和功能上的对等，以便使英文商标译名在译名受众的文化背景中产生原商标名在原语背景中所达到的相应效果。换句话说，就是使西方消费者对商标译名产生与中国消费者对汉语商标一样或相近的感受，从而刺激其购买欲。[①]

2.5.4 小结

通过以上的实例，我们可以得出这样的结论，由于文化和语言的差异，同一则商标语对于不同民族的表达效果是不一样的。如果照葫芦画瓢，一字不动地译成另一种语言不一定能达到原来的效果[②]。商标翻译侧重的是效果，因此，在我国出口产品商标翻译时，应根据具体商标的不同特点，结合译入语消费者的文化心理，准确、创造性地译成符合译入语消费者的审美习惯和审美需要的商标语，以促进产品的销售。

我国出口商标的英译不仅是一种语言转换成另一种语言，而且是中西文化交流的重要方式[③]。我国出口商标的英译，一方面要尽量保留汉语商标原有的文化内涵以及民族特色，使其所负载的文化信息、产品的性能与特色等与产品品牌相关的所有重要信息，在英文商标译名上体现出来，让西方消费者感受到东方文化的魅力和 "异国情调" 的新奇体验，从而有利于我国出口产品的宣传

[①] 李培璐. 从文化差异角度谈汉语商标的英译-以功能对等理论为指导[J]. 海外英语，2014（9）.

[②] 卜小伟，贾勇. 跨文化视角下出口商品商标翻译[J]. 西安欧亚学院学报，2007（4）.

[③] 刘艳. 文化语境差异下茶叶商标翻译的策略[J]. 山东农业工程学院学报，2017（2）.

和销售。另一方面,我国出口产品商标英译还要考虑到中西方历史背景、风俗习惯、价值观念等文化方面的差异,以及中西文化交流的双向性,要避免因为机械地直译、死译而造成文化失语现象。[①] 因此,我国出口产品商标的英译有时有必要进行创造性的翻译,使英译商标译名对西方消费者的影响和效应,以及对商品的宣传和联想效果与原文商标对原文受众的影响和效果大体相当[②]。

---

① 腾延江. 商标英译中的文化失语现象 [J]. 山东外语教学,2004 (1).
② 李培璐. 从文化差异角度谈汉语商标的英译 – 以功能对等理论为指导 [J]. 海外英语,2014 (9).

3 影视文体的翻译

电影作为 19 世纪伟大的发明之一，在 20 世纪迅速发展起来，成为传播最广、影响范围最大的媒介之一，是一种具有国际性的艺术形式。一般来说，观众对于电影的第一印象来自于电影片名，因此电影片名的翻译工作也显得越发重要。雅俗共赏、文情并茂的译名，不仅能吸引观众，起到很好的导视和促销作用，而且也可以说是一件艺术精品，令人难忘，耐人寻味。

随着世界一体化和经济全球化的发展趋势，各个国家和地区的政治、经济、文化等各个方面的合作与交流越来越频繁。电影作为一门人们喜闻乐见的艺术形式，成为不同国家和地区间文化沟通与交流的桥梁和纽带。电影片名是潜在观众对该影片的第一印象，是电影的天然和独特的广告形式。因此，电影片名的翻译对实现电影的艺术价值和商业价值都显得尤为重要。

电影是一种集艺术性和商业性于一体的艺术形式，是最具影响力的媒体之一。随着中国对外开放进程的加快以及中外文化交流的发展，英语电影正越来越多地涌入中国市场。作为英语译制片不可或缺的部分，中文译名架起了一座把电影和观众初步联系在一起的桥梁。电影片名的翻译已成为翻译领域一个越来越重要的组成部分。好的译名能使电影锦上添花，在新片的推介过程中具有举足轻重的作用。遗憾的是，电影片名的翻译研究工作还做得远远不够，目前似乎还没有人提出一套比较完整可行的原则指导片名的翻译。[1]

中国的电影翻译事业已走过了 50 多年辉煌的历程。在这半个世纪中，电影翻译工作者给广大观众奉献出了许多优秀的译制片，观众从这些优秀的译制片中不仅领略到异国的风土人情，同时也感受到语言给人带来的无穷魅力。许多优秀译制片中的精彩对白已成为中国观众争相传诵的佳句。如"面包会有的，一切都会有的"曾鼓舞了几代身处逆境的中国观众。由此可见，电影作为大众传媒，其社会效应是无可估量的。然而，在学术领域内，由于受世俗偏见的影响，电影翻译研究却颇受冷遇，翻译研究人员似乎"完全把这一领域给忽略

---

[1] 丁进. 英语电影片名的翻译 [D]. 山东大学，2008.

了"。为此，我国著名影视翻译界学者钱绍昌教授撰文指出，"翻译界对影视翻译的重视远不如文学翻译"，而这"与影视翻译的社会作用不相称。这一现象亟应引起翻译界的注意"①。

3.1 英文电影片名汉译的原则和方法

随着中国改革开放和对外文化交流的日益扩大，输入到中国市场的西方英语影视作品日益增多，然而也有不少内容低级、制作粗糙的影片混入其中，甚至有些不入流的影片以充满噱头或是吸引眼球的名字来欺骗观众，赚取票房。因为观众在挑选影视作品时，大多是从译名上来判断的。因此，这就给中国的翻译工作者提出了一个挑战——该如何将影视作品的名称翻译得既到位又得体，从而让中国的观众欣赏到好的影视作品？

影视作品自身的特点，决定了片名的翻译与其他的文本翻译既有相同点，又有不同点。相同的是：都要遵循翻译的"信、达、雅"，既要符合语言规范，又要富有艺术魅力，既要忠实于原片的内容，又要体现原名的语言特色，力求达到艺术的再创造。不同的是：片名的翻译有时还要考虑一定的商业目的②。事实证明，那些曲解、误解甚至完全主观臆造的翻译不仅成为影视作品（特别是优秀作品）发行推广的绊脚石，更成为误人子弟的文化垃圾。相反，那些精准而又雅俗共赏的翻译作品就犹如一件件艺术精品，陶冶情操、耐人寻味③。

电影是一种颇受人们特别是年轻人喜爱的娱乐方式。在目前的商业社会里，电影就是一个文化产品，电影票房收入就相当于电影产品的价格或价值。从某种意义上说，电影片名就相当于一个产品的商标或品牌，是消费者对该电影产品的第一印象，因而电影片名具有宣传、推广、导购和促销的功能。④ 随着全球化趋势进一步发展，国际文化交流日益频繁，电影在各个国家间相互传播变得越来越普遍。如果中国电影公司引进一部英、美等英语国家的电影，要想取得较好的票房收入，其电影片名的翻译就十分关键，因为电影观众往往就是被影片的片名深深地吸引而激起强烈的好奇心而去买票观看的。以下主要探讨英文电影片名汉译的原则和方法。

---

① 钱绍昌. 影视翻译——翻译园地中愈来愈重要的领域 [J]. 中国翻译, 2000 (1).
② 官芬芬, 方丽君. 电影片名的翻译 [J]. 电影文学, 2010 (16).
③ 王焰, 井永洁. 文化语境顺应与英语电影片名的翻译 [J]. 西安外国语学院学报, 2007 (1).
④ 李桂芳. 从文化语境顺应角度浅析英文电影片名翻译 [J]. 疯狂英语（教师版）, 2012 (1).

3.1.1 英文电影片名汉译的原则

第一，文化契合原则。

随着文化交流的扩大，越来越多的国外影片引进中国，受到观众的喜爱，也有越来越多的中国电影受到外国观众的关注。电影片名作为电影语言的一部分，是电影面对受众的第一部分，其翻译自然是电影推广宣传的关键一环。众所周知，电影片名也是社会语言的一部分，当然会涉及社会文化形式的各个方面，包括政治、经济、历史、宗教等。如何逾越不同社会文化背景所造成的理解鸿沟，是电影片名翻译首先要解决的问题。

由于东西方的文化有着差异，影视翻译中许多词语若直译，会让中国的观众无法认同。语言是文化的一部分，任何文本的意义都直接或是间接地反映一个相应的文化。语言（language）不仅是人类思想感情表达与交流的工具，而且是文化的组成部分，是文化的载体。语言能真切地反映一个国家、一个民族的生态地域、政治经济、物质文化、宗教信仰、风俗习惯等。不同的语言决定了不同民族的不同思维方式、行为方式以及语言表达方式。电影作为文化交流的一种形式，被大量译介。电影的翻译事关文化交流，而其中电影片名的翻译尤为重要。从商业角度看，好的片名会吸引观众，提高票房收入；从文化交流的角度看，翻译体现了中外文化的对话。[1]

电影是一门文化性与商业性兼具的艺术，一个优美动听朗朗上口的译名，远比一个生搬硬套的译名具有更大的吸引力[2]。因此，电影片名作为一部影片的眼睛，只传达信息是不够的。电影译名的选词应力求音意俱美，达意传神。这要求译者充分把握译入语的文化特征和审美情趣，创造出译入语观众所喜闻乐见的电影片名，引起其文化共鸣和心理认同，同时激发其好奇心而产生观看欲望。

电影名的基本功能是显示影片的内容，传达其主体信息及文化内涵，确立感情基调，提供愉悦审美，从而达到吸引观众的目的。而在文化信息的传播上主要表现为，充分地理解原片所负载的信息和感情，避免产生误解。这就要求在翻译电影名时，必须考虑到不同国家的文化背景。缺乏对原片出产国文化的全面了解便常常会产生误译。比如"Ramboo：First Blood"一直被译为"第一滴血"。殊不知"First Blood"是英语习语，意为"首战告捷"。

现代社会经济发展如此迅速，为了追求经济效益，一些影片不顾其独特的

---

[1] 王焰，井永洁. 文化语境顺应与英语电影片名的翻译 [J]. 西安外国语学院学报，2007 (1).
[2] 丁进. 英语电影片名的翻译 [D]. 山东大学，2008.

文化内涵，在翻译中出现了文化失语或错位现象。如电影"Third Man"译为《第三者》给人的感觉好像是一部关于第三者插足的家庭伦理片，而电影却是关于一场车祸的神秘目击者，这种译法和影片内容相去甚远。其目的是吸引观众可结果却是令观众心生厌恶，反而实现不了它的价值。[1]

电影是一种文化产品，电影片名的翻译不是将英文片名机械转换成中文片名的过程，而是中西两种文化的交流与碰撞，可以说是一种跨文化交流的过程[2]。"翻译中存在的难点，大多来自源语文化和译语文化上的诸多差异"[3]。要避免翻译造成的文化上的冲突，译者必须充分了解中西方文化背景和价值观念，否则易造成文化的冲突而导致影片片名翻译的失败。例如，中国电影公司引进一部著名的英文电影"Tomb Raider"，如果译者将"Tomb Raider"机械地翻译为"盗墓者"，将与中国传统道德法律文化和价值观念相抵牾。我国是一个有着悠久历史文化的文明古国，有许多古墓，且一些古代帝王将相的墓葬里往往埋藏着许多稀世珍宝，如此引来了许多不法分子盗挖古墓。我国各个朝代的法律都明令禁止盗墓行为并给予严厉的法律制裁。因此，译者将英文电影片名"Tomb Raider"改译为"古墓丽影"，避开了文化的冲突，同时激发了中国电影爱好者极大的好奇心，成为电影片名汉译的成功案例。[4]

再例如，如果将美国著名电影片名"Two Guns"机械地翻译为"两把枪"，将与我国的民族传统、文化背景和价值观相背离[5]。在众多文化因素中，价值观是核心内容之一。它具有持久性、稳定性，并为社会成员所普遍接受。作为文化构成的深层次因素，它既是社会文化的组成部分，又是社会文化因素在人们心中长期渗透、积淀的结果，它持久地影响着人们的态度、需要和行为方式。[6]

西方国家价值观念和行为准则的形成至少可追溯到文艺复兴运动。文艺复兴的指导思想是人文主义，即以崇尚个人自由为中心，宣扬个人主义至上，竭力发展自己、表现自我、张扬权利。生活中人们崇拜的是"强者""英雄"。有才能的强者得到重用，缺乏自信的弱者只能落伍或被无情地淘汰。因此，西方

---

[1] 金香. 文化差异对电影片名翻译之影响 [J]. 电影文学, 2011 (8).
[2] 吴静, 严琦. 文化视野下英语电影片名翻译解读 [J]. 电影文学, 2014 (24).
[3] 孙媛. 电影片名翻译的跨文化解读 [J]. 英语广场, 2016 (7).
[4] 王炬, 井永洁. 文化语境顺应与英语电影片名的翻译 [J]. 西安外国语学院学报, 2007 (1).
[5] 美国允许普通公民携带枪支而我国禁止普通公民携带枪支。中国政府禁止普通公民拥有携带枪支、管制刀具等历史悠久，而且这其实是对世界安全负责任的做法。禁止个人使用枪支，可以最大限度限制武器的流转与使用，从而大大减少枪击等犯罪事件发生。
[6] 李桂芳. 从文化语境顺应角度浅析英文电影片名翻译 [J]. 疯狂英语（教师版）, 2012 (1).

文化体现出强调个性自由和权利本位的特征，这种个体性文化特征崇尚个人自由价值凌驾于群体利益和社会秩序之上。因此根据美国的历史传统、文化背景、价值观念和法律制度，普通公民可以配备枪支。在美国以及其他西方国家的人们看来，配备枪支（以便遇到危险时自卫）是公民的自由和权利，自由价值在西方价值观中占有非常主要的位置①。

但是，在中国两千多年的封建社会历史过程中，儒家思想一直占据着根深蒂固的统治地位，对中国社会产生了极其深刻而久远的影响。中国人向来以自我贬抑的思想作为处世经典，这便是以儒家的"中庸之道"作为行为的基本准则。"中"是儒家追求的理想境界，人生处世要以儒家仁、义、礼、智、信的思想道德观念作为每个人的行为指南，接人待物、举止言谈要考虑温、良、恭、俭、让，以谦虚为荣，以虚心为本，反对过分地显露自己、表现自我。因此，中国文化体现出群体性、义务性的文化特征，这种群体性义务本位的文化特征是不允许把权利本位和个人自由价值凌驾于群体利益和义务本位之上的。根据我国的历史文化背景、民众的道德法律意识和价值观念，只有警察等维护社会秩序的公务人员才能配备枪支，如果允许其他人携带枪支，将会造成社会秩序的混乱，广大人民群众的生命随时会处于危险之中。在我国传统的价值观中，秩序价值远远高于自由价值。因此，我国的法律禁止普通公民制造、买卖和携带枪支，否则将受到法律严厉的制裁。②

因此如果将电影片名"Two Guns"翻译为"两把枪"，由于电影的传播速度和广泛的影响力，将给普通公民特别是年轻人一些错误的暗示，会给社会秩序造成无法预料的不利后果。因此，译者将"Two Guns"翻译为"双龙出手"契合了中国文化，因为龙是我国古代神话传说中非常勇敢的具有神奇力量和功能的动物，是中华民族非常具有代表性的传统文化之一。因此，中华民族常常被比喻为龙的传人。译者将"Two Guns"翻译为"双龙出手"，即将"枪"改译为"龙"，不仅符合电影片名翻译的文化契合原则，也使中国观众感到更加亲切又更加震撼，更能衬托出主人公勇敢威武的形象，如此也更加吸引中国电影观众的眼球。③

第二，广告效应原则。

电影的价值，不仅在于实现其艺术价值，更在于获取高票房，实现较高的商业价值。电影片名是呈现给观众的第一印象，主要以新奇、独特、时尚、前

---

① 丁进. 英语电影片名的翻译 [D]. 山东大学, 2008.
② 金香. 文化差异对电影片名翻译之影响 [J]. 电影文学, 2011 (8).
③ 孙媛. 电影片名翻译的跨文化解读 [J]. 英语广场, 2016 (7).

卫为制胜法宝，成为争取潜在观众的一个不可或缺的重要手段。而这一功能，对译者的策略选择充满了挑战，译名既要发挥广而告之的作用，也要达到召唤观众的效果。① 电影融文化性和商业性为一体，追求票房收入是电影公司的主要目标。如果说电影作为一种文化产品，那么电影片名就相当于普通产品的商标名，因此，英文电影片名的翻译就应当考虑译名尽可能吸引中国观众的眼球，激发他们的好奇心和浓厚的兴趣，以充分发挥其宣传、推广和广告的功能。

例如美国电影"The Bridge of Madison County"是根据美国著名作家罗伯特·詹姆斯·沃勒的同名小说改编的一部十分引人注目的电影。该影片大胆真实地展现了中年人的情感危机以及婚外恋情，因此受到了普通民众和文艺评论界的广泛关注。该影片讲述了女主人公（家庭主妇）邂逅了男主人公（杂志的摄影师），两人很快坠入爱河，在经历了短暂的浪漫缠绵后，女主人公因不愿舍弃家庭而与男主人公痛苦地分手。影片非常细腻地展示了男女主人公从相识、相恋到相别过程中的情感经历，虽然影片中的女主人公在再三抉择之后还是选择了家庭，但是女主人公对男主人公的爱恋却萦绕了其后半生。如果将电影"The Bridge of Madison County"直译为"麦迪逊之桥"，将会显得平淡无奇，没有发挥片名的宣传、推广和广告效应。而译者将"The Bridge of Madison County"翻译为"廊桥遗梦"② 则使中国的电影观众产生了强烈的好奇心和先睹为快的冲动，如此最大限度地发挥了片名的广告效应。③

再例如，英文影片"Next"翻译为"惊魂下一秒"，渲染出电影中紧张惊险的气氛，刺激潜在的电影观众进入电影院一睹为快。还例如，美国惊险动作大片《Speed》讲述的是在一列高速奔驰的巴士上排除一颗定时炸弹的故事。其情节跌宕起伏，扣人心弦，将片名译成《生死时速》，贴切地反映了影片中"生"与"死"全系于列车之"时速"的主线，紧紧地抓住了观众的心理，引起观众的好奇心，堪称片名翻译的上乘之作。译者将英文片名《Speed》翻译为《生死时速》，给观众一种紧张刺激、扣人心弦的感觉，较好地体现了电影片名的宣传和广告效应。④

第三，信息传递原则。

所谓信息传递原则就是要求电影片名的翻译要注意通过片名传递给目标电

---

① 陈映丹，陈萍. 互补共生，相得益彰——浅议电影片名翻译中的归化与异化 [J]. 重庆广播电视大学学报, 2016 (6).
② 有些国外的影片就是通过翻译才受到中国观众的喜爱。为什么呢？他们在影视翻译中与中国的文化、文学作品翻译联系到一起，做到了见之于文、形之于声、达于观众的意境。
③ 丁进. 英语电影片名的翻译 [D]. 山东大学, 2008.
④ 官芬芬，方丽君. 电影片名的翻译 [J]. 电影文学, 2010 (16).

影观众有关电影的主题、内容、风格等导视信息，以便使观众有所选择和期待。信息传递原则要求最大限度地保留和传承原电影片名的风格和特点，使目标语和源语即译名和原名在语义和形式方面尽可能保持一致，以便忠实地传递有关影片主题和内容等相关导视信息。[1] 片名作为电影的重要组成部分，是把影片直接推荐给观众的"先行者"。因此，片名又是信息传递过程中的重要"使者"，传承影片相关信息是其确定片名的主要依据。电影片名的信息功能在于帮助观者大概掌握电影的题材、情节、背景、意境等；而这种传承的过程，往往会潜移默化地影响观众对影片的选择。因此，片名信息的准确、精炼成为译者选择翻译策略的重要依据[2]，既要一目了然，又要高度概括，才能不失水准，满足受众艺术欣赏的需求[3]。

例如美国影片"A Walk in The Clouds"描述的是男女主人公在公园相遇一见钟情的浪漫爱情故事。译者将"A Walk In The Clouds"译为"云中漫步"，不仅保留了原电影片名的语义及形式、语言风格和艺术风貌，充分反映了电影的爱情主题和浪漫情怀，而且充满了朦胧的美感和诗情画意，具有极强的艺术感染力[4]。

但是，有时机械地直译无法给目标观众传递有关电影主题、内容等信息，甚至有可能误导观众，在这种情况下就要稍稍改译，以便准确地传递影片主题等信息。例如，著名的英国爱情电影"Waterloo Bridge"描述了一个可歌可泣的爱情故事，该片讲述了陆军上尉克罗宁休假时在滑铁卢桥上邂逅了芭蕾舞女郎玛拉，之后两人坠入爱河并互定终身，但是战争的爆发使得他们不得不分开。玛拉一直关注克罗宁的消息并期望再次相聚。但由于战争男主人公克罗宁被误报阵亡，女主人公悲痛欲绝并失去工作而沦为应召女郎。然而，时过境迁，他们又在滑铁卢桥不期而遇，感慨万千，最后自惭形秽的女主人公跳河自尽。如果该影片引入中国时直译为"滑铁卢桥"，不仅没有美感，也与电影里如泣如诉的爱情毫无关联，因此无法向观众传递爱情悲剧的主题和凄美的意境及内容等导视信息，甚至可能还有一些中国观众会误以为该影片是一部战争片，因为"滑铁卢桥"（原名伦敦桥）是为了纪念"二战"中的滑铁卢战役而取名的。而译者将"Waterloo Bridge"翻译为"魂断蓝桥"就遵循了信息传递原则，中国观众一看该片名就知道该影片一定是涉及令人感动的不同寻常的爱情故事，

---

[1] 夏春梅. 英文电影片名翻译探讨 [J]. 校园英语, 2016 (20).
[2] 刘宓庆. 翻译与语言哲学 [M]. 北京：中国对外翻译出版公司, 2001：65.
[3] 刘宓庆. 中西翻译思想比较研究 [M]. 北京：中国对外翻译出版公司, 2005：73.
[4] 官芬芬, 方丽君. 电影片名的翻译 [J]. 电影文学, 2010 (16).

因为"魂断蓝桥"出自于中国古代历史上的一个典故,两位相爱的年轻恋人相约某年某日在一座蓝桥上见面,不见不散,到了约会的时间,男青年准时赴约,但女青年由于父母的反对和阻碍而无法前去约会,痴情的男青年遵守"不见不散"的约定一直不肯离去,最后洪水来临淹没了桥面,男青年抱住桥的梁柱最后因体力不支而被洪水冲走,失去了生命。因此,人们一看到片名"魂断蓝桥"就会联想到该影片描述的是一个极具悲剧色彩的爱情故事。这正好与该影片的情节和主题相吻合。译者在这里借用了"蓝桥"这个典故,使得译名不仅用词优美,因深厚的文化内涵令人难忘,而且传递给中国电影观众有关电影的主题、内容、风格等导视信息。①

3.1.2 英文电影片名汉译的方法

第一,音译法。

英语小说和电影等作品往往喜欢用主人公的姓名和故事发生的地名作为题目,而人物姓名和地名作为专有名词我们一般采取音译的方法。音译法就是根据英文电影片名的发音翻译成汉语,使得该片名的汉语译名与原片名读音相同或相似的电影片名的翻译方法。换句话说,音译法是使用一种语言读写出另一种语言的词或词组发音的翻译方法。当然,音译法是电影片名翻译方法之一,只有符合前文论述的文化契合原则、广告效应原则和信息传递原则方可运用此方法。人物、地点这两点要素时常作为英语电影的片名,如果这些要素在我国拥有很高的知名度,采用音译的方法就比较适宜,例如 Madagascar 3(马达加斯加3)、Harry Potter(哈利波特)、Jobs(乔布斯)等。因此,在一般情况下只有片名为著名的人物、地名或重要历史事件等为中国观众所熟知的人文背景知识时才可以运用音译法,否则人们会不知所云。②

音译是传统翻译中比较常见的方式,这是全球文化杂合的结果。随着各国文化相互渗透的不断加深,读者对原语文化的了解也越来越多,对外来文化成分的接受能力和接受意愿也不断增加。音译常用来翻译外国人名或专有名,如 Jane Eyre(《简·爱》)、Hamlet(《哈姆雷特》)、Macbeth(《麦克白》)、Cassablanc(《卡萨布兰卡》)、Romeo and Julia(《罗密欧与朱丽叶》)、The Cassandra Crossing(《卡桑德拉大桥》)等,或是文学名著,或源于历史事件,早已经为国人所熟知。音译的译文只保留原电影片名的发音、格式和韵味,而不具有中文原本的意义,因此主要用于英文电影片名为人名、地名或民族特有

---

① 丁进. 英语电影片名的翻译[D]. 山东大学, 2008.
② 冯天立, 余高峰. 英文电影片名翻译研究[J]. 电影评介, 2015(2).

文化事物名的翻译①。

例如,著名的电影"Titannic"可音译为"坦克尼克号"。因为该电影片名就是一个举世闻名的历史事件。1912年4月15日,载着1316名乘客和891名船员的被认为是当时最大、最豪华的泰坦尼克号与冰山相撞而沉没,造成了迄今为止最为严重也最为罕见的海难事故,这场海难被认为是20世纪人间十大灾难之一。电影"Titannic"是根据真实的历史事件改编而成的,所以采用音译名可使中国观众联想到故事发生的背景。《泰坦尼克号》这部电影的主题是爱情和灾难。没有等级观念的爱情、超越世俗偏见的爱情,甚至连灾难都无法阻滞的爱情,这放在什么时代都具有催泪的功效。灾难面前最容易突显出人性深处的东西,美好的和丑陋的,它一点都不晦涩和深沉,因此跨历史、跨国籍、跨性别、跨年龄还跨文化,什么样的观众都能看明白,都能被打动,甚至引起共鸣和心灵的震撼②。可以说该音译名《泰坦尼克号》很好地体现了电影片名翻译的文化契合原则、广告效应原则和信息传递原则。类似的翻译还有"Lincoln"音译为"林肯","Romeo and Juliet"音译为"罗密欧与朱丽叶",等等。

第二,直译法。

所谓直译法就是按照原电影片名的字面意思逐字逐句地翻译过来,以尽可能地在内容和形式上都忠实于原文的翻译方法。直译,从表面上讲,就是不改变原作的词与句。但严格说来,就是不改变原作的观点和风格,而且忠实于原作,是对原作在思想内容和写作风格上的一种再现,并且尽可能多地忠实于原作的修辞。直译要求原文和译文在内容和形式上都达到高度一致,即不仅要求忠实于原文的意义和内容,而且忠实于原文的语言的形式和结构。③ 具体到电影片名的翻译,直译要求既忠实、直观地反映原电影片名所传达的有关电影主题、内容风格等导视信息,又最大限度地传承和保留原片名的语言特色和形式,如背景特色、文化特色、民族特色以及修辞形式等。④

一部好的影视作品片名翻译,首先要求翻译工作者在看懂影视作品内容的基础上,忠实准确地将原片标题翻译出来。这样的翻译,常常能让观众一目了然,欣然接受。直译不仅保留了原影片片名的内容、形式和风格,而且向观众呈现了异国情调、异域风情和西方文化特色⑤。当一部电影片名能体现它的主

---

① 丁进. 英语电影片名的翻译 [D]. 山东大学, 2008.
② 官芬芬, 方丽君. 电影片名的翻译 [J]. 电影文学, 2010 (16).
③ 孙玉平. 英文电影片名的汉译 [J]. 海外英语, 2016 (24).
④ 徐小芳. 电影片名翻译的忠实性解读 [J]. 景德镇学院学报, 2017 (1).
⑤ 孙媛. 电影片名翻译的跨文化解读 [J]. 英语广场, 2016 (7).

要内容和主题且不会出现文化失语现象时，就尽量直译，这种翻译方法在电影片名的翻译过程中比较常见。例如 the Brave Heart《勇敢的心》、Women in Love《恋爱中的女人》、The Mask of Zorro《佐罗的面具》、Pride and Prejudice《傲慢与偏见》、A Walk in the Clouds《云中漫步》等。这些翻译都是比较直接地将原英文片名翻译出来，保持了原影片的风格，受到观众的普遍认可和接受。

当然，直译也像音译一样，也必须遵循电影片名翻译的文化契合原则、广告效应原则和信息传递原则，因此也是有条件的，只有当原英文电影的片名直接展现了电影的主题、风格和背景等影片的重要信息，而且能够吸引中国电影观众的眼球，且不会引起文化的冲突时才可以选择直译法。直译强调翻译时要尽量保持原作的语言形式，包括用词、句子结构、比喻手段等，同时要求语言流畅易懂。在不引起误解的情况下，直译英文电影片名能够生动地表达原片名的中心思想和内涵，保持原有的风格和艺术魅力[1]。例如，"Lion King"直译为"狮子王"，"Roman Holiday"直译为"罗马假日"，"True Lies"直译为"真实的谎言"，"Sound of Music"直译为"音乐之声"，"The Princess Diaries"直译为"公主的日记"，"Blue Valentine"直译为"蓝色情人节"，等等。

以上电影片名之所以可以采用直译法，究其原因主要有两点，首先，电影的片名简洁明快、通俗易懂，同时比较直观地传达了影片的主题、风格等导视信息。换句话说，如果源语的片名直接揭示电影的主要内容和中心思想时，直译为佳。其次，虽然中西文化背景、价值观念等确有差异，但同时基于人性的本质等方面也存在相通或相似之处。根据学者们的研究，人类的文化90%是相通的，只有10%是相异的。正是因为这些相通或相似之处，直译也不会造成文化的冲突[2]。例如，Lawless译为《无法无天》、Sleepless in Seattle译为《西雅图不眠夜》、Social Network译为《社交网络》、Curb Your Enthusiasm译为《抑制热情》、Schindler's List译为《辛德勒的名单》、Four Wedding and a Funeral译为《四个婚礼和一个葬礼》、he Jurassic Park译为《侏罗纪公园》，这些片名是直译或基本直译，也就是说，基本上都是对等翻译，保持了原名的风貌，更重要的是译名和原名的主旨几乎完全吻合，意美、形美、音美俱全。[3]

第三，意译法。

所谓意译法是舍弃原电影片名的语言表达形式和语言结构，而另外寻觅一

---

[1] 徐小芳. 电影片名翻译的忠实性解读 [J]. 景德镇学院学报，2017 (1).
[2] 冯天立，余高峰. 英文电影片名翻译研究 [J]. 电影评介，2015 (2).
[3] 丁进. 英语电影片名的翻译 [D]. 山东大学，2008.

种符合中国语言文化和特色的等效的表达方法。① 换句话说，意译法就是只考虑原电影片名的意义和内容，而忽略原文的语言形式和结构的翻译方法。如果直译不能够较好的表达影片内容及思想时，一般采取意译片名的翻译方法。意译则从意义出发，只要求将原文大意表达出来，不注意细节，译文自然流畅即可。意译英文电影片名要结合中西文化，根据电影的情节和表达，采用译入语观众能接受的审美习惯，使用增词、转类、扩展等手段对电影片名进行表述，实现原片名与译名在信息和文化上的对等。②

翻译影视作品片名时，除了要尊重原片名所指的意思以外，还可以进行适当的处理，表现出一定的美感。比如 2010 年一部小清新的青春电影《Flipped》配上《怦然心动》这样的译名简直完美。英文 flipped 虽然就一个单词，但它其实饱含深意，它有"转变"的意思，影片中的男女主角对彼此的感觉后来发生了变化。它有"快速翻转"的意思，这一层含义也对应了贯穿全片的、翻转不定的人物视角。它在俚语中还有"狂喜、高度兴奋"的意思。影片中的小女孩朱莉说"The first day I met Bryce Loski, I flipped"，就是说的她第一次见到男孩布莱斯的时候，就被他迷住了。而译者最终采用了 flipped 在俚语中"狂喜、高度兴奋"的这层含义，用"怦然心动"表达了那份纯真的爱③。

还比如美国影片（Color of the Wind）翻译到中国以后，用了《风中奇缘》这个非常具有中国意味的浪漫唯美的译名，没有只是简单地、直截了当地翻译成《风的颜色》，相信前者比后者吸引到了更多的观众：因为这部片子讲的是一位美丽善良的印第安公主和到美国探险的英国上尉之间的传奇爱情故事。所以，如果说后者只能吸引喜爱动画片的儿童的话，那么，前者无疑能吸引不少喜欢爱情片的观众的目光。④

影视作品是表现东西方不同文化的一个重要窗口。对影视作品的翻译，可以通过合理归化的手法，将外来文化与本土文化的最佳结合点翻译出来，既尽量按照中国的文化特点进行调整，又将片名翻译得尽可能符合中国观众的文化口味和审美标准，从而来最大限度地吸引观众。为使译语观众能真正领会原片名的内蕴，理解原语片名的信息价值、文化价值、审美价值，就需要放弃对原语的机械的翻译，而需要采用意译法进行翻译，但同时要最大限度地保存原片名的内容，不能天马行空般地翻译⑤。在翻译过程中，译者要运用翻译目的理

---

① 刘锦芳. 英文电影片名之汉译研究 [J]. 长沙大学学报，2016 (3).
② 吴静，严琦. 文化视野下英语电影片名翻译解读 [J]. 电影文学，2014 (24).
③ 丁进. 英语电影片名的翻译 [D]. 山东大学，2008.
④ 刘锦芳. 英文电影片名之汉译研究 [J]. 长沙大学学报，2016 (3).
⑤ 孙玉平. 英文电影片名的汉译 [J]. 海外英语，2016 (24).

论进行翻译，发挥译者的创造性，深入传达原片内容，增强片名的吸引力和感染力。以《小鹿班比》为例，如果将 Banbi 直译为班比，观众不可能知道这是一部适合儿童的电影，一旦根据电影情节在"班比"前加上"小鹿"，剧中小鹿可爱的样子一下子就给观众留下了很深的印象。另外，在"班比"前加上"小鹿"，不仅提供了电影的信息，而且具有美学价值，并且增加其商业价值。

由于东西方语言和文化的差异，采用人名、地名、事物名称作为片名的电影，除了可以根据观众是否熟知为原则分别采取音译外，还可先音译再结合影片内容适当增词，以充分表现原片内容，或更符合译语习惯，如此也是采用了电影片名意译的方法。如动画片 Shrek，译成《怪物史莱克》肯定比《史莱克》要好得多。因为单纯从字面上判断不知道史莱克是什么东西，而"怪物"一方面显得生动有趣，突出了动画片的风格；另一方面，能勾起观众特别是儿童的好奇心。像这样的佳作还有很多，例如：Madison County Bridge《廊桥遗梦》、Toy Story《玩具总动员》、Bathing Beauty《出水芙蓉》等。[①]

由于中英两种语言文化的差异，如果片面强调保留片名的形式，就会导致以形害意。为使译语观众能真正领会原片名的内蕴，实现原片名与译语片名在信息、审美等方面的等值，就需要采用意译法进行翻译。[②]

意译强调"得意忘形"，即以改变片名形式为代价，最大限度地保存原片名之内容。在具体操作中，译者经常运用增词、减词、转类、扩展等方法进行翻译，从而起到传达原片信息，增强片名艺术感染力的作用。

例如，"Escape Plan"意译为"金蝉脱壳"。该影片的主人公假扮监狱里坐牢的人，但真正身份是美国国家安全局的监狱安管专家，也是越狱高手，曾在 8 年内成功逃出 14 座安全防卫措施非常严密的重刑监狱。他的每一次越狱成功，就代表他能找出该监狱的安管漏洞，进而改善安保设施、强化监狱管理。如果将"Escape Plan"直译为"逃匿计划"就不好了，因为在中国文化背景下，"逃匿"是一个让中国人不屑的贬义词，"逃匿计划"会给社会带来消极的负面影响，甚至有帮助、鼓动或教唆犯罪分子逃匿之嫌。而将"Escape Plan"意译为"金蝉脱壳"，就很好地展现了该影片的主题和积极的意义，因为金蝉脱壳指蝉脱去外壳的蜕变，比喻制造或利用假象脱身，使对方不能及时发觉，是"三十六计"中的一计，体现了一种高超的智慧，符合影片的主题、内容和风格，是一种等效的同时又符合中国语言的文化背景和习惯的表达方式，而且能够激发观众的好奇心和一睹为快的欲望。因此，译者将"Escape Plan"意译

---

① 官芬芬，方丽君. 电影片名的翻译［J］. 电影文学，2010（16）.
② 刘锦芳. 英文电影片名之汉译研究［J］. 长沙大学学报，2016（3）.

为"金蝉脱壳",较好地体现了英文电影片名翻译的文化契合原则、信息传递原则和广告效应原则。因此,意译法要求译者要知悉和透彻理解英文电影的主题、内容、思想和风格,并熟谙中西两种文化,遵循电影片名翻译的基本原则,仔细斟酌、千锤百炼,进而选择最为恰当贴切的中文译名。①

第四,创造性翻译。

影视作品不仅是一种艺术,也是具备商业价值的商品。因此在片名翻译时,为了一定的商业价值,需要译者进行创造性翻译。特别是美国好莱坞大片,动辄斥资上亿美元的拍摄而成,成为影视作品市场的"巨鳄"。但是如果因为译名失败,导致影片票房的惨淡和制片方严重的经济损失,是非常令人惋惜的事情。因此,作为一名优秀的、负责任的翻译工作者,在进行片名的翻译时,既要考虑忠实于原片内容,又要考虑到译名是否会激发观众观看的欲望,从而保证高额的票房回报。

例如将"One True Thing"创造性地译为"亲情无价"。该影片的主人公从世界闻名的哈佛大学毕业后在纽约某著名杂志社工作,当她的事业正蒸蒸日上,事务繁忙且工作压力特别大的时候,她的母亲却身患绝症,她不得不放下工作返回家乡宾夕法尼亚州的一个小镇照顾母亲。她从很小的时候起就很崇拜在一所大学当教授的父亲,但不太看得起身为家庭主妇的母亲。在照顾母亲的过程中,她发现了母亲生活的不易以及善良、宽容、聪慧、坚强的优秀品质,也发现了父亲的很多以前他从不知晓的让她非常震惊的秘密和人性丑陋的一面。从此原本生疏的母女关系发生了微妙的变化,她完全改变了对父母的看法,也第一次真正地了解了自己的父母,同时悟出了许多生活的哲理和生命的真谛,终于找到了生命中最真实的感动和无价的亲情。将"One True Thing"意译为"亲情无价"是一个非常成功的电影片名翻译的案例。在中国传统观念里百善孝为先,家庭亲情观念根深蒂固,汉译名"亲情无价"契合了中国的传统文化和价值观念,传递了影片的主题、内容、风格等重要的导视信息,能够引起中国电影观众的共鸣,达到吸引观众眼球并希望一睹为快的广告效应,可以说同时体现了英文电影片名翻译的文化契合原则、信息传递原则和广告效应原则。②

在 1994 年,有一部由法国著名导演吕克·贝松执导的奥斯卡获奖影片 (The Professional Killer)《这个杀手不太冷》,也是凭借这个创造性的翻译,挑起了观众强烈的观看欲望,最后在中国市场掀起了争相观看的热潮。试想,如果只是根据英文,简单地翻译成《职业杀手》或《杀手里昂》的话,可能就不

---

① 丁进. 英语电影片名的翻译 [D]. 山东大学,2008.
② 冯天立,余高峰. 英文电影片名翻译研究 [J]. 电影评介,2015 (2).

会引来这么多关切的目光。毕竟，表现杀手的影视作品已经很多，如果只是随大流，翻译成杀手之类，根本就不可能脱颖而出，让观众情有独钟，更不可能取得如此大的票房成绩。事实上，这部电影的主人公里昂的确和一般的杀手不一样：他不是大家想象的那样杀人不眨眼的冷漠杀手，而是从坏人枪口下挽救了少女玛蒂尔德的正义"杀手"，而且后来他和玛蒂尔德为躲避追杀，一起相依为命到互生情愫，超出了杀手的冷漠的界限，成为有情有义的"杀手"。所以，这部片名的翻译既忠实了原片内容，又巧妙地激发了中国观众的观看欲，最终取得高额的商业回报。①

如此有创造性翻译的例子还有，比如：(The Scent)《闻香识女人》，(How to Steal a Million)《偷龙转凤》，(Big Nothing)《微不足道》，以上的翻译充分考虑到汉语语言的特点以及一定的商业目的。如果将以上片名分别译为《香味》《怎样偷一百万》《大，没什么了不起》就显得平淡乏味，无法吸引观众的眼光。②

有时候，在电影片名翻译中经常会出现直译、意译都不能完整地体现原片内容，无法激发观众审美愉悦的情况：有些片名翻译后，晦涩难懂，不伦不类；另一些译名则平淡无奇，了无意趣。这种情况下，译者需要充分发挥主观能动性，抛开原片名的形式和内容，以原片内容为基础，另起炉灶，进行创造性翻译，把译语观众眼中平淡无奇的源语片名，用人们喜闻乐见的语言形式生动形象地再现出来③。我国片名译者在这方面有很多上乘之作，选词优美，恰到好处，生动地再现了原片内容。比如，Ghost（《人鬼情未了》），初看 Ghost 有种恐惧感，想有个"鬼"题目的电影，一定是恐怖片，但电影是围绕感情铺张的，毫无恐惧感。该影片描述了一段动人的人和鬼之间的荡气回肠的爱情故事。在 20 世纪 80 年代，美国社会悄然兴起了道德复兴运动，这股浪潮迅速波及了好莱坞，于是敏感的电影人迅速推出了一批既能迎合大众心理，又能顺应时代潮流的电影作品，如 Ghost。Ghost 被创造性地翻译为《人鬼情未了》，让不知道情节的观众有兴趣去看，它让故事情节和题目紧密相连，达到了翻译想要的效果。所以在中国一经放映，便吸引了很多观众排队买票，也许这就是名片配好的译名的效应吧。此外，创造性翻译英文电影片名的例子还有，将 Volcano 译为《地火危城》，Mission Impossible 译为《碟中谍》，Sabrina 译为《情归巴黎》，Airport 译为《九霄惊魂》等。

---

① 孙玉平. 英文电影片名的汉译 [J]. 海外英语, 2016 (24).
② 刘锦芳. 英文电影片名之汉译研究 [J]. 长沙大学学报, 2016 (3).
③ 丁进. 英语电影片名的翻译 [D]. 山东大学, 2008.

电影片名的创造性翻译，更多的是重视电影名源语的内容，而不是源语的形式，使语言能够在传达原片信息的同时，沟通译入语观众的感情，具有强烈的感染力和审美价值，最终实现商业价值。

3.1.3 小结

综上所述，我们可以看出，那些脍炙人口的英语影视片名的翻译，大多是在遵循基本的翻译原则基础上，巧妙灵活地通过音译、直译、意译，或创造性翻译等译法等来处理的。当然，片名的翻译首先要能反映原片名的意思，也就是说要忠于原意，然后恰当地通过文化的对等转化意译，或创造性翻译，即进行巧妙的加工和润色，这样的片名翻译才能赢得观众的认可和喜爱。[①]

我们的翻译工作者在进行影视作品名称翻译的过程中，如果能本着为观众负责的态度，在影视名称的翻译上下功夫、花心思，那么就能为我们广大的电影爱好者和英语学习者翻译出贴切传神的影视名称来。这样，就不仅能够向观众准确地介绍影视作品；又能让英语爱好者体会到英文原名与中文译名之间转化的美感，从中欣赏到中西方语言和文化的魅力，从而为中西方文化的交流作出应有的贡献。[②]

目前越来越多的英文电影被引入中国，这不仅丰富了人们的文化娱乐生活，而且也让许多普通中国民众了解西方文化，开阔了视野。英文影片片名的汉译是一种在遵守一定原则下的具有艺术创造力的活动。英语电影片名翻译要求译者遵循文化契合原则、广告效应原则和信息传递原则。译者在遵循以上原则的基础上，根据具体情况灵活运用各种翻译方法，使翻译后的汉语电影片名具有艺术感染力，能够深深地吸引中国电影观众的眼球，既增加了票房收入，体现了商业价值，又能给中国观众带来视觉冲击力以及艺术和美的享受。[③]

英文电影片名汉译的方法有音译法、直译法、意译法、创造性翻译法等。所谓音译法就是根据英文电影片名的发音翻译成汉语，使得该片名的汉语名与原名读音相同或相似的翻译方法。所谓直译法就是按照原电影片名的字面意思逐字逐句地翻译过来，以尽可能地在内容和形式上都忠实于原文的翻译方法。所谓意译法指舍弃原电影片名的语言表达形式和语言结构，而另外寻觅一种符合中国语言文化和特色的等效的表达方法。尽管直译法和音译法在影片名的翻译中占有主导地位，但电影翻译不同于一般的书名翻译，它其实是一种广告翻

---

① 官芬芬，方丽君. 电影片名的翻译 [J]. 电影文学，2010 (16).
② 王炤，井永洁. 文化语境顺应与英语电影片名的翻译 [J]. 西安外国语学院学报，2007 (1).
③ 冯天立，余高峰. 英文电影片名翻译研究 [J]. 电影评介，2015 (2).

译，也就是一种因为实际需要而故意灌进原来没有的意义的一种传达方法。所以不必严格追求"信、达、雅"的标准，只需要择其善者而从之就可以了，其重点在于在翻译允许的范畴内最大限度地吸引观众，因此有时译者可以充分发挥主观能动性，根据原电影片名含义和影片主题进行创造性翻译。①

3.2 以东西方思维差异为视角论汉英电影片名互译

3.2.1 引言

电影作为最具影响力的媒体之一，已成为展示各国独特魅力的工具和世界各国文化交流的平台。电影能够展示世界文化的多样性，促进不同民族的文化平等交流和相互借鉴。伴随着科技的不断更新与进步，各国之间的电影赏析也日益频繁，因而电影片名的译制工作也显得越来越重要。就英汉两种语言的电影片名的翻译来说，东方与西方都有着各自独特的思维方式与语言表达习惯，因此在进行电影片名翻译过程中，译者就不得不考虑双方思维方式的差异，在翻译时进行有效转化，使译文更加生动，从而发挥其应有的作用以吸引译入语观众。因此电影片名的英汉互译不仅仅是两种语言之间的转换，而且体现了东西方思维方式的转换过程。②

翻译不仅是一种语言活动，而且是一种思维活动，它涉及两种语言的转换。而语言既是思维的工具，又是思维的结果。思维是客观事物的反映，是翻译活动的基础。正由于思维内容的全人类性，各民族之间才可以通过语言的翻译进行思想交流。语言和思维紧密相关，思维作用于语言，语言也作用于思维，两者相互作用，相互依存。以英语或汉语为母语的不同民族间的思维差异，即英汉思维差异决定了英汉两种语言对同一主题的表达方式也各异。翻译是运用一种语言把另外一种语言所要表达的思维内容正确而完整地重新表达出来的活动。因此，翻译既是一种语言活动，也是一种思维活动。思维的共性是翻译的基础，然而，思维方式的差异会产生不同的语言表达形式，因此会对翻译的效果产生很大的影响。③

---

① 丁进. 英语电影片名的翻译 [D]. 山东大学, 2008.
② 董久玲. 从东西方思维方式差异探讨英汉电影名的互译——基于交际翻译理论视角 [J]. 厦门广播电视大学学报, 2016 (3).
③ 王红艳. 中西方思维方式的差异对翻译的影响 [J]. 东北农业大学学报（社会科学版），2010 (3).

语言和思维之间存在着相辅相成的辩证关系。思维是语言的内核，而语言是思维的外壳。思维的存在凭借语言，而语言则是思维的工具。语言不仅是思维和交际的工具，同时也是社会文化的反映，并制约人们的思维。思维对语言也起着重要的作用。所以语言和思维之间是互动的，思维的发展推动语言的发展，语言的发展也推动思维的发展。翻译作为从一种语言向另一种语言转换的活动，本质上不仅仅是一种语言活动，还是一种思维活动。①

语言是思维的载体，一个民族的语言与该民族的思维方式有密切的联系。②思维是人脑的一种机能，是人对客观世界的认识活动。语言是思维的工具，是思维存在的物质形式。思维与语言密不可分，一方面思维方式是语言生成与发展的深层机制，另一方面，语言又促使思维方式得以形成与发展。思维模式的不同必然影响表达思想内容的语言形式的不同。由此可见，翻译的过程，不仅是语言形式的转换，而且是思维方式的变换。③

人类思维的基本活动形式是同一的，也就是说人类思维的规律大致是相同的。这种同一性正是可译性的一个前提条件。但是东西方在漫长的历史过程中，形成不同的民族文化，其生产方式、历史传统、哲学思想、语言和文化等方面都有不同之处，这必然使作为社会文化产物的思维方式存在差异。而这种差异，在两种语言的转换过程中，往往被忽视，这就使译文晦涩难懂，甚至出现错误。因此在翻译活动中有必要对比源语与目的语的民族思维形态的差异及其在语言上的表现，揭示其差异对翻译的影响，从而尽量减少或避免由于对思维模式的转换缺乏重视而产生的负面影响。④

思维与语言相互作用、相互影响，但双方相互作用、相互影响的力量不是均衡和不对等的，其中思维方式对语言的影响比语言对思维方式的影响力度更大，不同民族的思维方式在很大程度上决定了该民族语言表达方式或语言形式的特点。⑤ 中西方思维方式的不同会导致相应的语言表达方式或语言形式的不同。汉英电影片名的互译应当充分考量中西方思维方式的差异，在翻译时不仅仅实现不同语言的对应和转换，而且注意中西方思维方式的转换。中西方人们在长期的生产生活中形成了各自的习惯、传统和文化，如此导致中西方人们形成了不同的思维方式，如中国人重形象思维，而西方人重抽象思维；中国人属本体性思维，而西方人属客体性思维。"就英汉两种语言的电影片名的翻译来

---

① 李丹，周晓玲. 中西方思维方式的差异与翻译 [J]. 重庆城市管理职业学院学报，2006 (4).
② 涂纪亮. 语言哲学比较研究 [M]. 北京：中国社会科学出版社，1996：238.
③ 连淑能. 论中西思维方式 [J]. 外语与外语教学，2002 (2).
④ 李丹，周晓玲. 中西方思维方式的差异与翻译 [J]. 重庆城市管理职业学院学报，2006 (4).
⑤ 包惠南. 文化语境与语言翻译 [M]. 北京：中国对外翻译出版公司，2001：23.

说，东方与西方都有着各自独特的思维方式与语言表达习惯，因此在进行电影片名翻译过程中，译者就不得不考虑双方思维方式的差异，在翻译时进行有效转化，使译文更加生动，从而发挥其应有的作用以吸引目的语观众"①。

在汉英电影片名互译时，如果忽视中西方思维方式的转换，就会导致电影片名的译文晦涩难懂，甚至会觉得莫名其妙，无法引起目标观众的观看兴趣，无法实现电影片名的导视功能。因此译者在进行英汉电影片名互译时，可遵循英国著名翻译理论家彼得·纽马克提出的交际翻译理论，在分析东西方思维方式的差异的同时，在充分理解原电影片名的含义及其体现的思维方式的基础上，不为原文所束缚，顺应目的语观众的思维方式，进行恰当而生动的翻译，从而使译文对目的语观众所产生的效果与原文对原语观众所产生的效果相同。②

3.2.2　中西方思维方式的差异

不同的民族，不仅有各不相同的民族文化，而且还有彼此不同的思维方式、思维特征、思维风格等，这便是思维差异。英语属于印欧语系，汉语属于汉藏语系。世界上讲汉语的人最多，而英语的分布最广。因为英汉两民族的交往越来越频繁，而两民族的思维差异所带来的困扰一直影响着两民族间的对话与交流。翻译作为从一种语言向另一种语言转换的活动，本质上不仅是一种语言活动，还是一种思维活动。思维是人脑反映外界事物的认识活动，语言则是人们交流的工具，从某种意义上来说，思维决定语言，语言反映思维。不同的国家、民族由于地理位置、风俗习惯等方面的不同，形成了不同的思维方式，因此在语言上也就存在着差异。③

语言是人类交际最重要的工具，它是人类所特有的、用任意创造出来的符号系统来表达感情、交流思想的方法。简单地说，语言是人们思维和认识的组织者。思维即人脑对客观现实的反映过程，具体地说，它是在表象、概念的基础上进行分析、综合、判断、推理等认识活动的过程，它是人类所特有的一种精神活动，是从社会实践中产生的。作为构成思维模式的材料符号中的一个部分，语言通过音、形、义的结合，系统地储存于人脑的皮层细胞内，参与思维活动。由此可见，思维和语言有着密切的关系。一方面，思维离不开作为材料的语言。倘若没有语言，思维则无以定其形，无以约其式，无以证其实。反之，

---

①　董久玲. 从东西方思维方式差异探讨英汉电影名的互译——基于交际翻译理论视角 [J]. 厦门广播电视大学学报，2016 (3).

②　董久玲. 从东西方思维方式差异探讨英汉电影名的互译——基于交际翻译理论视角 [J]. 厦门广播电视大学学报，2016 (3).

③　李丹，周晓玲. 中西方思维方式的差异与翻译 [J]. 重庆城市管理职业学院学报，2006 (4).

若没有思维，语言也不具备其多功能性和丰富性。对于思维在翻译中的作用和影响，英国著名的翻译理论家和翻译教育家彼得·纽马克就曾提出，从思维与语言的关系角度研究翻译，是翻译研究的一种趋势。翻译不仅仅是转换两种语言符号，更是对两种不同文化的移植。语言在不同文化中表达上的差异，可以从思维方式中求得解释。①

思维方式是主体在反映客体的思维过程中，定型化了的思维形式、思维方法和思维程序的综合与统一②。思维方式是人类历史的产物，某个民族将长时间以来对客观世界的认识凝聚成习惯与经验，借助语言形成思想，再赋予思想以一定的模式，就形成了这一民族特有的思维方式。因此思维方式具有鲜明的区域特点与民族特点。东西方民族由于受不同的自然和人文条件影响，他们的思维方式也就存在着差异。而东西方思维方式的差异，也是造成汉英文化语言差异的一个重要原因。③

英汉民族生活在不同的自然地理环境之中，具有各自的历史背景与文化传统，因而也就形成了各自不同的思维方式。思维方式的差异本质上是民族文化的差异的体现，受各民族的地理、经济、哲学、宗教等历史文化的影响与制约。在中西文化形成过程中，由于社会、自然、地理、历史等因素的影响，使得中西文化在思维方式和语言习惯上有着重大的差异。④换句话说，东西方民族生活在特定的地理环境中，具有各自的历史背景和文化传统，因而也形成了各自的语言和思维方式。⑤东西方民族思维的差异主要表现在以下几个方面：形象思维与抽象思维、综合型思维与分析型思维、本体型思维与客体型思维、顺向思维与逆向思维等几个方面。⑥

第一，中国人偏重形象思维，而西方人偏重抽象思维。

所谓形象思维（imagination）指人在头脑里对记忆表象进行分析、综合、加工，从而形成新的表象的心理过程。或者说，形象思维是借助具体的直观的图形、图像、形象来认识事物，分析和解决问题的一种与抽象思维相对应的思维方式。形象思维的特点是人们在头脑中对事物进行分析、加工、综合等思维

---

① 王刚，周冬梅. 中西方思维方式的差异对翻译的影响 [J]. 赤峰学院学报（汉文哲学社会科学版），2011（1）.
② 荣开明，等. 现代思维方式探略 [M]. 武昌：华中理工大学出版社，1989：30.
③ 连淑能. 论中西思维方式 [J]. 外语与外语教学，2002（2）.
④ 赵昱. 英文电影片名的翻译策略与方法研究 [J]. 电影文学，2013（19）.
⑤ 徐玉琴. 基于东西方之思维方式分析汉英表达习惯之差异 [J]. 黄冈职业技术学院学报，2010（6）.
⑥ 杨耀. 从几部中外电影看中西思维方式的差异 [J]. 电影文学，2014（19）.

过程中必须借助于具体的直观的图形、图像或形象。①

所谓抽象思维（abstract）就是运用概念分析、逻辑推理来认识事物，分析和解决问题的一种与具体思维相对应的思维方法或方式。抽象思维的特点是人们在头脑中对事物进行分析、加工、综合等思维过程中撇开事物的具体形象或表象，探究事物的内在本质或规律性。② 也就是说，抽象思维是运用概念进行分析判断、逻辑推理的思维活动。这种思维需要遵循逻辑规律。

不同的民族都具有形象和抽象这两种不同的思维方式，只是由于历史和文化的原因，不同民族会有不同的侧重。从总体上看，传统的中国文化思维方式具有较强的形象性，而西方文化思维方式则具有较强的抽象性，这种不同的侧重，都植根于各自的民族文化土壤。也就是说，由于文化传统的不同，不同民族的人们对形象思维和抽象思维的偏好也就有所不同。英美人重抽象思维，而中国人重形象思维。中国人的形象思维很发达，最典型的表现就是古代文学中的诗、词、歌、赋中形象类比的方法运用得极为普遍和娴熟。汉民族在悠久的历史长河中，形成了以具象代表概念的思维定式，习惯于用具象的方法表达抽象的概念，不太重视纯粹意义的抽象思维。英美人则非常重视逻辑思维，热衷于建立概念体系、逻辑体系。英语民族多用抽象概念表达具体的事物，比较重视抽象能力的运用。这种思维方式的不同在语言上常表现为：英语常常使用抽象名词来表达复杂的理性概念，而汉语则习惯于使用具体、形象的词语来表达理性概念。③

汉语是具象性语言，它的文字符号本身具有明显的形象和意义双重特征，因此它完全有别于西方理性的抽象思维。英语是声音语言，强调语言是思维的工具，重视语言的逻辑分析，并以形成概念和观念为主要目的，因此西方的拼音文字，或以音写义恰好反映出西方人的抽象思维方式。

汉字是最典型的象形文字，如"骂、鸣、唱、吃、叫"等都与口有关。占汉字主流的形音字既表音又表意，其特点是由其形可知其义。而英文单词只表读音，不表意义，读音与意义之间没有任何联系。再比如，在汉语中看到"凸凹不平"一词的时候，如果不认识"凸"或"凹"这两个字，通过它们的形状也能理解这两个词的含义。对比英文"rough and uneven in surface"，如果不懂得"rough"一词的含义，就不会理解整个短语的意思。这证明了西方人的抽象

---

① 易立新．英汉文字体系与中西方思维方式对比研究［J］．中南民族大学学报（人文社会科学版），2004（1）．
② 李庆臻．科学技术方法大辞典［M］．北京：科学出版社，1999：15．
③ 易立新．英汉文字体系与中西方思维方式对比研究［J］．中南民族大学学报（人文社会科学版），2004（1）．

思维特别发达。①

　　语言与思维方式相互影响、相互作用。语言文字对人的思维方式有着重要影响，或者说，汉民族的形象性思维突出地体现在其文字上。我们可以根据一个汉字的直观的外形而大致了解或推断该字的意思，即所谓的望形（文字的外形）生义。"汉字的象形文字及古人创造汉字的方法和规律，极大地体现了汉民族形象思维的特点。"② 汉字是象形文字，源自甲骨文，从出土的甲骨文来看，古人按照形象来造字，最初起源于图像。例如"走"在甲骨文中就是一个人走路的图画；"人"就是一个人的图像；"兔"就是一个兔子的图像；"田"就是一片农田的画景。就是现代许多汉字中仍然保留"象形文字"的鲜明特点，如"雨"字中四点表示雨滴。"凸"字即使你不识字，也能根据该字的形象和上下文猜出该字的含义。"忍"就是"按住心上的一把刀"，我们常说"冲动是魔鬼、忍得一时之气免得百日之忧、能忍不一定是懦弱"就是这个意思。还如"态"就是"心要大一点"，我们常说的"心态好""格局要大"就是这个意思。而英文单词则是由不同发音的字母组成的，缺乏形象性，需要通过抽象思维才能理解英文单词、词汇的含义。如此造成中国人偏重直观、形象思维，而西方人偏重理性、抽象思维。

　　这两种不同的思维方式必然直接反映在词汇和句子结构的使用层面上。汉语较少使用表示抽象概念的名词，而较多地使用具有实指意义的具体名词，但在英语中抽象名词的使用频率明显高于汉语；在句子结构中汉语多以具体事物为中心，而英语则恰好相反。因此在翻译时要注意虚实转换，即抽象概念与具体意义的相互转换。

　　由于形象思维和抽象思维的影响，在英文中会出现用抽象名词来描述事物或表达思想，而在汉语中则用具体名词来表达。在英译汉中往往需要将英语中表示抽象概念的名词，转换成汉语的表示具体概念或具体行为或形象的名词，以符合汉语的表达习惯，反之亦然。

例1

原文：He has surfaced with less visibility in the policy decisions.

译文：在决策过程中，他已经不那么抛头露面了。

visibility 是抽象名词，翻译成"抛头露面"这样的具体、形象的名词较合适。

---

① 易立新. 英汉文字体系与中西方思维方式对比研究 [J]. 中南民族大学学报（人文社会科学版），2004（1）.

② 姜艳. 东西方思维模式差异与翻译中的视点转换 [J]. 林区教学，2006（12）.

例 2

原文：Wisdom prepares for the worst; but folly leaves the worst for the day it comes.

译文：聪明人防患于未然，愚蠢者临渴掘井。

wisdom 和 folly 是抽象名词，翻译成"聪明人"和"愚蠢者"这样的具体名词较合适。

例 3

原文：I hope my presence here tonight is further proof of the importance we British attach on relations you're your great country.

译文：我希望，今晚我到这里来可以进一步证明，我们英国人非常重视和你们伟大祖国的关系。

这句话中的抽象名词 presence，proof，importance，在汉译时都转换成了具体的动作，这才符合汉语读者的思维习惯和汉语遣词造句的习惯，更加生动、具体。因此，在英汉互译时注意词性的转换是首要原则。[1]

第二，中国人偏重本体性思维，而西方人偏重客体性思维。

中西方思维方式的不同还体现在对天人的关系或者说主客观关系的认识上。中国传统中占主导地位的是"天人合一"，而西方则是"天人相分"。即中国文化以人为本，西方文化以物体为本。中国人的"物我一体""天人合一"的主体性思维，强调主体意识及情景交融，认为"万物皆备于我"，主体自身内心体验是一切认识的出发点，在经验直观感知的基础上再直接返回到主体自身，通过主观情感把知、情、意融合在一起。因此描述人与事物时常常追求客观景物与主观情感的交融、统一，带有浓厚的主观色彩，并注重人伦和血缘。中国先民们长期受到大陆封闭的地理环境及小农经济的影响，导致中国人强调血缘关系，以家族为本位，强调人的感情和人伦价值。中国是个人情社会，反映在思维方式就是人本主义的本体性思维。

而西方国家大多居于开放的海洋型地理环境中，恶劣动荡的海洋环境、发达的手工商业及航海业引起了古代哲学家对自然和客观事物的兴趣，逐渐形成了探索自然奥秘的科学传统。他们以自然为认识对象，天人对立，物我分明，常以客观冷静的态度对待客观世界，以逻辑和理性分析来探索自然规律，透过自然现象来探索事物的本质，从而实现了解自然、征服自然的目的。因此西方传统哲学强调"天人对立"，"物我二分"，偏重理性思维，强调自然、客观和

---

[1] 王红艳. 中西方思维方式的差异对翻译的影响 [J]. 东北农业大学学报（社会科学版），2010（3）.

客体意识。他们以自然为认识对象，把主体作为"旁观者"，以尊重客观的态度对自然规律进行探究，注重客观公正地描述事物，强调客观性。也就是说，西方崇尚自然，强调理性和客观性，认为人和动物等都是客观世界的一部分，强调应该理性、冷静地看待客观世界，探求和反映客观世界的规律和本来面目，反映在思维方式上就是物本主义的客体性思维。①

国学大师钱穆对此曾精辟地指出，中国文化以人文为中心，以人生为本，最富人文意识，最重人文精神，中国文化本质上是一种人本文化。这种人本文化的长期积淀，形成了汉民族本体型的思维方式，即以人为中心来观察、分析、推理和研究事物的思维方式。西方文化则以物本为主体，以自然为本位，比较偏重于对自然客体的观察和研究。在西方人的观念中，人超然于自然界之外，具有绝对的支配和改造自然的力量，人的本性就是凭借自身的智慧和科学的力量来征服自然、主宰天地，故"西方人生则与自然划离，而求能战胜自然、克服自然"，并提出了"知识就是力量"的口号。这种重视外向探索、不懈追求的精神，以及把宇宙自然看作是人类对立面而加以研究和征服的观念，逐渐形成了客体型的思维方式，即把客观自然世界作为观察、分析、推理和研究的中心。②

中国人的传统思维讲究天人合一、人法自然、万物皆备于我，所以主体参与意识很强，在语言表达上表现为多以"人"作主语。西方人由于理性的分析而偏重于主客分离，所以有时以"人"这个主体为主语，有时以客体为主语，视情况需要而定，但更多的是抱着客观审视的态度，以事物为主语并进行客观、冷静的剖析和描述。

语言是思维的反映或载体，中西思维方式的不同必然反映在汉英两种语言表达方式的不同上。例如，汉语通常以具体的人为主语，如"某个人做了什么事或发生了什么事"，很少使用被动语态；而英语通常以"it""they"等物主代词为主语，即通常以客观的事物为主语，如"It is fine today"，如果涉及人较为常见的表达是"某个事情发生在某个人身上"，被动语态较多。因此汉英互译时要注意主动语态和被动语态的转换。也就是说，中西方人的这种思维差异表现在语言上就是汉语重人称，多用有生命的人或物充当主语，主动句居多。而英语重物称，多用无生命的事物作主语，被动语态居多。因此，英译汉时，为了使译文更加地道、自然，可以将原文的物称说法转换为人称，即译为汉语

---

① 连淑能.论中西思维方式 [J]. 外语与外语教学，2002 (2).
② 参见李丹，周晓玲. 中西方思维方式的差异与翻译 [J]. 重庆城市管理职业学院学报，2006 (4).

则人称做主语。也就是，在英译汉时，可以补出潜在的主语，并调整为主动语态。①

例 1

原文：Memoranda were prepared in advance of private meetings on matters to be discussed.

译文：在举行个别交谈之前，我们已经就要讨论的问题预先拟好了备忘录。

例 2

原文：American education owes a great debt to Thomas Jefferson.

译文：托马斯·杰弗逊对美国的教育事业作出了巨大贡献。

例 3

原文：His illness kept him in hospital for four weeks.

译文：他因病在医院住了四周。

例 4

原文：His name escaped me for the moment.

译文：我一时记不起他的名字了。

汉译英时，为了符合译文的表达习惯可以将原文的物称说法转换成人称说法，同时兼顾语态的改变。

例 5

原文：甲方与乙方于 2008 年 4 月 20 日签订本协议。

译文：This agreement is made and entered into on April 20, 2008 by and between Party A and Party B.

为了显示合同签订的客观公正性，英译时将原句的人称化主语转化为译入语的物称化，原句的主动语态也相应地转化成被动语态。②

第三，中国人偏重综合思维，而西方人偏重分析思维。

所谓综合思维（synthesis）是指在思想上将对象的各个部分联合为整体，将它的各种属性、方面、联系等结合起来。也就是说，综合思维是指将事物的各个部分综合起来，从整体上认识和考察事物的思维方式。

而所谓分析思维（analysis）是指在思想上将一个完整的对象分解为各个组成部分，或者将它的各种属性、方面、联系等方面区分开来。也就是说，分析思维就是对事物的整体进行分解和剖析，强调通过分析事物各个部分来认识和考察事物的思维方式。

---

① 马会娟. 商务英语翻译教程 [M]. 北京：中国商务出版社，2004：42.
② 吴金凤. 中西方思维方式差异及翻译. 湖北成人教育学院学报，2012 (6).

分析思维和综合思维是人类思维的两种基本形式，分析型思维就是把事物的整体分解为许多部分，越分越细。这有其优点：比较深入地观察其本质。但也有其缺点，往往只见树木，不见森林。而综合思维就是把事物的各部分联成一体，使之成为一个统一的整体，强调事物的普遍联系，既见树木又见森林。虽然分析思维和综合思维都是人类都有的思维方式，但是由于民族传统和文化不同，东西方对于分析思维和综合思维的偏好不同。汉民族的思维方式表现出习惯于从总体上观察事物的特征，即将宇宙看作一个整体，从全局观点进行综合研究。而西方人着重去探索万物的本质，分析事物的生成、构造等内在机制。"中国人凡事习惯于从整体到局部、由大到小——先全面考虑，之后缩小思路，考虑具体细节。而西方人则从具体到局部到整体，这是一种解析式的思维方式"①。

由于中西方不同的历史文化背景，造成思维中中国人偏好综合、思维上"整体"优先；而英美人偏好分析、思维上"部分"优先。西方人倾向于将事物进行分解剖析以求充分了解，他们将重点放在事物的部分而非整体，尽力把世界上的万事万物都搞得清楚透彻，泾渭分明。②

中国人偏重综合思维，中医是典型的综合思维的例子。换句话说，传统的中医学理论就是中国人综合思维的典型例证。中医是中国的传统医学，享誉海内外，有些疾病西医不见效而通过中医治疗得到缓解甚至根治，许多外国留学生慕名来中国学习中医。中医反对"头痛医头脚痛医脚"，而是强调将人体看成一个整体，强调通过针灸、推拿、按摩等治疗手段达到疏通全身经络，或者通过中药和食疗等手段恢复人体阴阳平衡，从而实现缓解甚至根治疾患的目的。中医认为，人体是各部分器官有机联系起来的一个整体，并以阴阳五行学说来说明五脏之间相互依存、相互制约的关系。中医理论中的脏腑，主要是指功能整体，并不是指解剖学意义上的器官实体。从思维观念上看，中医学是综合思维的产物，而西医则是分析思维的结果。可以说，西医是典型的分析思维的例子。西医强调人体解剖，主张通过手术切除患者的某个病理器官或组织，更换新的器官实现缓解甚至根治疾患的目的。

中西这种思维方式差异也反映在艺术和体育文化方面的不同。例如京剧是我国的"国粹"，从其表演特征来看，它是一种综合化的表演。或者说，京剧

---

① 李丹，周晓玲. 中西方思维方式的差异与翻译 [J]. 重庆城市管理职业学院学报，2006，(4)：59.

② 王红艳. 中西方思维方式的差异对翻译的影响 [J]. 东北农业大学学报（社会科学版），2010 (3).

是一门综合性的艺术,是说、唱、舞、斗等综合性的表演。而西方人喜闻乐见的是舞剧、歌剧等分解后的独立的艺术形式。在体育文化方面,我们喜欢看中央体育频道的格斗比赛,这种体育竞技比赛是包括拳击、摔跤、击打等综合性的竞赛,而西方人则喜欢拳击、摔跤等单项独立的比赛,在拳击比赛时不得有摔跤等动作,在摔跤比赛时不得有拳击等动作。中国人的日常生活中也常能流露出这种综合特点。例如,中国人喜欢的电视节目是"综艺大观""正大综艺""春节联欢晚会"等综合性的文艺节目。

第四,中国人偏重顺向思维,而西方人偏重反向思维。

人们对客观事物有着不同甚至相反的观察角度和思维方式。同样一个现实画面,各民族可以用自己特有的思维习惯来认识、反映现实要素的顺序不尽相同。这就是所谓的顺向思维和反向思维。

所谓顺向思维,就是按照事物发展的逻辑顺序和常规路径从正面方向寻找解决问题的方案。我们中学数学做证明题,在大多数情况下就是从已知条件出发,一步一步进行逻辑推理和演算,最后得到要证明的结果。这就是典型的顺向思维的例子。

所谓反向思维就是从事物发展路径相反的方向思考问题,寻找解决问题的方案。反向思维有时会让人茅塞顿开,获得意想不到的收获,科学家的许多重大的发现或发明归功于反向思维。如果一个小孩掉进一个盛满水的缸里,顺向思维就是把小孩从缸里捞出来让人离水来救人,如果是反向思维就是将缸砸破让水离人来救人。语言是思维的载体,思维是语言的先导,语言和思维相互作用、相互影响。由于中西方这种思维方式的不同,导致英语和汉语形成了相反的表达方式和表达顺序。汉语顺序一般是从大到小,从一般到特殊,从整体到个体。而英语叙述和说明事物时则正好相反,即习惯于从小到大,从特殊到一般,从个体到整体。例如,在空间概念上,中国人表达空间的顺序是××国家××省××市××街道;英美人恰恰相反,其顺序是××街道××市××省或××州××国家。中国人表达时间的方式为:×年×月×日×时×分×秒;而英美人恰恰相反,是×秒×分×时×日×月×年。譬如写信在信封上写地址时,中国人习惯从大地方到小地方的顺序填写,比如××省××市××区××街道××号,而如果用英语给远在英国或美国等西方国家的朋友写信,在信封上写地址时就要从小地方到大地方正好相反的顺序填写。写完信写日期时,中国人的习惯是×年×月×日;而西方人写日期的顺序正好相反,即×日×月×年。

由于中国人偏重顺向思维,而西方人偏重反向思维,因此在英语和汉语互译时,译语要注意从与原语截然不同甚至完全相反的角度或顺序来传达同样的信息。也就是说,我们进行英汉互译时需对语序重新调整,有时还要对词汇重新选择，以符合各自的思维习惯和表达方式。例如"西南大学"译为"southwest university"，而不能译为"westsouth university"。"田径比赛"译为"track and field events"，而不能译为"field and track events"。"钢铁公司"译为"iron and steel company"，而不能译为"steel and iron company"。"自学"译为"self-taught"，而不能译为"self-studied"。"九五折"译为"a five percent discount"，而不能译为"a ninety-five percent discount"。①

3.2.3　考虑中西方思维方式差异进行汉英电影片名互译

人有别于动物的最大特点是人类的思维活动。世界各民族间的语言在语音、词汇、语法等方面相差甚远，思维也存在很大差异，但各国人民对于客观事物本质属性认识的思维活动却是一致的，所以不同的语言才有了互译的可能。翻译过程包括译者对原文的理解过程和译者用目的语再创作的过程。精确的翻译源自对原文的正确理解。思维的差异肯定会影响两种语言的相互转换。因此，在翻译过程中，译者必须懂得不同民族的思维差异。

东西方思维模式的差异导致了英汉两种语言表达形式的不同。电影片名的翻译不仅是语言层面的转换，更是两种文化和思维模式的转换。②

商业性是电影这种艺术形式所具有的特性，由此也带来电影片名所具有的另一个特性——广告特性。所谓广告特性是指电影片名承担着引起观众兴趣的重要作用，要让观众产生一睹为快的强烈欲望。因此，译者进行英汉电影片名互译时，首先，要理解原语的含义及所起的功能，即原电影片名所要表达的意义与作用；其次，在表明影片情节的基础上，译者要摆脱原文的禁锢，充分考虑目的语观众，从目的语观众的思维方式出发，以吸引目的语观众为出发点，按照目的语观众的语言表达方式，对原文进行语句的重新调整和语言的重新组织，甚至舍弃原文大胆地进行艺术的再创造，使影片译名发挥它所具有的信息功能、美感功能以及广告功能。③

第一，抽象思维和形象思维的转换。

正如前文所述，中国人偏重直观、形象思维，而西方人偏重理性、抽象思维。考虑到中西方这种思维方式的不同，在进行汉英电影片名互译时，译者要注意形象思维和抽象思维的转换。如美国电影"It Happened One Night"译为

---

① 李丹，周晓玲. 中西方思维方式的差异与翻译［J］. 重庆城市管理职业学院学报，2006（4）.
② 姜艳：东西方思维模式差异与翻译中的视点转换［J］. 林区教学，2006（12）.
③ 董久玲. 从东西方思维方式差异探讨英汉电影名的互译——基于交际翻译理论视角［J］. 厦门广播电视大学学报，2016（3）.

"一夜风流";"Speed"译为"生死时速";"Frozen"译为"冰雪奇缘"。显然,"It Happened One Night""Speed""Frozen"更为抽象,而"一夜风流""生死时速""冰雪奇缘"则显得更加具体形象,容易吸引中国观众的眼球,使中国观众产生先睹为快的冲动,充分发挥了电影片名的信息和导视功能。①

第二,本体性思维和客体性思维的转换。

正如前文所述,中国人偏重本体性思维,强调人本和情感,而西方人偏重客体性思维,强调客观和理性。考虑到中西方这种思维方式的不同,在进行汉英电影片名互译时,译者要注意本体性思维和客体性思维的转换。如华语影片《郑成功》是一部以人物来命名的影片,类似以人物来命名的华语影片还有很多,如《小兵张嘎》《海霞》《桃姐》等,这实际上就是中国人本体性思维的反映。华语影片《郑成功》讲述了我国近代著名民族英雄郑成功不畏强暴抗击外来侵略的感人故事。该影片详细描述了郑成功率领中国军队与侵入我国台湾的荷兰军队殊死作战,不屈不挠,并最终以弱胜强并收复台湾。华语影片《郑成功》如果英译为"Zheng Chengong"将不符合西方人的客体性思维,同时由于郑成功在中国家喻户晓而对于西方人则是陌生的,因此如此翻译也不利于传递影片的内容和信息,不利于引起外国人的兴趣。考虑到西方人的客体性思维,译者将华语影片《郑成功》译为"Sino Dutch War 1661"即"1661年中荷战争"。1661年中国与荷兰海上的战争是个客观事件,以这个著名的客观事件作为电影片名不仅符合西方人的客体性思维,而且片名直观地反映了影片的主体,起到激起西方观众观看兴趣的导视作用。②

第三,分析思维和综合思维的转换。

正如前文所述,中国人偏重综合思维,着眼于体系和整体;而西方人偏重分析思维,着眼于要素和焦点。考虑到中西方这种思维方式的不同,在进行汉英电影片名互译时,译者要注意分析思维和综合思维的转换。如英文影片"Waterloo Bridge"讲述的是发生在滑铁卢桥上的悲剧性的爱情故事。这个故事讲述的是一位名叫玛丽的漂亮女演员与一位名叫罗伊的英俊军官在滑铁卢桥上邂逅并一见钟情,两人频频约会很快坠入爱河,并发誓一辈子相依为命、白头偕老。可是由于突发战争,罗伊得到命令必须停止休假提前归队,他们依依不舍,不得不分离。在出发前罗伊找到玛丽要求马上与她结婚,但阴差阳错没有结成婚。两人分离后,玛丽度日如年。她无意中在报纸上看到阵亡的军人名单

---

① 吴立莉. 从英汉思维差异看电影片名翻译 [J]. 安徽警官职业学院学报, 2007 (3).
② 董久玲. 从东西方思维方式差异探讨英汉电影名的互译——基于交际翻译理论视角 [J]. 厦门广播电视大学学报, 2016 (3).

中有罗伊的名字感到悲痛欲绝,她精神崩溃,无法工作,最后穷困潦倒,为了谋生而沦为妓女。多年以后的一天,玛丽在滑铁卢桥上招揽生意时竟然又遇见了罗伊,玛丽感到非常惊讶。罗伊告诉玛丽,他在一次战斗中成为俘虏,九死一生才得以逃脱回到家乡,当时战友们都以为他在与德国军队那次激烈的战斗中牺牲了。当罗伊问到玛丽离别后的生活时,玛丽愧疚不已,无言以对。罗伊以为玛丽另有所爱,就没有继续追问。玛丽深爱着罗伊,但觉得又无法再面对罗伊,他在痛苦的煎熬中不能自拔,在一群人惊叫之中从滑铁卢桥上跳下结束了自己的生命。影片"Waterloo Bridge"的片名与西方人着眼于要素和焦点的分析思维相契合,但如果直译为"滑铁卢桥"与中国人着眼于体系和整体的综合思维相悖,无法激起中国观众一睹为快的欲望,无法实现片名的广告和导视的功能。考虑到中国人的综合思维,为了体现和反映影片的整个故事情节,译者将影片"Waterloo Bridge"译为"魂断蓝桥",成为英文影片成功翻译的经典案例。[1]

第四,顺向思维和反向思维的转换。

正如前文所述,中国人偏重顺向思维,习惯于按照事物发展的常规路径和逻辑顺序思考问题和寻找解决方案;而西方人偏重反向思维,习惯于按照事物发展路径相反的方向思考问题和寻找解决方案。考虑到中西方这种思维方式的不同,在进行汉英电影片名互译时,译者要注意顺向思维和反向思维的转换。如按照事物发展的逻辑顺序,民航旅客必须先"等候",然后"出发"飞往目的地。因此英文影片"The Departure Lounge"应当译为"候机厅",而不能直译为"出发厅"。著名的华语影片《南征北战》应当译为"Fight North and South",而不能译为"Fight South and North"。[2]

3.2.4 小结

在当今世界,跨文化交流已经成为一个巨大的潮流。电影的传播越来越方便。为了在第一时间打动异国观众,电影片名的译制工作尤为重要。译者应清楚地认识到东西方思维方式的差异及其在语言上的不同表现形式,在进行英汉电影名翻译时,要透彻地理解原电影片名,进而以目的语观众的思维方式为导向进行转换,使译名符合目的语观众的表达习惯和思维方式,从而使电影译名地道、优美,与影片内容联系紧密,也能够让观众得到艺术的熏陶、美的享受

---

[1] 吴立莉. 从英汉思维差异看电影片名翻译[J]. 安徽警官职业学院学报, 2007 (3).

[2] 董久玲. 从东西方思维方式差异探讨英汉电影名的互译——基于交际翻译理论视角[J]. 厦门广播电视大学学报, 2016 (3).

和高尚情操的陶冶。

英汉电影片名互译的过程不仅是英语与汉语之间的语言转换，而且也是英语与汉语所体现的西方与东方不同的思维方式的转换过程。因此，在英汉电影片名互译过程中，译者应充分了解不同民族所具有的相近或相异的思维方式，从而有效地减少甚至消除在跨文化交际过程中可能产生的障碍。

思维是人脑的一种功能，是人脑对客观世界的反映。思维看不见、听不到、摸不着，它以某种方式体现出来，在人类社会中语言便成了思维的重要载体。语言和思维之间存在着相辅相成的辩证关系。思维是语言的内核，而语言是思维的外壳。思维的存在凭借语言，而语言则是思维的工具。思维方式因人而异，而来自不同文化背景的人与人之间的差别就更大。中国人偏重形象思维，英美人偏重抽象思维；中国人偏重综合思维，英美人偏重分析思维。电影片名的翻译不仅仅是语言的转换，更是思维方式的转换。因此思维方式的不同对翻译的许多方面都有极大的影响。语言是思维的载体，一个民族的语言与该民族的思维方式有密切的联系。中西方民族受不同的地理、历史及文化的影响，传统的思维方式及语言表达也存在着很大的差异，这就给电影片名的翻译带来了很大的困难。为了使电影片名的译文达到准确、地道并实现导视和广告的效果，必须深入研究中西方思维模式的差异及对语言及翻译的影响，才能在汉英电影片名互译时有意识地进行中西方思维模式的转换。汉民族思维方式偏重于形象思维、综合思维、本体思维、顺向思维，而西方民族思维方式偏重于抽象思维、分析思维、客体思维、反向思维。汉英电影片名互译时，译者应当在充分理解原电影片名的含义及其体现的思维方式的基础上，不为原文所束缚，要有意识地进行相对应的思维方式的转换，顺应目的语观众的思维方式进行恰当而生动的翻译，从而使译文对目的语读者所产生的效果与原文对原语读者所产生的效果相同，以便使电影译名发挥电影片名的导视功能，激起目标语观众的观看兴趣。

3.3　以归化与异化为视角论电影片名的翻译

3.3.1　引言

近年来，由于国内外诸多专家学者都致力于电影片名翻译的研究，相继提出了一些相当权威的翻译策略，使电影片名的翻译技巧进一步完善。如深受中西方观众喜爱的电影"Waterloo Bridge"，中文译名为《魂断蓝桥》，如此哀婉富有诗意，符合东方人的审美要求和文化意蕴，四字句简凝有力，达到了严复提出的"信、达、雅"的翻译境界，同时传承了中国古典文化，独具凄婉之美。如果直译为"滑铁卢桥"，则会给观众带来歧义，既实现不了它的文化价值也实现不了它的商业价值。

再有中国影片《金陵十三钗》译为"The Flower of War"这个片名比较符合影片内容。"钗"寓意女人，花亦是，从片名就可以看出电影的主题。但如果直译为"The 13 Women of Nan Jing"则凸显不出电影主旨和风格，另外受众群的可接受性完全实现不了，因为在西方文化中 13 是一个非常不吉利的数字，这是他们的忌讳，因此译者很明智地避开了这样一个译名，上述列举的两个中西方电影译名都是极其成功的。

一部优秀而寓意深刻的电影是值得人们品味的，陶冶观众的情操，是一次难得的心灵之旅，给予人启迪，触动人心灵。随着电影国际化，优秀影片不仅仅会让本国人民感动不已，亦会让他国人民感同身受，因此，在某种程度上，电影无国界。然而，人具有主观意识，会凭借第一印象判断人或事。诚如有学者说道："电影片名是影片的灵魂，浓缩了主题，起到画龙点睛的作用，而且也是片商宣传影片的广告标语和观众了解影片的窗口。对于进入外国市场的影片来说，以上作用则是通过片名的翻译来完成的。"① 电影片名是观众接触电影的直接渠道，对影片票房及口碑举足轻重。纵观电影片名翻译历史，不难发现，电影片名恰当与否，合适与否，得体与否，都需要译者精心翻译，仔细推敲，绝非易事。

"随着社会文化交流的深入，电影的国际交流也变得丰富多样。然而，无论是引进还是输出的影片，片名在翻译的过程中，都会产生异域文化和本土文化之间的碰撞。一方面，电影片名翻译要保持原片的文化意义、主题特色和信息内容；另一方面，还要符合目的语文化特征，能够吸引观众，符合观众的接受能力、审美情趣和欣赏水平"② 归化与异化作为处理语言特别是文化差异的两种翻译策略，对提高电影片名翻译的质量，展示电影的艺术魅力，实现电影片名的广告和导视功能具有重要价值。

3.3.2 归化与异化翻译法

"归化（domesticating）和异化（foreinizing）是韦努蒂 1995 年在《译者隐

---

① 刘大燕. 论电影片名的归化翻译及限度 [J]. 电影文学，2010 (17).
② 高瑛，唐丽霞. 跨文化视阈下电影片名翻译的归化与异化 [J]. 电影文学，2014 (16)：150.

形史》一书中首次使用的术语，其理论在 21 世纪之交才引入中国"①。所谓归化（domesticating method/adaptation）翻译，采用 Venuti 的定义，就是"采取民族中心主义态度，使外语文本符合译入语言的文化价值观，把原作者带进译入语言文化"②的一种翻译策略。归化是把源语本土化，我国也称为汉化（sinicization）。归化的特点就是使译文读来比较地道生动。例如，"Love me, love my dog"不能翻译为"爱屋及狗"③，而应该归化或汉化翻译为"爱屋及乌"；"Talk of the devil and he will appear"不能翻译为"说魔鬼，魔鬼就到"，而应该归化或汉化翻译为"说曹操，曹操就到"等。

异化（foreignizing method/alienation）策略，则是采用"接受外语文本的语言及文化差异，把读者带入外国情境"④。异化式翻译，全然不顾译语文化中早已存在的现成的表达方式，追求新颖的具有陌生感的乃至"反流畅"的语言表达方式。它主张译文以源语或原文作者为归宿，在风格和其他方面突出原文之"异"，抵御目的语文化占指导地位的趋势，保存原文的"洋"气，尽量传达原文的异域文化特色、异语语言形式及作者的异常写作手法，要求译文读者接受异族文化的特异之处，领略异族风情，同时丰富译入语的语言形式及表达法⑤。

具体到电影片名的翻译，归化式翻译是指用流畅的语言表达和"传统的情调"取悦译语观众，其典型特征就是指译文以目的语或译文读者为归宿，采用他们所习惯的目的语表达方式，来传达原文的内容，使外民族事务本族化。归化翻译在中国大量采用汉语现成的表达方式。

因此，所谓归化翻译是指译者在翻译时充分考虑译入语民族的民族特性、思维方式、文化传统、语言特色以及习惯表达方式，并以此为原则来传输源语的信息和内容。归化翻译的目的是为了让译文读者阅读译文更加便利，更容易理解译文的含义。归化，使句法和表达并不完全拘泥于对原作的绝对"忠实"，而是要使其在目的语的语境中自如展开：既要带有一定的韵律，又不能沉闷乏味，以满足大众的认知需求。译名在经归化处理之后，被剔除了"不和谐"的异国元素，变得清晰易懂、一目了然。在电影片名翻译中，归化翻译可以在时间与空间的纵横交错中产生亲和效果。归化不仅能共时地"唤起译者与观者的

---

① 贺显斌．韦努蒂翻译理论在中国的误读 [J]．外语教学，2008 (3)．
② 王东风．归化与异化：矛与盾的交锋 [J]．中国翻译，2002 (5)．
③ 英语中带"狗"的词多为褒义，如：lucky dog（幸运儿），gay dog（快乐的人），bull dog（硬汉），run-ning dog（乖顺的家犬）等。而狗在中国人眼里却有"仗势欺人""为虎作伥"之嫌。故汉语中用狗比喻人多带贬义，如："狗仗人势""走狗""狗腿子"等。
④ 王东风．归化与异化：矛与盾的交锋 [J]．中国翻译，2002 (5)．
⑤ 文红．从归化趋向异化——电影片名翻译刍议 [J]．湖南科技学院学报，2007 (2)．

民族同一感",还形成一种"持续共鸣的心情"。归化,之所以具有这样的特性,是因为它能在不同的经验世界中构建相对平衡的关系,因此它逾越了语言和文化在时间与空间上的多维纷争和沟壑,从而将各种经验综合为一种同一性的感觉形式。归化策略,其积极的作用在于化异为同的亲和功能,在译者—观者之间制造一种"自己人"的思维镜像。通过归化,有意识地增加一种"物以类聚,人以群分"的"族群"效应,加强译名对观者的说服力和召唤效果。

所谓异化翻译是指译者在翻译时充分尊重源语作者的民族特性、思维方式、文化传统、语言特色以及习惯表达方式,并以此为原则来传输源语的信息和内容。异化翻译的目的是为了"原汁原味"地保存源语的语言风格和文化特色,以便让译文读者了解外国文化,感受异国情调,有利于促进不同民族间的文化交流与共享以及相互理解和借鉴。

归化与异化和我们通常提到的直译和意译有联系,但也有区别。它们的联系表现在归化是在意译基础上的延伸;而异化是在直译基础上的延伸。它们的区别表现在直译和意译重点关注的是语言的形式和内容①,但可以不涉及语言背后的民族特性、思维方式、文化传统等因素。而归化与异化不仅涉及语言层面,即不同民族的语言特色以及习惯表达方式,还必须涉及语言背后的民族特性、思维方式、文化传统等因素。

"异化指在翻译过程中尽可能保留源文的文化特色和异国情怀;归化指在翻译过程中采用受众群国家的文化特点和文化要素进行翻译,以便读者更好地理解其内容"②。归化翻译与异化翻译各有利弊,"归化翻译容易让观众产生文化共鸣,但是不能较好地表达源语文化风格。异化能很好地保留原文的内涵,使译文更具有异国情调,但会造成观众的理解困难"③。

异化、归化这对翻译策略自其提出以来,学界就从未停止过"异化与归化之争",也一度形成了以奈达为代表的"归化派"和以韦努蒂为代表的"异化派"。韦努蒂曾一直极力主张异化翻译,反对归化翻译。但由于这对翻译策略的"文化取向"使其在大量的翻译研究和实践中突破了单纯的语言表达层次而上升到了文化层面,使人们更加关注语言转换背后所发生的文化交流与冲突。

在近代以来,我国以归化翻译为主流。直到 20 世纪 90 年代,随着美籍意大利学者 Lawrence Venuti 在其专著 Translator's Invisibility: A History of

---

① 即译文与原文的语言形式或结构和内容或意义都一致为直译;而译文与原文的内容或意义一致而语言形式或结构不一致为意译。

② 何蓉. 从翻译美学视角下探析电影片名翻译的归化与异化策略 [J]. 牡丹江大学学报,2016 (3).

③ 张翼飞. 归化和异化多维选择在英文电影片名翻译中的应用 [J]. 电影文学,2011 (14).

Translation 中认为：异化翻译之"异"表现为翻译的"语言之异"和"文化之异"。因为异化并不像归化来得直接和透明，它更倾向于在译作中融入异质性话语。Venuti 把异化界定为："偏离本土主流价值观，保留原文的语言和文化的差异。"① 此种观点一起，国内翻译界应者如云。"异化"终于"扬眉吐气"，大有与"归化""分庭抗礼"甚至是"一决雌雄"之势。而此时的"归化"却不温不火，有点黯然失色。对译者而言，无论是顺应异化之气势，还是再振归化之雄风，都在两者中难以取舍。②

在对电影片名的翻译过程中，如何处理不同文化、不同语言之间存在的巨大差异，既要体现出艺术价值，又能实现其商业价值，成为电影片名翻译研究的重点。归化和异化作为处理文化差异的两种翻译策略，对指导电影片名翻译，展示电影艺术魅力，吸引观众欣赏电影具有非常重要的意义。

在实际应用中，异化翻译以语言文化的渗透和开发作为其理论依据，有利于不同文化之间的交流，有利于借鉴和开发新颖的词语或赋予原词语新的文化蕴意；而归化翻译则以语言文化的差异性为其理论依据，强调在语言的转换过程中，很难和源语言保持一致，如果僵化地机械地保持一致可能会产生文化的错位和意义上的谬误。这两种策略的采用是由各民族不同的文化背景及社会习俗所决定的，不同的文化背景及语言特点要求译者根据具体翻译案例采用恰当的翻译方式。③

归化策略和异化策略的选择取决于中国观众的文化心理、审美需求和期待。归化对译名提出的要求主要是降低中国观众阅读、理解上的难度，让观众在不经意间完成对另外一种文化的理解。比如说，电影 Cleopatra，音译为克里奥帕特拉，是古埃及托勒密王朝的末代女王的名字。但是中国观众对此可能缺乏必要的文化了解，单凭这个名字不能够引起观众足够的兴趣。相比之下，经过归化处理翻译为《埃及艳后》则更简单明了、更具吸引力和刺激感。而异化则是基于语言文化的开放性和渗透力上的。它要求译名使用英语所特有的使用习惯来向中国观众展现一种异国风情，让其自行领悟理解。异化的译文可能逐渐渗

---

① Venuti, Lawrence. The Translator's Invisibility：A History of Translation ［M］. London and NewYork：Routledge，1995：15.
② 陈映丹，陈萍. 互补共生，相得益彰——浅议电影片名翻译中的归化与异化 ［J］. 重庆广播电视大学学报，2016 (6).
③ 何蓉. 从翻译美学视角下探析电影片名翻译的归化与异化策略 ［J］. 牡丹江大学学报，2016 (3).

透到译入语中，并实现译入语自身的变革。①

3.3.3　归化法在电影片名翻译中的运用

由于中西文化的差异，使用异化的片名翻译策略翻译出来的片名常常会出现让中国观众费解或者误解的情况②。首先，某些英文片名实际含义超越字面的意思。如系列电影《Die Hard》，若采用异化策略，应该译为《根深蒂固》或者《顽固到底》，这两个词汇在中文中都是贬义词，和电影的主题相反，不能反映出约翰·麦克莱恩大智大勇，屡屡深陷险境，历经千辛万苦将罪犯绳之以法的英勇形象。相反译者采用归化策略将其译为《虎胆龙威》，与电影主题十分契合。③

为了避免两种语言和文化在翻译过程中的差别，使观众在已有的知识修养和文化背景的基础上更好地了解影片的主题内容，根据剧情的需要，译者会对片名进行适当的改写，这种做法是通过归化翻译来完成的。

美国电影《Lolita》，讲述了一个中年男性与未成年女子洛丽塔之间的恋情。在大学里通过教授法文谋生的亨勃特人过中年，自从年幼时的第一次同他恋爱的女孩死亡以后，心里总藏着一个温柔而淫亵的噩梦。那些十几岁的年轻女子们对他有着不可抗拒的魔法般吸引力。如果把片名按小说名译成《洛丽塔》，人们无法从片名直接看出这是一部关于老少恋的影片。译者根据我国宋代诗人苏轼的一句诗作，把它译成《一树梨花压海棠》。这句诗是苏轼曾写给一位老来纳妾的朋友，"十八新娘八十郎，苍苍白发对红妆，鸳鸯被里成双夜，一树梨花压海棠"。梨花是白发，海棠是红颜。虽然在名称上与原名有一定的偏离，但有一定文化背景的中国观众一眼便能领会这部影片意义。④

还例如美国电影《Notorious》，该影片讲述的是，"二战"刚刚结束，莉亚作为战犯的女儿被美国联邦调查局相中，利用她对父亲罪恶的负疚和其父在纳粹阵营内的关系网络，深入调查纳粹首脑契巴斯，获得情报将其定罪。联邦调查员迪奥在与莉亚合作的过程中，深深爱上了这个迷人的姑娘。然而两人的感情还是要服从国家利益，因此他将私情搁置一边，忍痛让莉亚成为契巴斯身边

---

① 陈映丹，陈萍. 互补共生，相得益彰——浅议电影片名翻译中的归化与异化[J]. 重庆广播电视大学学报，2016（6）.
② 吴爽. 从电影片名看翻译中的归化和异化[J]. 北京第二外国语学院学报，2005（4）.
③ 何蓉. 从翻译美学视角下探析电影片名翻译的归化与异化策略[J]. 牡丹江大学学报，2016（3）.
④ 陈映丹，陈萍. 互补共生，相得益彰——浅议电影片名翻译中的归化与异化[J]. 重庆广播电视大学学报，2016（6）.

的女人。莉亚在深深失望的同时，也在契巴斯的生活中充当了间谍的角色，而处于危机四伏的环境当中。等到莉亚终于发现了契巴斯的关键情报时，不料却被契巴斯发现了自己的真实身份。然而，契巴斯也有自己的顾虑，为了置莉亚于死地，契巴斯设计了一个不动声色的计谋。这时莉亚境况堪忧，间谍计划悬念重重。Notorious，原意是臭名昭著，声名狼藉。根据剧情，译者把它译为《美人计》。美人计，出自《六韬·文伐》："养其乱臣以迷之，进美女淫声以惑之。"意思是，对于用军事行动难以征服的敌人，要先从意志上打败他，用美人来迷惑他，使其内部丧失战斗力，然后再行攻取。虽然经过归化翻译的译名与原名有一定的偏离，但观众一眼便能领会影片的主旨和风格，实现了影片片名的广告的功能。①

  以译入语为中心的归化翻译追求译文符合译入语文化意蕴和语言规范，较好地满足译入语读者的阅读需求，易于使读者在付出最小努力的情况下便可达到最佳语境效果和对译文最准确的理解。20 世纪 50 年代，有一次周恩来总理陪外宾看《梁山伯与祝英台》② 的演出。翻译向外宾介绍剧情时，说了半天客人仍然似懂非懂。周总理见状哈哈一笑，告诉外宾这出戏就是"中国的罗密欧与朱丽叶"。简单的一句话，大家便心领神会了。周总理的这一归化杰作流传至今，成为我国外交译事中的一桩美谈。③

  在跨文化交际中，不同民族的文化差异促使译者大量使用归化翻译。因此两种语言、文化之间的差异注定了影片译名与原名之间的偏差，因为不同的文化背景会导致部分语义的改变和丧失。翻译是一种跨文化的交际，翻译的目的是促进交流，而交流的基础是翻译成果的被认可与否。字面直译片名若出现译语观众对语言或文化的不理解，译者则需根据目的语文化和语言特色进行改译，即所谓归化翻译。

  电影片名的归化翻译旨在以最贴近本国语言的形式展现原文，即意味着译者不遗余力地将他国电影片名以最容易让本国观众明白的形式再现出来④。亦正如前文所述，归化翻译是在意译基础上的延伸，译者不仅考虑译入语的语言

---

 ① 吴爽. 从电影片名看翻译中的归化和异化 [J]. 北京第二外国语学院学报，2005 (4).
 ② 中国公众耳熟能详的爱情故事《梁山伯与祝英台》在翻译过程中假如依据英汉名字的互译将其翻译为《Liang Shanbo and Zhu Yingtai》，则不能带给人新奇的感觉。而在英国人们都非常熟悉《罗密欧与朱丽叶》的爱情故事。二者之间有着相近相通之处，都生动阐述了感人肺腑的坚贞爱情。因此在翻译《梁山伯与祝英台》时可以翻译为《China's Romeo and Juliet》，可以生动再现我国古代人民勇敢追求爱情的思想感情，可以迅速吸引英国公众的注意力。
 ③ 陈映丹，陈萍. 互补共生，相得益彰——浅议电影片名翻译中的归化与异化 [J]. 重庆广播电视大学学报，2016 (6).
 ④ 张蓓. 英文电影片名翻译中的归化和异化 [J]. 电影文学，2011 (2).

特色和习惯表达方式，而且还要考虑译入语的民族特性、思维方式、文化传统等因素。东西方由于地理环境、生活方式、文化传统不同，形成了东西方民族不同的思维方式。例如，东方人更偏重于形象思维，反映在语言上就是"象形"文字；而西方人偏重于抽象思维，反映在语言上就是单词的"音符"形式。东方人更偏重于本体思维，强调主体情感，反映在语言上就是经常用人和动物作主语；而西方人偏重于客体思维，强调客体和客观冷静地看待和分析事物，反映在语言上就是经常使用客观的事物作主语。如"她生病了，面容憔悴"，翻译成英语时，运用归化法可翻译为"Her illness made her face haggard"。相反，英文"Her illness made her face haggard"运用归化法翻译成汉语时，应该翻译为"她生病了，面容憔悴"。

同理，对于运用归化法翻译电影片名时也要注意不同民族的语言风格和思维方式的不同。例如，美国电影《The Silence of the Lambs》应该翻译为《沉默的羔羊》，而不应该译为《羔羊的沉默》。还例如，美国电影《Speed》讲述的是美国退休警察运用快速的反应一次一次地逃脱死神的惊险经历。如果将电影《Speed》的片名直译为"速度"就不符合中国的思维方式和语言表达习惯。speed（速度）是个抽象名词，也是反映一个客观事物或因素，符合西方人偏重抽象思维和客体思维的民族特性和思维方式，而运用归化翻译，译者将其翻译为"生死时速"。电影译名"生死时速"符合中国人偏重形象思维和本体思维的民族特性、思维方式以及语言特色和习惯表达方式，使中国观众产生了一睹为快的观看兴趣和欲望，充分发挥了电影片名的导视和广告效应。[1]

还例如，电影《Bathing Beauty》是美国著名电影公司制作的深受人们喜爱的歌舞喜剧电影，讲述的是一位艺术家与游泳教练一见钟情，而后又一波三折的爱情故事。如果将电影《Bathing Beauty》的片名直译为"沐浴之美"就不符合中国人的思维方式和语言表达习惯。Bathing Beauty（沐浴之美）是抽象词语，也是简单、直接、客观地反映事物的状态，符合西方人偏重抽象思维和客体思维的民族特性、思维方式以及语言表达方式，而运用归化翻译，译者将其翻译为"出水芙蓉"。在汉语中，芙蓉指的是荷花，特别是指含苞待放的荷花。在中国提到荷花，自然就联想到"荷花出淤泥而不染"一幅美丽的图景，令人神往，让人流连忘返。出水芙蓉也是一个汉语成语，形容天生丽质、清新美丽、花容月貌的年轻女子。中国古代诗人将刚出浴的美女形象地比喻为出水芙蓉，唐代著名诗人李白"清水出芙蓉"的诗句展现了一种超凡脱俗、自然清新、质朴无瑕的美，让人浮想联翩。因此电影译名"出水芙蓉"符合中国人偏重形象

---

[1] 吴爽. 从电影片名看翻译中的归化和异化 [J]. 北京第二外国语学院学报, 2005 (4).

思维和本体思维的民族特性、思维方式以及汉语的语言特色和习惯表达方式，同时也符合中国观众的审美情趣和文化意蕴。电影译名"出水芙蓉"吸引了中国观众的眼球，让观众产生了先睹为快的冲动。①

还例如，美国影片《It Happens One Night》归化译为《一夜风流》。该影片改编自美国杂志上的一篇爱情故事，是一部传统的好莱坞爱情喜剧，全片情节曲折，引人入胜，对话幽默而富于哲理，人物性格生动，叙述手法极具戏剧化。这部爱情喜剧发生在一个逃出家门的富家女和一个报纸记者之间。富家女 Ellie（艾丽）美丽高雅有着大家闺秀的风度，但也像所有富家小姐那样，娇生惯养，倔强任性。她背着父亲跟情人飞行员 King Westley 订婚，遭到父亲反对。在举行婚礼时，被父亲派人挟持到一艘豪华游艇上。Ellie 又急又恨，趁人不备，泅水逃走。她坐了小船逃上码头，又搭乘公共汽车直奔纽约，去找新郎 King Westley。在路途中被人偷走了钱和衣服。在长途汽车上，她遇到刚丢了工作的记者 Peter。Peter 见 Ellie 衣冠不整，神色仓皇，猜想一定有什么秘事，便巧言盘问，Ellie 将自己的遭遇和盘托出。Peter 深表同情，陪同她一起去纽约。艾丽的父亲聘请私家侦探追查女儿行踪，并在报纸上刊登悬赏广告，Peter 因而发现 Ellie 的身份。为了掌握住这条独家新闻，Peter 沿途对 Ellie 多方照顾。Ellie 为了搭便车愿意卖弄性感，而 Peter 跟她同房却要用毯子隔开，两人在相处中产生了恋情。经过一番折腾，Ellie 终于回到家里。父亲看出女儿 Ellie 回家后闷闷不乐，于是关切地询问，女儿就把与记者 Peter 的恋爱经过讲给父亲听，父亲这时才想起有个青年记者要求见他，开始以为来要赏金一万元，哪知他只要和 Ellis 途中用去的 39 元 6 角钱，他就是记者 Peter。Ellie 的父亲非常感动，觉得 Peter 是一个正直、诚实的青年，不再反对他们的爱情。译者将影片《It Happens One Night》归化译为《一夜风流》，充分考虑了汉语的语言特色和文化蕴意，给中国观众留有想象的空间，让人浮想联翩，无形中对影片内容产生好奇，希望一探究竟。该电影片名的归化翻译，实现了电影片名的导视和广告功能。②

我国著名导演张艺谋主导的影片《金陵十三钗》是一部票房非常高的战争题材的影片，讲述的是在日本侵华战争南京大屠杀期间，一位为救人而冒充神父的美国传教士、为逃避战火躲在教堂和安全区的一群女生、13 位青楼女子以及中国军人和伤兵等素不相识的人之间发生的感人故事。其中一个情节是一群

---

① 张蓓. 英文电影片名翻译中的归化和异化 [J]. 电影文学, 2011 (2).
② 陈映丹, 陈萍. 互补共生, 相得益彰——浅议电影片名翻译中的归化与异化 [J]. 重庆广播电视大学学报, 2016 (6).

女生不甘被日本兵侮辱相约自杀被妓女们救下，她们（他们）在危难之际互相帮助，将生的希望留给他人，将死的威胁留给自己。该影片表达一个救赎的主题，反映了崇高的无私无畏和人道主义的精神。译者运用归化翻译，将《金陵十三钗》的电影片名翻译为《The Flowers Of War》，将汉民族的本体思维转换为西方的客体思维，将形象思维转换为抽象思维。在汉语语境中，"金陵"指南京，"钗"指女人，电影片名《金陵十三钗》符合中国的形象思维和本体思维，也符合汉民族的文化意蕴。如果将电影《金陵十三钗》的片名直译为"The 13 Women in Nanjing"（南京的13个女人）将不符合西方人的抽象思维和客体思维的思维方式和语言表达习惯，同时也不符合西方的文化传统，因为在西方"13"是一个不吉利的数字。正如前文所述，东方人偏重于本体思维，反映在语言上就是经常用人和动物作主语，强调突出主体的语言表达习惯；而西方人偏重于客体思维，强调自然客体和客观事物，反映在语言上就是经常使用自然客体和客观事物作主语，强调突出自然客体和客观事物的语言表达习惯。译者将电影《金陵十三钗》的片名译为《The Flowers Of War》，"钗"寓意女人，"花"亦是，战争中的"花"注定是要被摧残的，这不仅符合西方人的客体思维特性和语言表达方式，而且直观地反映了影片的主题，反映了日本军人在南京大屠杀的残暴行径，可以说该电影在英美等西方国家获得相对较高的票房，其中片名的成功翻译功不可没。[①]

归化翻译强调的是，翻译并不意味着从一种语言的表层结构转换成另一种语言的表层结构，而是应该经过一个分析、转换和重新组合的过程，达到概念的等值。将归化应用到电影片名的翻译中，就是要满足译入语观众的需要，符合译入语观众的审美需求。采用归化法进行翻译，要最大限度地保存原片名的信息。翻译时可借鉴一些汉语习语典故和大众流行语等，尽可能地减小语言文化障碍对观众理解影片内容的影响，使目的语观众真正领会原片名的内蕴，理解其信息价值、文化价值和审美价值。在翻译过程中，译者经常运用增词、减词、转类、扩展等方法进行翻译，从而起到深入传达原片内容、增强片名感染力的作用，以致很多经典电影的译名都运用了归化的手法。[②]

电影作为大众娱乐的表现形式承载了文化信息和雅俗共赏的艺术特质。从某种意义上讲，它是兼有文化、信息、美学和商业价值于一身的商品而被广泛流传。电影片名，作为大众对影片的第一印象，其言简意赅、简洁凝练、逼真传神、富有新意的特点为电影夺人眼球、获取高额票房，起到如虎添翼的效果。

[①] 吴爽. 从电影片名看翻译中的归化和异化 [J]. 北京第二外国语学院学报，2005 (4).
[②] 张蓉. 英文电影片名翻译中的归化和异化 [J]. 电影文学，2011 (2).

在片名的翻译中，如果恰如其分地运用归化翻译，更能符合译入语民众的文化立场和审美需求。因为汉语的特点是具有抑扬顿挫的韵律美和"话到嘴边留半句"的含蓄美。中国大众的传统美学观念侧重的是对客体的评判，以及主体对客体的神秘心理体验。主体与客体之间除了"情"与"理"的关系之外，还体现出"神"与"形"的多维关系。"形"和"神"是中国传统美学的一对范畴，"形"是一种手段，"神"才是最终目的。在赏析电影片名时，人们往往会因为追求"神韵"的目标，用"神似""意境"是否传达出期待的效果来评判译名的"优"与"劣"。因此，为适应主流大众的审美意趣，译者往往采用归化译法，力图通过有限的笔墨将电影中某种意境下的言外之意传达出来，从而创设译者与观者之间"心有灵犀一点通"的文化契合①。而异化的翻译，显然在某种场合，与汉文化的风格背道而驰，无法与本土文化共"生"。因此，考虑到以中国传统文化理念为主流的大众，英文电影片名的归化翻译，定能达到夺人眼球的商业效果。

以美国电影《Waterloo Bridge》②为例，该片名原意为《滑铁卢桥》，是米高梅电影公司出品的爱情电影，由梅尔文·勒罗伊执导，费雯·丽、罗伯特·泰勒等主演。该片讲述了陆军上尉克罗宁在休假中邂逅了芭蕾舞女郎玛拉，两人坠入爱河并互定终身，然而罗宁的征召令提前到来，使得这对恋人的爱情面临考验。众所周知，1817年英国在泰晤士河上建造了滑铁卢桥，以此来纪念威灵顿公爵指挥英国军队打败拿破仑而取得的滑铁卢战役的胜利。如果依据英文直译成《滑铁卢桥》，乍一看，观众定会认为这是部与拿破仑打仗有关的战争片或介绍与该桥历史有关的纪录片。但看过此片的观众都知道这是一部感人至深的爱情片。《Waterloo Bridge》（《魂断蓝桥》）1940年5月17日在美国上映。在中国，这部译制片却成为影迷心目中至尊无上的爱情经典，久映不衰。《魂断蓝桥》被誉为电影史上三大不朽的凄美爱情影片之一，是一部荡气回肠的经典爱情影片。作为一部风靡全球的好莱坞爱情故事片，它之所以让人屏息凝神，不只是因为硝烟中的爱情使人沉醉，美丽中的缺憾使人扼腕，更重要的是生命中永恒的爱的追求使人心驰神往。影片的内容传奇，文艺气息浓厚，具有极高的催泪效果。影片从始至终紧扣爱情主题，并通过男女主人公的相遇、相爱、相分、相聚和永别，把炽烈的爱情、恼人的离情、难以启齿的隐情和无限惋惜的伤情共冶一炉。因为战争原因而堕入红尘的玛拉经过费雯丽的演绎，其善良、

---

① 何蓉. 从翻译美学视角下探析电影片名翻译的归化与异化策略[J]. 牡丹江大学学报，2016（3）.

② 译为《魂断蓝桥》。

美丽、柔弱、无辜表露无遗。她在滑铁卢桥上平静地走向死亡时面容上所闪现出的凄美让观众为之心痛。《魂断蓝桥》是西方电影在东方获得成功的典范。影片以其缠绵悱恻的悲剧情节、演员们细腻的表演、感人至深的情感效应，打动着感情细腻的东方人。《魂断蓝桥》在中国上映后感动了很多的电影观众，以至于引起国外学者的惊叹与好奇，称之为特有的"中国现象"。外国电影在中国获得如此的轰动效应，电影片名的成功翻译"功不可没"。①

译者将《Waterloo Bridge》归化翻译为《魂断蓝桥》与中国文化相契合。在中国几千年的文化史中，有着许多与之相仿的神话传说，比如牛郎织女的"鹊桥相会"，陕西省蓝田县一年一度的"蓝桥相会"等。而"蓝桥相会"的传说与《Waterloo Bridge》故事情节有着许多异曲同工之处。所以译者把原名《滑铁卢桥》译成了《魂断蓝桥》，这样不仅避开了中国观众由于地域文化差异、历史背景知识缺乏而引起的误解；而且"蓝桥"这一隐含中国文化的意象能使观众一看到片名即刻领悟到这是一部关于爱情的电影。如此归化翻译策略的成功运用，使得"异域性"最小化，契合了中国文化，达到使中国的电影观众心领神会，吸引观众并提高票房的广告效果，仔细研究这部影片片名的翻译不能不令人拍手称奇，堪称电影片名翻译的经典之作。

再以《Dead Poets Society》② 为例，影片译为《春风化雨》，展示了一位教育理念超前的老师打破陈规，引领学生思想自由驰骋的励志故事。该译名的妙处在于它寓意深刻，契合了中国文化，得影片之神髓。在中国文化背景下，"春风化雨"指像和暖的春风吹拂，似及时的雨水滋润大地一样，比喻良好的熏陶和教育。看到影片的片名，中国观众很容易联想到"随风潜入夜，润物细无声"的意境。借"春风化雨"隐喻教师的伟大，从而体会一位教师水滴石穿、春风化雨的人格魅力。这种标新立异又不失中国文化和语言特色的译名，宛若一件艺术珍品，唤起了人们文化的共鸣。③ 从某种意义上说，这种经过文化心理整合的译作，无疑是广义的"归化"，即化"西"为"中"用。这样的归化，体现了电影商业价值体系中的大胆求新，不求貌似，但求神合，以雅俗共赏的效果，获得艺术性与商业性的"双赢"。④

---

① 吴爽. 从电影片名看翻译中的归化和异化 [J]. 北京第二外国语学院学报，2005 (4).
② 如果直译则为"死亡诗社"，则无法向中国观众传递影片主题等相关信息。
③ 龙千红. 英语电影片名佳译赏析——兼谈电影翻译对译者的要求 [J]. 西安外国语学院学报，2003 (9).
④ 陈映丹，陈萍. 互补共生，相得益彰——浅议电影片名翻译中的归化与异化 [J]. 重庆广播电视大学学报，2016 (6).

3.3.4 异化法在电影片名翻译中的运用

在电影片名翻译中是要体现文化认同,还是呈现异国情调,是译者需要思考的问题。随着国际文化交流的发展,以源语文化为归宿的翻译原则正逐渐被广泛使用。因为异化翻译,不仅让观众体会了异域文化特征,还传达了真实的文化信息。从这种趋势看,电影片名的异化翻译将会受到更广泛地接受。①

正如前文所述,归化翻译观认为,翻译是用自身文化中已有的概念来传达异域文化。这样的译文可读性强,没有翻译的痕迹。而异化翻译则认为归化法使得原文中特有的语言和文化特征被掩盖,源语文化没有凸显出来。现今,世界文化的交流变得开放而有渗透力,人们的接受能力也在不断提高。越来越多的人认为,电影片名的翻译应该在语言、文化上保存原文的差异性,才能显现它的异国韵味和文化魅力,激发电影观众的观看兴趣。②

异化的目的是要发展一种翻译理论和实践,突出源语文化的地位,使翻译起到文化交流的作用,让读者了解异国文化,从而丰富目的语文化,促进本土文化的发展。运用异化来翻译片名就必须使语言特征与文化信息等方面都与原片名基本对应,最大限度地保留原片名的思想内容和表达形式,不刻意回避因为文化差异而带来的疏离感,使二者达到完美的统一,还给观众一种原汁原味的异域风情,所以当源语与目的语在功能上达到重合时,异化翻译是最简单最行之有效的翻译方法,也是我国传统翻译界普遍认可的最佳译法。比如,在电影《The Silence of the Lambs》中"lambs"出自《圣经》,指上帝的臣民,在影片中是指那些受到伤害却沉默不语的任人宰割的弱小者。结合这种文化背景,片名翻译成了《沉默的羔羊》。中国观众看到片名会感到很新奇,有观赏的强烈愿望。③

异化翻译即按照源语的语言形式、习惯和文化传统进行翻译,其目的是为了最大限度地传播异域文化,为目的语读者提供一种前所未有的新奇体验,从而达到让他们充分了解异国文化、欣赏异国风情的目的。因此,异化后的电影片名也许会让中国观众一时难以理解,深感晦涩难懂,或者让观众对影片内容毫无概念,无法引起共鸣,但经过介绍和传播则很快变得家喻户晓。例如,曾经风靡一时,获得无数奥斯卡提名的一部灾难爱情大片《Titanic》,被异化翻译

---

① 吴爽. 从电影片名看翻译中的归化和异化 [J]. 北京第二外国语学院学报, 2005 (4).
② 何蓉. 从翻译美学视角下探析电影片名翻译的归化与异化策略 [J]. 牡丹江大学学报, 2016 (3).
③ 吴爽. 从电影片名看翻译中的归化和异化 [J]. 北京第二外国语学院学报, 2005 (4).

为《泰坦尼克号》，起初中国观众难免会对此影片无概念，无法猜出该影片的大致体裁与风格等，然而观众通过口口相传，或通过收集影片相关介绍来了解影片的历史背景和文化意蕴，很快就引起了中国电影爱好者的观看兴趣。也就是说，随着中国观众对该电影背景知识的了解，观看热情陡然提升。从某种程度上说，这种电影就像是蒙了一层面纱的美女，引人入胜，浮想连篇，可以说该影片片名的异化翻译对影片的宣传起到推波助澜的作用。[①]

电影片名，作为影片的载体，所涉及的不仅仅是一个表象的语言符号，其背后是两种截然不同的异质文化和话语体系[②]。异化翻译是尽可能地保留了源语的语言表达和异域文化，异化法有助于开阔观众的文化视野，促进不同文化的交流。"由于中外观众知识面和文化背景等方面存在着巨大的差异，电影翻译工作者应尽可能地帮助观众，去理解那些与一个民族的历史、地域文化、宗教习俗等密切相关的语言现象。同时，异化绝不是机械地死扣原文的字面，进行呆板的直译，而应深入了解电影意象中所承载的文化信息"。[③]

异化翻译既要当心原片名意义，又要在乎他国观众的接受程度，不能过于另类。成功的异化翻译将会引起更多潜在观众的注意，为电影宣传造势，又会传播独特的异域风情。异化反映在电影片名的翻译上，就是指译名保留了原文的语言、文化特色，由此而产生的陌生感和疏离感能够增强观众的文化差异意识，给观众以原汁原味的"洋腔洋调"的别样体验[④]。电影片名的异化翻译，保留了各民族的异域文化特点，展现了异质文化的多样性与多维性，满足了大众求新、猎奇的诉求，给观者以原汁原味异国风情的新奇体验。

电影片名的归化译法很好地诠释了中国文化唇齿留香的言外之意和以淡为美的含蓄之情。而异化译法的特色在于其特有的"他异性"。Venuti 认为，异质文化的他异性只有在与目的语中的主流文化相碰撞时，才能得以突显。电影片名的异化译法，正是展现了西方文化的原汁原味、原生原态的社会风貌和文化价值体系，体现了西方人奔放、直白、真实，以感情激越取胜的鲜明特色。例如对影片《Basic Instinct》异化翻译为《本能》一度颇有争议。影片《本能》由荷兰裔导演保罗·范霍文执导、奥斯卡影帝迈克尔·道格拉斯主演，通过对一起凶杀案的侦破过程的描述，将性与暴力归结于人类的本能。1992 年，维尔

[①] 龙千红. 英语电影片名佳译赏析——兼谈电影翻译对译者的要求 [J]. 西安外国语学院学报，2003（9）.

[②] 刘季春. 独立成篇：超越"忠实"的忠实 [J]. 上海翻译，2010（1）.

[③] 贾雯，巫姣艺. 电影《建国大业》文化意象翻译的归化和异化 [J]. 佳木斯教育学院学报，2010（04）.

[④] 李鑫. 归化与异化在英文电影片名翻译中的应用刍议 [J]. 安徽科技学院学报，2007（3）.

霍文在戛纳电影节上首映的作品《本能》备受争议，这也是当年国际影坛上最著名的事件之一。影片表面是在讲述一个变态杀人的惊险侦破故事，而实际上是在描绘一种原始的性欲，一种狂野的激情。该影片重点揭示了人性的阴暗面，并以大段性感火爆场面的展示和对男女之间性关系的独特探讨方式在世界上引起了强烈的反响。西方人直言不讳的表达，打破了中国人的惯用思维，与含蓄婉约的中国文化形成鲜明对比，顿时给观者眼前一"惊"的感觉。电影片名的异化翻译，在某种境域让西方陌生而新奇的事物更能扣人心弦、沁人心脾。在"惊叹"之余，让人去体会浓墨重彩的西方文化之"艳"丽多姿。电影片名的异化翻译让观众感受到的是对原片名"创造性"艺术的保留及对文化多样性的"坦诚相待"。[1]

异化翻译法是在直译基础上的延伸，译者不仅保留源语的语言特色和习惯表达方式，而且还"原汁原味"地保留源语的民族特性、思维方式等语言背后的文化因素，其目的是促进不同民族的文化交流、渗透与借鉴。在实际翻译中可以理解为归化要求译文用译入语的文化和语言使用习惯描述原文涉及的文化或语言现象；而异化更要求译文用原语言特有的使用习惯和文化意蕴呈现一种异国风情，让读者自行领悟，并希望在多次重复出现后，逐渐渗透到译入语中，实现译入语自身的变革新。经异化的译语在出现当初难免晦涩，但假以时日重复使用，就会成为译入语的自然组成部分[2]。例如1955年制作的美国电影《The Seven Year Itch》是一部深受观众喜爱的由著名演员玛丽莲·梦露担任主角的爱情喜剧影片，讲述的是美国一位事业有成的中年男子在妻子外出度假期间，对楼上性感撩人的女邻居产生了性的欲望和性的幻想，导致男主人公焦躁不安、心烦意乱，最后经过激烈的思想斗争，终于克服了人性的弱点，回归理性，珍视婚姻和家庭，度过了中年危机。译者运用异化翻译法将影片片名《The Seven Year Itch》翻译为"七年之痒"，虽然当时一部分中国观众无法理解其含义，但随着该影片在中国的上映，人们对"七年之痒"这个带有"异国情调"的词语不再陌生，并随着改革开放，人们逐渐接受、理解并认可这个词语的含义，现在提到"七年之痒"人们都知道是指婚姻七年之后失去新鲜感导致的婚姻危机。显然，通过该电影片名的异化翻译，实现了促进不同民族的文化交流、渗透与借鉴的目的。[3]

---

[1] 吴爽. 从电影片名看翻译中的归化与异化 [J]. 北京第二外国语学院学报，2005（4）.
[2] 李鑫. 归化与异化在英文电影名翻译中的应用刍议 [J]. 安徽科技学院学报，2007（3）.
[3] 陈映丹，陈萍. 互补共生，相得益彰——浅议电影片名翻译中的归化与异化 [J]. 重庆广播电视大学学报，2016（6）.

还例如，《Romeo and Juliet》是根据莎士比亚同名小说改编的爱情悲剧影片，讲述的是男主人公罗密欧与女主人公朱丽叶在一次舞会上相识并一见钟情，很快双双坠入爱河，但是他们的家族之间是互为仇敌，而且时常爆发激烈的冲突。虽然他们的纯真爱情遭到双方家庭的激烈反对，但罗密欧冒着生命危险秘密潜入朱丽叶家中与她幽会，两人互诉衷肠，私定终身，终于克服重重障碍在神父的帮助和主持下秘密结婚，这让双方家族特别是女方家族恼羞成怒。朱丽叶的表兄脾气暴躁，为此要与罗密欧决斗，可罗密欧不想与之决斗，可朱丽叶的表兄仍然不依不饶，于是罗密欧的朋友出手与朱丽叶的表兄决斗，却被杀害，此时罗密欧忍无可忍被迫与朱丽叶的表兄决斗并将其杀死。罗密欧因为犯罪被驱逐出境，朱丽叶家族安排朱丽叶另嫁他人，可朱丽叶日夜思念着罗密欧，期望有朝一日两人再相逢。为了让罗密欧和朱丽叶相互彻底断了念想，朱丽叶家族策划让朱丽叶假死，这个假消息传到罗密欧耳朵里，罗密欧信以为真，悲恸不已，在朱丽叶醒来之际，喝下了毒药。译者运用异化翻译法将影片片名《Romeo and Juliet》翻译为"罗密欧与朱丽叶"，虽然当时一部分中国观众无法理解其文化背景，但随着该影片在中国的传播，人们对"罗密欧与朱丽叶"这个带有"异国情调"的短语不再陌生。现在人们提到"罗密欧与朱丽叶"就会自然联想到一对纯真无瑕的爱人因受到家族的反对而殉情的悲剧性的爱情故事，也时常提醒人们特别是父母要尊重年轻人自己的选择，不要过于干涉子女的感情生活，否则后果不堪设想。显然，通过该电影片名的异化翻译，不仅让观众感受到"原汁原味"的异域风情，而且促进了中西方文化的交流、渗透与相互借鉴。①

随着世界经济一体化进程的加快，各民族文化交流进一步深化。在世界文化不断发展、变化并互相渗透、融合的今天，文化的开放性和兼容性为电影片名的异化翻译提供了前提。随着译语人群对原语文化越来越多的接触和了解，他们已不满足于通过归化翻译了解大意的，对不同文化的好奇使他们逐步地要求更加准确的翻译，以真正面对尽可能原汁原味的异域文化，并从中借鉴、学习其中优秀的地方。

3.3.5 归化和异化融合进行片名的翻译

电影的国际化乃是大势所趋，起到文化交流与传播的作用，满足观众视觉与听觉享受，因此，电影片名的翻译也会越来越重要。由于东西方语言文化之间的差异为片名翻译造成了一定困难，同时电影片名既需要具有一定的艺术

---

① 吴爽. 从电影片名看翻译中的归化与异化［J］. 北京第二外国语学院学报，2005（4）.

性，又要注重其商业价值，译者便需要采用不同翻译方法来反复斟酌。归化法和异化法作为最常见的翻译方法为译者提供了一定的翻译思路，这两种方法既对立又统一，既存在差别又彼此依赖。译者在翻译过程中，要根据实际情况，灵活运用归化法或者异化法以及归化和异化的融合法，最大限度地达到翻译的信、达、雅，以期实现文化的相互交融，语言的相互碰撞，观众的相互理解。[①]

我们在翻译中，经常会面临归化和异化作为两种对立翻译策略的选择，但无论选择哪种翻译策略，都要遵循一条原则：归化时不失去原文的味道，异化时不妨碍译文的通顺易懂。也就是接近读者时，不能距离作者太远；接近作者时，不能距离读者太远[②]。我们应坚持对语言表达形式采取归化的策略，对其文化背景因素采取异化策略，使译文取两策略之长而避其短，让两者有共同发展的空间。由此，在实际翻译过程中归化与异化应该是相辅相成、辩证统一的关系。[③]

归化在很大程度上可以消除翻译的痕迹，容易让观众产生文化共鸣，但是不能较好地表达出源语的文化风格。异化能很好地保留原文的内涵，使译文更具有异国情调，但会造成观众的理解困难。归化和异化相结合，既保留源语的一些成分，又加上一些目的语成分。在电影片名的实际翻译中，由于此种译法能最大限度上既忠实于原文，又符合观众口味，经常被采用。例如，20世纪90年代初风靡全球的经典爱情片《Ghost》（幽灵）讲述的是一段超越生死的恋情，剧中男主人公死后化身为幽灵，游荡于女主人公的周围，时刻保护着她，译成《人鬼情未了》，从片名就可以知晓这是一段感人的隔世情缘，生动地再现了原片内容，可谓运用归化和异化融合翻译法进行电影片名翻译的经典案例。[④]

翻译不仅仅是一种双语交换，从文化上讲，翻译是一种文化移植的过程，是促进一种文化在另外一种文化中得到认可和传播。所以翻译如果只是停留在符号移植的层面上，就没有文化的融合与升华。与归化策略相比，异化策略能够较好地保留源语的文化特征和思维方式，尽可能地保持原电影片名的语言形式和语言结构所具有的民族特色和异国情调，呈现出与本族语的差异。在运用归化策略时，译者也不应全盘进行归化，即使在遇到文化不对等时，而应该对

---

① 李鑫. 归化与异化在英文电影片名翻译中的应用刍议 [J]. 安徽科技学院学报, 2007 (3).
② 何蓉. 从翻译美学视角下探析电影片名翻译的归化与异化策略 [J]. 牡丹江大学学报, 2016 (3).
③ 陈映丹, 陈萍. 互补共生, 相得益彰——浅议电影片名翻译中的归化与异化 [J]. 重庆广播电视大学学报, 2016 (6).
④ 吴爽. 从电影片名看翻译中的归化与异化 [J]. 北京第二外国语学院学报, 2005 (4).

源语的一些隐性特征予以适当保留，让目的语观众从中能够感受到在片名中存在异域文化基因。[1]

归化翻译法是在意译基础上的延伸，重点考虑译入语的文化与语言特点；而异化翻译法是在直译基础上的延伸，强调"原汁原味"地保存源语的语言风格和文化特色。归化翻译法和异化翻译法各有利弊，运用归化法有利于译入语读者对译文的理解，但缺点是难以忠实地再现源文的思想内涵和文化意蕴，造成翻译的"失真"，不利于中西方文化的交流、渗透与借鉴；而运用异化法则有利于"原汁原味"地再现源文的思想内涵和文化意蕴，但缺点是有可能使读者对译文"一头雾水"，不知所云，甚至出现文化错位，造成误译。[2]

因此，对于电影片名的翻译要扬长避短，根据具体情况灵活选择归化或异化翻译法，在运用归化翻译法时，要注意不能让源文的语言特色和文化意蕴丧失殆尽；运用异化翻译法时，也要兼顾译入语的电影观众对片名的理解和认知。此外，译者还可以充分利用归化和异化各自的优势，融合归化和异化进行片名的翻译。"译者在语言上可以吸收一些新的外来词汇和表现方法，不过这要建立在本国语言的基本词汇和基本语法允许的基础上，做到文从字顺，通达自如"。[3]

如果一味地将归化与异化置于"分庭抗礼，一决雌雄，独尊一法"之中，将无法实现文化的互通，更无法体现翻译的真实目的。其实，归化也好，异化也罢，二者都无法在片名翻译的过程中达到完美境地，毕竟各有利弊、难分高下。正如辜正坤教授在《翻译标准多元互补论》中提到的："根据翻译标准多元互补的原理，多种标准、多种选择，各得其所、各有所用，相辅相成，根据不同的时空条件与不同的作者、译者、出版者等方面的具体要求而应急解难，灵活处理。"[4]

在片名翻译的过程中，假若译者在对归化与异化翻译策略的选择上放弃"二元对立""唯我独尊"的态度，转而协调两者之间的关系，通过相互融合与渗透，将会使二者珠联璧合、相得益彰，带来意想不到的效果。2007年全球上映的美国电影《The Pursuit of Happyness》，其中文译名《当幸福来敲门》就是归化与异化相互融合的典范。

电影《The Pursuit of Happyness》（译名《当幸福来敲门》）取材于当代美

---

[1] 李鑫. 归化与异化在英文电影片名翻译中的应用刍议 [J]. 安徽科技学院学报, 2007 (3).
[2] 吴爽. 从电影片名看翻译中的归化与异化 [J]. 北京第二外国语学院学报, 2005 (4).
[3] 陈映丹, 陈萍. 互补共生, 相得益彰——浅议电影片名翻译中的归化与异化 [J]. 重庆广播电视大学学报, 2016 (6).
[4] 辜正坤. 翻译标准多元互补论 [J]. 中国翻译, 1989 (1).

国黑人投资家 Chris Gardner（克里斯·加德纳）的真实故事。影片讲述了一位濒临破产、老婆离家的落魄业务员，如何刻苦耐劳地善尽单亲责任，奋发向上成为股市交易员，最后成为知名的金融投资家的励志故事。出演该片男主人公的演员获得了 2007 年奥斯卡金像奖最佳男主角提名。克里斯·加德纳（由威尔·史密斯饰演）是一位生活在旧金山的黑人男青年，靠做推销员养着老婆还有幼子。克里斯从没觉得日子过得很幸福，当然也没觉得很痛苦，就跟美国千千万万普通男人一样过着平淡的生活，直到有一天，一系列突如其来的变故才让克里斯知道，原来平淡的日子有多么珍贵。

首先，他丢了工作，公司裁员让他丢了饭碗。克里斯从此遭遇了一连串重大打击，妻子因忍受不了长期的贫困生活愤而出走，连六岁大的儿子（杰登·史密斯）也一同带走。没过多久，妻子又把儿子还给了克里斯，从此克里斯不仅要面对失业的困境，还要独立抚养儿子。没过多久，克里斯因长期欠交房租被房东赶出家门，带着儿子流落街头。在接下的两三年中，这对苦命父子的住所从纸皮箱到公共卫生间。克里斯坚强面对困境，时刻打散工赚钱，同时也努力培养孩子乐观面对困境的精神。父子俩日子虽苦，但还是能快乐生活。一次，克里斯在停车场遇见一个开高级跑车的男人，克里斯问他做什么工作才能过上这样的生活，那男人告诉他自己是做股票经纪人的，克里斯从此决定自己要做一个出色的股票经纪人，和儿子过上好日子。完全没有股票知识的克里斯靠着毅力在华尔街一家股票公司当上学徒，头脑灵活的他很快就掌握了股票市场的知识，随后开上了自己的股票经纪公司，最后成为百万富翁。

该影片讲述了一位濒临破产、老婆离家的落魄业务员，如何刻苦耐劳地善尽单亲责任，奋发向上成为股市交易员，最后成为知名的金融投资家的励志故事。全球的励志电影不胜枚举，寥寥几部经典像大浪淘沙一样被留了下来，而能留下来成为经典的励志电影，必然有其特殊的原因。该影片中，父子温馨的励志主题显然能够打动大部分观众的心。贫穷的生活让妻子落跑，只剩一个近中年的男人带着儿子在大街上风餐露宿。为了让儿子有正常的上学环境，他卖血，他跑好几条街寻找流浪汉——那人抢走只能给他换几餐饭的医疗仪器，他跟一群刚毕业的孩子在同一起跑线争抢一个实习机会，但在孩子面前，他永远都是最顶天立地的爸爸，即便窘迫到要在地铁站过夜，他也要和孩子一起玩躲避恐龙的游戏。孩子也懂事，从未让他烦恼，反而成为他每次倒下又爬起来的动力。一路上克里斯经历了不少挫折，但是年幼的儿子每次都能给予他最大的鼓励，父子俩相互扶持最终完成了又一个美国梦。

该电影译名中的"幸福"忠于原名"Happyness"，但"敲门"却背叛原名"Pursuit"（追求）。选择"敲门"一词更符合中国的文化立场，隐含了汉语中

"天道酬勤"的思想意境。正是归化与异化两者的有机结合,形成微妙的张力,在凸显电影"只要你愿意,你就能幸福"这一主题的同时,也满足了国人"劳谦君子,有终吉"的文化心理。西方人偏重抽象思维,而汉民族偏重形象思维。"Pursuit"(追求)是抽象名词,而"敲门"一词画龙点睛,顿时让片名生动"形象"起来:符合汉民族的文化心理,亲切而脱俗,为电影的卖座立下了"汗马功劳"。[①]

再例如美国电影《Midnight Cowboy》被翻译为《午夜牛郎》也是归化和异化相结合的典范。1969年5月25日,该片在美国上映,并成为美国第一部实行X级分级制的影片。1970年,该片获得第42届奥斯卡金像奖最佳影片、第23届英国电影学院奖最佳影片等奖项。影片讲述的是,家境贫寒的乔为摆脱穷困,只身来到纽约。但初到纽约,一切都使他感到陌生而不知所措。他徘徊在大街上,看见女人就上前搭讪。这时一位老态龙钟的女人牵着一条小狗朝他走来,他连忙迎了上去,以询问自由女神铜像在哪里为名同她搭上了。乔和她一起去开房间幽会,事后,这女人开口向乔要钱,乔顿时变了脸色,一口拒绝。那女人大哭大叫起来,结果乔被索去20元钱。他懊丧极了,第一次就做赔本生意。乔的朋友里佐生活贫困且瘸了一条腿。当他得知乔无家可归时,就邀请乔和他一起住。虽然生活穷困,但是他也拥有自己的梦想。他和乔一起混生活,两人相依为命,关系日渐亲密。他为乔洗干净了衣服和牛仔帽,擦亮了乔的皮靴,让乔将"牛郎"的事业进行到底。《午夜牛郎》是一部视角独特、主题深刻的现实主义作品;被称为"纽约街头生活的风俗画"和"垃圾箱里的浪漫主义"。该片吸引观众的地方在于以批判现实的态度揭示了美国社会的种种阴暗。导演将镜头对准了美国电影中很少触及的下层人士的悲凉生活,充分展现了美国社会存在的人与人之间的疏离和人本身的孤独寂寞。影片中肮脏凌乱的纽约街头,迷茫无助的都市眼神,醉生梦死的生活,以及某些一扫而过的镜头都反映出美国的社会问题。《午夜牛郎》大胆坦率地剖析了纽约这个繁华大都市的生活。大色块和俯瞰镜头给观众一种极度的空旷和疏离感。颓废的现代都市男女和天真的西部青年牛仔形成了鲜明而强烈的对比,给观众一种灼烧感和刺痛感,在冷静的镜头之下可以感受到导演对于生活的思考和对底层悲剧小人物的怜惜。影片最后,随着乔对生活的憧憬全部破灭,影片伤感的情绪强化到了高潮,同时也给观众留下了无尽的思考空间。

电影《Midnight Cowboy》中的Cowboy本意为"牛仔",是美国特有文化,与汉文化中的"牛郎"并无关系,但"牛郎"是确为我们所熟知,所以译为

[①] 李鑫. 归化与异化在英文电影片名翻译中的应用刍议 [J]. 安徽科技学院学报, 2007 (3).

《午夜牛郎》,既符合我们的语言习惯,又能较好地体现原名的内容,因此电影《Midnight Cowboy》译为《午夜牛郎》堪称归化和异化相结合的经典之作①。

在归化和异化这两种翻译策略的选用上,既不能只为商业利益而一味迎合观众的猎奇心理而随意的归化乱译,而降低电影本身的艺术魅力,也不能忽视电影片名的导视功能和导唤功能而不加筛选地全部异化,对票房号召力产生负面影响。对于译者而言,在片名翻译中如果只是简单、片面地考虑归化法或异化法,无论采用哪种翻译都很难实现完美。因为"电影片名的翻译并不是简单地将两种语言相互转换的过程,而是不同文化之间的交流。如果只是简单机械地使用归化或异化理论来翻译电影片名是行不通的,在翻译过程中应时刻注意文化信息的转换取得合理的平衡,以保证向观看者传递异化的真实完整的源语文化,又要适度地归化引起观众的观看兴趣"②。

中西方电影作为一种文化交流的重要载体,电影片名恰当准确的翻译是非常必要的,不能对所有的片名都采取固定的翻译策略。电影片名的翻译应考虑多种因素,比如受众群的可接受性,目的语文化背景以及各国特殊的传统文化等,因此不能单独使用归化或异化翻译策略,而应恰当地将归化和异化结合起来"去粗取精""去伪存真",不断斟酌,反复推敲。译者应该尽量在归化策略及异化策略之间寻求一个合理的平衡点。如果归化被过度使用,那么源文本在语言及文化方面的特质将不可避免地丢失,这方面的跨文化交流会受到负面影响。如果过度强调异化策略,目标观众可能会觉得译名难以理解,从而使票房"遭受挫折"。引进异域电影的首要目的是吸引观看者的兴趣,从而增加票房收入,所以一个成功的译名应该为达成这个目的添砖加瓦。要实现这一点,则需要译者在翻译过程中仔细推敲东西方文化的异同点,合理采用归化和异化相结合的译法,使影片的片名达到画龙点睛的作用。

---

① 吴爽. 从电影片名看翻译中的归化与异化 [J]. 北京第二外国语学院学报,2005 (4).
② 任俊超. 归化异化理论在电影片名翻译中的运用 [J]. 电影文学,2012 (3).

4 新闻文体的特征与翻译

4.1 网络英语新闻标题的文体特点

4.1.1 引言

20世纪五六十年代以来，随着语言学的快速发展，文体研究的范围逐步扩大，逐渐从文学发展到其他体裁。其中，新闻英语（journalistic English）以其报道语言生动真实，涵盖范围广，成为文体学研究重要的语料库之一。新闻英语是指在广播、期刊、报纸、电视、网络等媒体的新闻报道中使用的语言文体，与文学及其他学术性创作不同，它总是站在时代最前沿，反映英语这一语言的最新变化。新闻英语是英语中常见的实用文体之一，广义的新闻文体涉及报刊、电视、广播和网络等媒体上使用的英语，狭义的新闻文体指的是新闻报道（news-reporting）。英语新闻报道在网络这一新兴媒介的传播，在版面及传播特点方面有着区别于印刷媒体的特殊性。其特殊性在于，把报纸的文字和图片、广播的音频、电视的视频这三大新闻媒体独特的优势与现代计算机技术、通信技术、数据库技术、多媒体技术和网络技术融为一体，利用 Internet 快速传播各行各业的最新消息，让不同国家和地区的人尽快了解当今世界所发生的一切，因此，网络新闻因其浏览查阅更加方便、快捷，不受时空的限制，越来越受到广大民众的喜爱。据统计，80%以上的网民主要依靠互联网获取新闻信息。网络媒体的发展不仅提高了新闻传播的时效性、有效性，而且在报道重要新闻事件中也发挥了独特的作用，充分满足了人们的信息需求。[①]

进入21世纪，随着新兴媒体的发展，世界各知名媒体也在互联网开设了自己的网站，网络新闻英语已成为中西方文体研究最鲜活的材料。本书尝试用文

---

① 贾连庆. 网络英语新闻标题特点及其汉译研究 [J]. 大学英语，2014（2）.

体学的方法来分析网络新闻英语的特点。网络作为新兴的第四媒体,由于其在传播特点方面结合了报纸、广播、电视等传统媒体的优点,其独特的传播特点对其承载的新闻的文本产生了非常大的影响。

随着互联网技术的发展和智能手机的日益普及,越来越多的网民通过智能手机联结互联网获得各种新闻信息,了解本地区、本国甚至全球发生的重大新闻事件和相关评论。英语是世界通用的语言,随着经济全球化和一体化的发展趋势,我国许多网民通过阅读网络英语新闻了解全球经济发展的动态,并通过搜索引擎查询各种新闻信息。网络媒体具有传统媒体如报纸、电视等所不具有的独特优势,其更新快、传播广,信息量大,时效性强,读者可不受时间、空间的限制,因此网络英语新闻越来越成为人们了解世界、获取全球新闻信息的重要途径。①

虽然英语在我国日益普及,但仍然有许多普通网民无法阅读网络英语新闻,因此为了服务广大网民,网络英语新闻的翻译,特别是网络英语新闻标题的翻译就显得尤为重要,因为在人们生活节奏日益加快和信息爆炸的时代,网民主要通过新闻标题来选择阅读的内容,选择性地获取相关新闻信息。可以说,新闻标题就是读者阅读的"向导"。这是因为标题是新闻内容的集中和概括,它用简练的文字浓缩了新闻中最主要或最值得注意的内容。②

在当今信息化时代,新闻报道已成为人们生活中不可缺少的一部分。而新闻标题是新闻内容的集中体现和高度概括,也是吸引读者视线的关键所在。在网络英语新闻报道中,有些标题语言直白,简明扼要,一语道出主题;有些标题引经据典,巧用各种修辞手法,韵味深长。正确了解新闻英语标题在语言文字方面的特点,将有助于我们理解英语新闻标题的真正内涵,从而更好地领悟全文的主题思想。新闻标题是以醒目的文字和字号出现在新闻之上的简短文字,要求语言文字简明扼要、生动形象。因此,编辑通常套用谚语流行语、改写习语典故、巧用修辞、使用缩略词和新词,使新闻英语标题大为增色,产生新颖别致、引人注目、耐人寻味的艺术效果。③

认真分析网络英语新闻标题的文体特点,有利于我们对网络英语新闻标题的认知和翻译,以下从网络英语新闻标题的词汇特征、句法特征和修辞特征三个方面论述网络英语新闻标题的文体特点。

---

① 饶梦华. 网络英语新闻标题的跨文化转换 [J]. 中国科技翻译, 2006 (1).
② 匡晓文. 网络英语新闻标题的语言特征 [J]. 韶关学院学报, 2010 (5).
③ 贾连庆. 网络英语新闻标题特点及其汉译研究 [J]. 大学英语, 2014 (2).

4.1.2 网络英语新闻标题的词汇特征

第一，采用缩略形式。

英语的整个发展趋势是逐渐简化，反映在词汇层次上的现象便是大量缩略词的涌现。为了词汇表达和信息传递的效率，新闻报道使用缩略词的频率越来越高。缩略词是现代英语中的一个简约现象，几个字母可以代替一串单词。英语新闻标题的措辞讲究短小精悍、形象生动，所以编者常大量使用缩写词、首字母拼音词、拼合词等。但无论是常用的还是陌生的，其全称一般均能在消息的正文第一次出现时找到，因此并不影响读者的理解。[①]

在英语新闻中为了用最少的词汇有效地传递尽可能多的新闻信息，新闻标题经常采用词语的缩略形式，即一个短语用其各个单词的首个字母代替，如 World Trade Organization（世界贸易组织，简称为世贸组织）采用 WTO 的缩略形式。"目前，英语中出现的缩写词汇已经有2.6万多条"[②]。随着社会和语言的发展，为大众所普遍接受的缩写词汇的数量还在不断增加。在英语新闻标题中，通过使用缩略词语，使有限的篇幅负载更多的新闻信息。

例如： SIDS related to their parents' smoking

译文： 婴儿猝死综合征与其父母吸烟有关。

分析： "SIDS"为"sudden infant death syndrome"（婴儿猝死综合征）的缩略形式。"SIDS"（婴儿猝死综合征）在全世界的发病率稳定在千分之一和千分之二之间，是造成一周岁以下婴幼儿死亡的主要原因之一。医学家们仍然没有发现婴儿猝死综合征发病的具体原因，但研究表明婴儿猝死综合征与父母吸烟有关。

新闻英语常用的缩略词还如：ABM = anti-ballistic missile（反弹道导弹）；AIDS = acquired immune deficiency syndrome（艾滋病）（后天免疫力缺乏症）；ASEAN = Association of Southeast Asian Nations（东南亚国家联盟，简称东盟）；CBRC = China Banking Regulatory Commission（中国银行业监督管理委员会）（中国银监会）；DJI = Dow-Jones Index（道琼斯指数）；FBI = Federal Bureau of Investigation（联邦调查局）；ICBM = Intercontinental Ballistic Missile（洲际弹道导弹）；IMF = International Monetary Fund（国际货币基金组织）；IOC = International Olympic Committee（国际奥林匹克委员会）（国际奥委会）；NATO = North Atlantic Treaty Organization（北大西洋公约组织）；OPEC = Organization of

---

[①] 贾连庆. 网络英语新闻标题特点及其汉译研究[J]. 大学英语, 2014(2).

[②] 武传珍. 如何解读新闻英语标题[J]. 新闻实践, 2007(6).

Petroleum Exporting Countries（石油输出国组织）（欧佩克）；PM = Prime Minister（首相）；UFO = Unidentified Flying Object（不明飞行物体）；UNSC = United Nations Security Council（联合国安全理事会）；CPC = Communist Party of China（中国共产党）；GDP = Gross Domestic Product（国内生产总值）等。

第二，偏爱短小词汇。

网络英语新闻标题中编辑通常选用近义的简短动词或名词来调整空间。这些词不但词形短而醒目，而且语言明快简洁，给人以简洁灵秀，铿锵有力的感觉。短小词常在英语新闻标题中被频繁使用，以便读者迅速而准确地理解新闻的主要内容。读者甚至认为标题用词越简练，越耐人寻味。有趣的是，有时越简单的词越容易迷惑读者，然而好奇心会引导他们往下读。正因为小词的短小精悍，它们常被反复用于标题中，成为英语新闻标题的一个突出特点①。

例如：Ancient capital faces growth versus relics protection（China Daily, Oct. 17, 2005）

译文：古都面临着发展与文物保护的冲突。

分析：此标题中用 face 代替 confront。新闻英语标题在语言文字方面独具特色，坚持简洁、准确、生动和醒目的原则，既浓缩了全文最主要的内容，又起到了吸引读者目光的作用。我们在阅读英语新闻的同时，只有用心去体会标题的真正内涵，才会发现和感叹编者的独具匠心。②

因为阅读网络英语新闻通常是快餐式的，所以网络英语新闻标题必须简洁、明了、准确。受传统印刷媒体的影响，为了节省篇幅，并使标题简洁有力，网络英语新闻标题中也多用音节少的词，尤其是单音节词汇。英语中有大量的同义词或近义词，为了节约版面，减少读者的阅读量，提高读者的阅读效率，英语新闻标题常常有选择性地使用一些字母相对较少，短小精悍的常见词汇。③

例如：英文中表示"禁止"的单词有"ban""forbid""prohibit"等，作为英语新闻标题时，编者就会选择"ban"，而不会选择其近义词"forbid""prohibit"。再如，表示"控制"的单词有"curb""control""restrain"等，作为英语新闻标题时，编者就会选择"curb"，而不会选择其近义词"control""restrain"。因此，新闻报道通常拥有自己的一些惯用词汇，或者叫作"新闻词语"。这些常用的新闻词语一般都具有短小精悍的特点，这主要是由于使用短

---

① 张秀娟. 从雅虎网站看网络英语新闻标题的语法特点［J］. 绍兴文理学院学报（哲学社会科学），2010（6）.
② 贾连庆. 网络英语新闻标题特点及其汉译研究［J］. 大学英语，2014（2）.
③ 匡晓文. 网络英语新闻标题的语言特征［J］. 韶关学院学报，2010（5）.

小的词语能够节省时间和篇幅并有利于抢发新闻的缘故[①]。常见的短小词还有：nod（approve），firm（company/corporation），ask（inquire），face（confront），back（support），aid（help/assist），boost（increase），arms（weapons），aim（purpose），deal（agreement/transaction），envoy（ambassador）等。

第三，单词简写频繁。

所谓"单词简写"就是如果一个单词字母过多，就通过截出一部分，即将其剪短或剪截，以提高英语新闻标题的语言表达效率。英语中有些单词字母较多，为了节省篇幅，提高版面的效率，扩大新闻信息量，将出现在新闻标题中的一些很长的单词进行简化或节缩。"单词简写"而成的单词又称为截短词，即把原来词的某一或某些部分截除而得的简写词。为了使表达更简洁明快，增加新闻的信息量，许多新闻写作者常采用截短词[②]。简写词或截短词根据简写或截短的方式分为五类：

第一类：舍去词尾，如 doc（doctor）博士，tech（technology）技术，info（information）信息，co.（company）公司，Eur（European）欧洲，mod（modern）现代化，maths（mathematics）数学等。

第二类：省去词头，如 scope（telescope）望远镜，quake（earthquake）地震，hood（neighborhood）邻近地区，chute（parachute）降落伞等。

第三类：截去两头，flu（influenza）流感，fridge（refrigerator）冰箱，script（prescription）处方等。

第四类：保留两头：int'l（international）国际的，gov's（government）政府，dept.（department）系\部，pacifist（pacificist）和平主义者。

第五类：无规律性截取，如将"Japanese"简写为"Jpn"等。

第六类：混合法，即将两个词混合各取一部分紧缩而成，如 news broadcast→newscast 新闻广播，television broadcast→telecast 电视播送，smoke and fog→smog 烟雾，helicopter airport→heliport 直升机机场等。

第四，呈现生造新词。

"新"是新闻的生命，同时也是新闻语言的生命。这是由新闻的本质所决定的。新闻报道要放开眼界、与时俱进，将一切新事物、新现象、新思想、新潮流通过各种新闻媒介传播给广大受众。而这首先就反映在新闻标题上。英语

[①] 张秀娟. 从雅虎网站看网络英语新闻标题的语法特点[J]. 绍兴文理学院学报（哲学社会科学），2010（6）.

[②] 马喜文. 浅析网络英语新闻标题及其翻译策略[J]. 新闻传播，2013（10）.

新闻中的新词或时髦词美不胜举。①

新词或时髦词语是时代的产物,是社会经济变革和科学技术革命的结晶。新闻媒介是日新月异的当今世界政治、经济、科技、文化乃至社会生活等各个触角的最佳表现渠道,现代英语中新词语的出现与这些领域里产生的新事物、新问题、新现象等有着千丝万缕的关系。新闻英语是一门比较独立的学科,具有鲜明的文化性、时代性和地域性特征。了解新闻英语的词汇的特点,熟悉、巩固和不断更新词汇知识,才能更好地及时了解国内外政治、经济、文化、科技发展的信息,并有利于英语新闻标题的理解与翻译。②

新闻英语中,新词语往往层出不穷。随着科学技术的迅猛发展,人们生活中总是发生着新的变化,原有的旧词汇往往很难适应新的现实生活,这时,新的表达方式、新的词语就应运而生。这些层出不穷的新词语往往最先在英语新闻报道中创下先例,经人效仿成为时髦词,如果达到相当程度的普遍性后,便被收入词典,成为现代英语的一部分。③

新词形式是由新事物产生的新词汇。这些词往往伴随着特定的经济、政治、社会等环境而产生,具有显著的社会性。新闻媒介是当今世界政治、科技、文化乃至社会生活等各个触角的最佳表现渠道,这些领域里产生的新事物、新现象、新问题导致"新词"④的不断出现,易为读者所理解和接受。为增加新闻趣味性和可读性,网络英语新闻标题大量使用"新词语"。

社会生活瞬息万变日新月异,新事物、新情况、新现象不断呈现,如此需要新的词汇来反映,而新词的出现首先呈现在网络新闻及报纸杂志上。为了表达的需要和追求新奇以吸引读者,新闻英语中常会使用一些新词以使文章生动活泼,并给人以新奇之感。如 Beijinger(北京人),gay(同性恋者),basket(一组问题等),unisex(男女共用),hijack(劫持),supercrat(高级官员),dialin(电话示威),moneywise(在金钱方面),thumbsuck(安抚),sitcom(情景喜剧),Reaganomics(里根经济学),Jazznik(爵士乐迷),heartmen(换心人),Euromart(欧洲共同市场),Masscult(大众文化),atobomb(原子弹),blacketeer(黑市商人),undesirable(不受欢迎的人或物),valuables(值钱的

---

① 匡晓文. 网络英语新闻标题的语言特征 [J]. 韶关学院学报, 2010 (5).
② 廖志勤. 英文新闻标题及其翻译策略 [J]. 中国科技翻译, 2006 (2).
③ 贾连庆. 网络英语新闻标题特点及其汉译研究 [J]. 大学英语, 2014 (2).
④ 如政治因素产生新词。在1972年的美国总统选举期间,一些人秘密潜入民主党总部被当场被抓。该总部叫作 Watergate(水门)。起初只是一个小小的盗窃事件,后来被发现和 Richard Nixon 的再次竞选有着直接的联系,由此导致总统不得不提前卸任。从此以后 Watergate 进入了英语字典,成为丑闻的代名词。

东西），retireds（退了休的人），unwanteds（不想要的人或物），等等。在这一点上，新闻英语与广告英语十分相似。

有些新词是由一些旧词赋予新的含义而产生的。有些在英语中早已存在的词语在语言发展过程中变成了时髦词，这时它们原有的词义往往得到扩展和引申，其结果常造成它们的引申义得到强化而掩盖了本义。遇到这类旧词添新意的情况时，最好多加留意，切不可望文生义，产生误解①。随着社会的不断发展，作为人们交流工具的语言也在不断出现新的发展。英语新闻标题中的许多词汇被作者赋予新生的词义，常达到很好的效果。例如："From Good Reads to Hot Books"（Time, 1997），在此例中，"read"一词通过词性的转换而具有了新的含义—读物。又如"source"这个词，原意为"来源""源泉"，现在英语新闻报道中常被用来表示提供消息来源的有关"人士"或"官员"。还如"Love Bug Emailed"（Time, 2000），其中"bug"一词从原有"虫子"的意思引申出"计算机病毒"的意思，颇具形象性。新闻英语中的很多新词还来自于一些专门领域的术语，如 infrastructure 原是建筑学中的术语，表示"地基，基础"，后来被扩展用于表示"（工业、交通、教育等决定一个国家或社会经济发展的）基础结构；基础设施"；showdown 原是牌戏用语，指"摊牌"，后来成为新词（时髦词）表示"最后的一决雌雄；决战"。②

还有一些新词是合成词。英语新闻标题中常把两个或几个概念合在一起组成一个复合词。如："Grain Sale Expected to Fall at Euromat"的标题中 Euromat 即 European common Market 的复合词。由于这些新词构造别致，常比普通词更引人注目。恰当地运用这些新词，可使新闻标题新颖活泼，富于创造力和表现力③。

第五，常掺用外来语。

新闻英语词汇有一显著特色就是经常掺用外来语，尤其是新闻报道中记者提及外国或新近出现的事物时，以引起读者的兴趣与注意，或更贴切地表达某词语的内涵。由于英文报刊中经常报道其他国家的新闻事件，不可避免地会借用这些国家具有典型时事特征和浓厚文化色彩的词汇，以便使这些报道显得更为真实贴切，同时偶尔使用一些带有异域色彩的外来词汇也能吸引英语母语读者的兴趣和注意力，还能让外来语本国读者有一种文化上的亲切感和认同感。有些外来语，由于经常使用或使用时间已久，已经完全英语化，印刷时往往不

---

① 匡晓文. 网络英语新闻标题的语言特征 [J]. 韶关学院学报，2010 (5).
② 廖志勤. 英文新闻标题及其翻译策略 [J]. 中国科技翻译，2006 (2).
③ 谢芳. 浅谈网络英语新闻标题的作用及其特点 [J]. 新闻传播，2011 (2).

再大写字母或以斜体字标出。①

英文中有很多外来词。在报道第一手新鲜资料时,最先使用这些外来词汇主要是为了引起读者的兴趣。一方面,外来词表现外国新出现的事物;另一方面,外来词使新闻的时效性更强。随着时间的推移,外来词会渐渐英语化,为人们所接受。值得指出的是,尽管外来词可以传达异域的新鲜氛围,并且增加表达的力量,但是过多使用外来词会增加读者的阅读困难和译者的翻译障碍。②

英语在其不断发展的整个历史进程中,不断有外来语涌入。外来词汇往往从发音和拼写上就一眼看出是舶来品。也许正是因为它们新颖别致,具有浓厚的外国情调,所以一进入英语很快就流行起来。为了吸引读者注意和引起读者兴趣,或者为了更准确地表达新事物的内涵,新闻工作者喜欢借用外来词汇营造新颖的氛围。如果读者对这些外来词不熟悉,则用斜体字表示。如"Karina is our *tsunami*"③(飓风就是我们的海啸),这个句子来源于密西西比的州长发言。"tsunami"是外来词,中文意思是海啸,是一种具有强大破坏力的海浪。当海底发生地震,其震波的动力引起海水剧烈的起伏,形成强大的波浪向前推进,将沿海地带一一淹没。这里的海啸很清楚地表现出了飓风(karina)给人们带来的灾难性后果。海啸摧毁堤岸,淹没陆地,夺走生命财产,破坏力极大。全球的海啸发生区大致与地震带一致。全球有记载的破坏性海啸大约有260次,平均大约六七年发生一次。发生在环太平洋地区的地震海啸就占了约80%。而日本列岛及附近海域的地震又占太平洋地震海啸的60%左右,日本是全球发生地震海啸并且受害最深的国家。其实,英语里的海啸tsunami是从日文中音译过来的。④

4.1.3 网络英语新闻标题的句法特征

第一,省略部分词语。

英语新闻标题经常省略一些非关键性的词语,从而更突出关键性词语,因此网络英语新闻标题中常使用省略句。对于不影响读者理解的像冠词、动词、介词等常在标题中省略,这既可节省版面,又可使新闻的风格显得简洁明快。如:House and Senate Pursuing Efforts to Reduce Deficit(The New York Times)= The House of Representatives and the Senate are pursuing the efforts to reduce the

---

① 匡晓文. 网络英语新闻标题的语言特征 [J]. 韶关学院学报, 2010 (5).
② 匡晓文. 网络英语新闻标题的语言特征 [J]. 韶关学院学报, 2010 (5).
③ 英语里的海啸tsunami是从日文中音译过来的。
④ 廖志勤. 英文新闻标题及其翻译策略 [J]. 中国科技翻译, 2006 (2).

deficit.

　　为了压缩版面，同时也为了突出亮点和核心内容，节省读者宝贵的阅读时间并提高阅读效率，英语新闻标题通常省略一些无实际意义的不影响读者理解的冠词、介词、助动词等虚词或其他词汇。例如在能省略的地方，尽量省略冠词 a、an 和 the，恰当的省略可以节省宝贵的版面，同时还能加快标题的步调。但是当冠词的取舍会影响标题的意思时，则不能省略。如"King takes little liquor"与"King takes a little liquor"的意思是完全不同的①。有时冠词成为调节标题的节奏和措辞所必须时也不能省略，如"Game trophies: What's good for a goose is bad for a moose"。

　　还如新闻标题中助动词通常省略。

例 1

原文：Financier Killed By Burglars. (A Financier Is Killed By Burglars.)

译文：夜毛贼入室金融家遇害。

　　在英文新闻标题中一些词汇的缺失或省略，不仅节约篇幅和网络空间，而且会增加读者的阅读兴趣，同时可以使读者快速地抓住新闻的主题②。

例 2

原文：U.S says making great progress on laser weapons.

译文：美国说在高能激光武器研制方面正取得重大进展。

分析：该网络英语新闻标题的全文应该是 U.S. says it is making great progress on laser weapons，显然该标题省略了"it is"，这样使得标题更加紧凑，且不影响读者的理解，相反使读者能够快速地找到该新闻的主题"laser weapons"（高能激光武器③）。

例 3

原文：U.S, DPRK hold summit talks in Singapore.

译文：美国与朝鲜在新加坡进行首脑会谈。

分析：该网络英语新闻标题的应该是 U.S. and DPRK hold summit talks in Singapore，显然该标题省略了连词"and"，精确地说，是用逗号","代替连词"and"。用逗号","代替连词"and"在网络英语新闻标题中十分常见，如

---

　　① "King takes little liquor"的意思是国王几乎不喝酒；而"King takes a little liquo"的意思是国王会喝少量的酒。

　　② 谢芳. 浅谈网络英语新闻标题的作用及其特点[J]. 新闻传播，2011（2）.

　　③ 高能激光武器是一种新型的高科技战略武器，可利用高能激光束摧毁坦克、导弹、战斗机等常规武器以及卫星等太空武器，命中率极高，且能够迅速调整发射方向，追踪攻击目标，美国、俄罗斯、中国等军事强国十分重视高能激光武器的研制。

China, Russia strengthen military cooperation（中国与俄罗斯加强军事合作）；American policemen search for hostage body, militants（美国警察搜寻人质尸体和武装分子）等。

例 4

原文：500 Reported Killed in South Korea Building Collapse.

译文：韩国大楼倒塌致使 500 人丧生。

分析：该标题遵从了交际修辞中的简约美这条原则，省略了不少成分，补充完整后应该是："500 People Were Re-ported to Be Killed in South Korea Building Collapse"。原标题中，省略了 People，Were Reported 和 to Be 这三个成分。

总之，作为网络英语新闻标题，在结构方面，常常省略冠词、系动词等成分，有时直接用短语，非谓语动词做新闻标题，不拘泥于语法和结构的完整。①

第二，使用简单句式。

为求得在较小的篇幅容纳较多的信息量，网络英语新闻标题多采用简单句。也就是说，与报刊等传统媒体的新闻标题相比，网络英语新闻标题更多地采用简单句式以及直奔主题、简单直接的表达方式。一方面，如果网络英语新闻标题使用太过复杂的句式，会让读者理解困难，易产生视觉疲劳；另一方面，信息化的现代社会生活节奏快，人们希望高效率地获得"快餐式"的新闻信息，在有限的时间里获得更多的新闻信息。②

第三，语态上的选择。

读者在广泛接触网络英语新闻时，一定会发现新闻标题使用主动语态的频率远远高于被动语态。主动语态在英语新闻标题中的广泛使用，从修辞学的角度而言，是因为主动语态比被动语态更加丰富多彩，而且更富有感染力，其所表达的意义更为直接，更具有说服力，使读者能切身体会到其真实可信性，读起来朗朗上口，流利自然。英语新闻标题只有在事件或动作的接受者比执行者更重要时才使用被动语态，突出强调宾语部分，引起读者注意。而即使在使用被动语态时，被动语态的"be"也常常被省略，只留下过去分词，也不用"by"来引出动作的执行者。例如："Girl of 18 Raped After Threat With Bread Knife"（餐刀威逼下，18 岁少女遭强暴）；"Van Gogh's Recovered After Theft"（凡·高名画窃而复得）。

网络英语新闻标题多选择主动语态，很少采用被动语态，因为主动语态为

---

① 张秀娟. 从雅虎网站看网络英语新闻标题的语法特点 [J]. 绍兴文理学院学报（哲学社会科学），2010（6）.

② 谢芳. 浅谈网络英语新闻标题的作用及其特点 [J]. 新闻传播，2011（2）.

新闻事件的亲身体验者,使读者更能身临其境、感同身受。①

例 1

原文:American companies turn grain waste into super flour.

译文:美国公司将酿酒后的谷物废料变为超级面粉。

分析:该英语新闻标题既可以使用主动语态,也可以使用被动语态。但使用主动语态,使新闻标题更具有动态感和吸引力。这则新闻对于所有酿酒行业来说绝对是一个利好消息。对于酿酒公司来说,对于酿酒后的谷物废料,在大多数情况下是作为垃圾填埋,一部分作为动物饲料,但美国一家公司突发奇想,将这些谷物废料制成超级面粉。之所以称为超级面粉,是因为这种面粉含糖量为普通面粉的四分之一,而纤维和碳水化合物则为普通面粉的 3 倍。由这种超级面粉加工而成的面包口味独特,是深受消费者喜爱的美味的健康食品。因此,这种超级面粉的价格是普通面粉的 5 倍,且供不应求。这不仅产生直接的经济效益,而且有利于环境保护。我国有许多酿酒企业,这则新闻不仅对我国的酿酒行业带来新的思路,而且给所有那样"变废为宝"的创业者也提供一些思路和启示。

但是,任何事物都不是绝对的。在地震、火山爆发、特大洪灾、严重交通事故、犯罪、谋杀等新闻报道的标题中频繁使用被动语态,以此突出重大新闻事实或强调动作的承受者。

例 2

原文:Bears Saved after Crooks Extract Valuable Bile(China Daily,Feb.17, 2009).

译文:被恶徒取过胆汁的熊得到解救。

对于这条新闻,人们迫切想知道的是受害动物的情况,被动语态可使读者对情况一目了然。

第四,时态上的特点。

在时态选择上,网络英语新闻标题广泛使用"现在时",以便给读者新鲜出炉、形象生动、跃然纸上的感觉。英语网络新闻标题中一般不使用过去时态,而是采用现在时态,使读者在阅读时如置身于新闻事件的发生现场之中。②

英语句式中的时态有过去时态、现在时态、将来时态、现在进行时、现在完成时等,但网络英语新闻标题在时态的选择上,通常采用"现在时态"。英语新闻中常使用"一般现在时"代替"一般过去时"。因此新闻英语常不受传

---

① 罗天法. 从自建语料库看英语新闻标题的文体特色 [J]. 广西广播电视大学学报,2007 (3).
② 廖志勤. 英文新闻标题及其翻译策略 [J]. 中国科技翻译,2006 (2).

统语法的规则限制。例：Trump Ieaves for Beijing．（＝ Trump left for Beijing tomorrow.）特朗普动身去北京。

新闻报道最主要的作用是向社会大众报道最新的，具有重大意义的事件和信息。标题使用"现在时态"，这可对读者产生一种"某事正在发生"的印象，从而增强其真实感和现实感。也就是说，网络英语新闻标题之所以通常选择"现在时态"，是为了增强新闻的时效性，以便使读者感到新闻发布者第一时间发布了新闻，如此增强了新闻信息的实时性和新鲜感。①

例3

原文：Heart attacks increase during the World Cup.

译文：世界杯期间心脏病发病率上升。

分析：即使是报道过去发生的新闻事件，也采用"现在时态"，如此增加了新闻报道的时效性、生动性以及真实感、现场感。当然，任何事情都不是绝对的，如果英语新闻标题是为了强调某种信息是过去发生的，标题可采用过去时态。

英语新闻标题"将来时"，常用不定式来表示，如"Trump to visit Beijing next week"（特朗普下周将访问北京）；现在进行时，常用现在分词来表示，如"Syria refugees rushing to Europe"（叙利亚难民正涌向欧洲）。

4.1.4　网络英语新闻标题的修辞特征

修辞是根据语言环境、交际内容等选择恰当的语言手段和表达方式，从而使语言具有音韵美、形式美、内容美和意境美。修辞是一个以语言为符号的心理运作过程，它受人们心理因素的影响与制约，同时也具有一定的社会属性及功能，可以影响甚至控制人们的思维、情感和行为。②

修辞是新闻语言中常用的手段，丰富多彩的修辞手法的运用可使新闻语篇产生形象生动、耐人寻味的效果。也就是说，在英语新闻标题中灵活运用各种修辞手法，能够达到形象生动的效果，能够对文章主题起到画龙点睛的作用，给读者一个鲜活生动的印象，具有较高的艺术审美价值和语用价值。③

新闻标题是一则新闻的"题眼"，高度概括了该新闻的主题和思想，并能表达新闻作者的立场、态度、评价和判断，在新闻作品和读者之间架起一座沟

---

① 贾连庆．网络英语新闻标题特点及其汉译研究［J］．大学英语，2014（2）．

② 王寅．基于认知语言学的"认知修辞学"——从认知语言学与修辞学的兼容、互补看认知修辞学的可行性［J］．当代修辞学，2010（1）．

③ 陈振东，孙翩．英语经济新闻标题常用修辞格及其翻译［J］．河北大学学报（哲学社会科学版），2008（5）．

通桥梁。英语新闻标题具有简约、凝练的特点，体现了该新闻的要点和精髓。任何好的新闻标题，必须具备其应有的信息传递功能，同时还必须具备美学欣赏价值。为了使新闻标题更具有吸引力，制作者可采用各种修辞格，使标题更显轻松、活泼和幽默。① 在新闻读者品味日益提高的今天，读者不愿接受呆板的语言，所以英语新闻的语言越来越多地使用各种修辞手段，既增加了可读性又增加了吸引力。同时，修辞手段的运用反映了新闻语言的文学特征。运用一定的修辞手法，可使英语新闻标题大为增色，产生新颖别致、引人注目、形象生动、耐人寻味的艺术效果。许多英语新闻的标题正是因为运用了丰富多彩的修辞手法而获得了意想不到的奇妙效果。②

人们的生活离不开新闻，而标题则是新闻的"文眼"。因此，新闻标题除了在选词上做到新颖、抢眼之外，通常还采用各种修辞手段来增强语言的简练性、形象性和趣味性。③ 因此在网络英语新闻标题中运用各种修辞手法，有利于增强新闻标题的趣味性和感染力，从而吸引读者的眼球，引起读者的阅读兴趣。在新闻标题中使用修辞格可以更准确有效地传达信息，增强可读性，突出新闻事实，同时尽力追求赋予标题以美的形式，争取让新闻标题达到"秀外慧中"的完美境地。具体来说，新闻标题的修辞作用有以下三个方面：

第一，言简意赅，通俗易懂。为了让读者更多、更好、更准确地了解新闻事实，新闻语言务必做到措辞明确、简洁精练。而作为归纳统率全文的新闻标题则更须言简意赅，要追求达到"浓缩的精华"的高度。而新闻报刊的预设读者群是仅具有一般阅读能力的普通读者，所以新闻语言必须通俗易懂，趋向口语化，有如白居易的诗歌"妇孺皆知"。

第二，生动形象，引人入胜。标题是新闻的"文眼"，能起到传神达意和吸引读者的作用，标题中的修辞格必须生动形象，能够抓住读者的眼球。因此，新闻记者或编辑在制作新闻标题时往往运用各种修辞手段，利用空间的转换，运用描述性的语言把新闻信息形象化地记录下来，化抽象为具体，化概念为形体，从而赋予标题语以明晰的立体感，以唤起受众丰富的联想，诱发其阅读的兴趣。

第三，韵律明快，朗朗上口。新闻接近口语体，不能艰深拗口。新闻标题同样也需要明了简洁，必要时还可以使用一些修辞手法，在字数、节奏和声律等方面反复推敲，使其读起来更为朗朗上口，在潜移默化中使读者感受到语言

---

① 刘金龙. 英语新闻标题中的修辞格及其翻译 [J]. 中国科技翻译，2011 (2).
② 陶玉康. 英语新闻标题的修辞格与翻译 [J]. 南京理工大学学报（社会科学版），2008 (5).
③ 吴春梅. 英语新闻标题的十大修辞格及其翻译 [J]. 陕西教育（高教），2008 (5).

内在的韵律，为新闻标题这双眼睛添加神采。

在网络英语新闻标题中常用的修辞手法有双关、比喻、夸张、对偶、典故、押韵、借代、比拟、反语①、讽刺等。因事物间的关系是多方面的，所以修辞的类型和表现方式也不胜枚举，而在新闻报道中更是如此，可以说举凡人类的物质世界、精神世界以及自然界所发生的一切事件无一不在新闻报道的关注之中。我们无法一一列出修辞在新闻报道中的各种类型，以下列举的只是最常见的双关、比喻、夸张、对偶、典故、押韵的修辞手法，来说明网络英语新闻标题的修辞特征。

第一，双关。

双关可以使语言意蕴丰富，诙谐幽默，或具有嘲弄讽刺的修辞效果，达到吸引读者的目的。双关就是用一个词在句子中的双重含义，借题发挥，作出多种解释，旁敲侧击，从而达到意想不到的幽默、滑稽或嘲讽的效果。它主要以相似的词形、词意和谐音的方式出现。双关修辞格用一个词或一句话表达两层不同的意思，使语言表达妙趣横生，收到由此及彼的修辞效果。②

双关可以分为语音双关、语义双关和短语双关三类，或插科打诨，或借题发挥，或指桑骂槐，用于新闻标题可达到吸引读者的效果③。具体来说，所谓双关是指语句表达了两层含义，一层是较为浅层的意义，而另一层则是较为深层的意义。

在新闻标题中使用双关作为修辞手法，具有一定的功能。首先，它具有表达功能，即传递新闻信息的功能。它可以使话语信息更加准确、生动及形象。其次，双关还具有情感功能，人们能够通过使用修辞语言来表达其当时的情绪和情感。最后，双关还具有幽默功能，它通过幽默诙谐的言语表达向人们传递情感和新闻信息。④

---

① 反语（Irony）是用和本意相反的话来表达本意的一种修辞手法，常常可以用于谴责、净化、锤炼、发泄、蔑视和升华的目的，因此它带有滑稽的味道，不仅使人发笑，而且旨在通过发笑达到讽刺的目的。对于网络英语新闻标题中反语修辞格的翻译，可用直译加注解的方法来翻译，如此保留了原语的幽默与讽刺意味，同时，译文读者还能得到与原文读者大致相同的感受。

② 双关（Pun）：词语表面上是一个意思，而暗中隐藏着另一个意思，即一语双关。如："Getting Pounded"。Pound 一词可作名词，指英国的货币单位；也可作动词，意思是"使劲地打"。此处利用一词多义的语义条件，用一个词语同时兼顾了两种不同的含义，意指作者遭受英镑通货膨胀严重的打击，真可谓一箭双雕。

③ 邓曼娜. 浅析英语新闻报刊文体的翻译 [J]. 西南科技大学学报，2004（3）.

④ 林艳. 概念整合理论对英语新闻标题中双关语的认知阐释 [J]. 重庆理工大学学报（社会科学版），2010（11）.

例1

原文：Microsoft opens a new Window of opportunity.

译文：微软又开"新窗"，window XP 进军市场。

分析：双关作为一种修辞手段，经常被用于英文新闻标题中以取得幽默、讽刺等奇妙的效果。然而，由于英汉两种语言结构和表达的不同，英文新闻标题中双关的汉译成为一个难点。简洁（brief）、准确（accurate）、抢眼（eye-catching）是新闻标题翻译的宗旨，力求在汉译时兼顾以上三个方面。译者要准确理解标题领悟其妙处、适当照顾译文特点、增强可读性，并重视读者的接受能力。双关常常为了幽默或讽刺而用，其直译往往不能表达作者原文的寓意所在。为便于读者理解，汉译要将双重含义分别译出。是否能译好含有双关的标题决于译者的修辞知识和运用英语、汉语的能力。故译者可采用意译的方法，适当地增补词语，以便使译入语读者获得像原文读者一样的修辞效果。该标题中"Window"有两重含义，一是指微软公司开发了一种新的产品，即新的"Window XP"系统。这是表层的含义；另一个较为深层的含义是由于微软公司开发了这种廉价的手提电脑新产品，不仅给微软公司也给广大消费者提供了更多的发展机会。[①]

例2

原文：World toilet summit: A flush of excitement.

译文：世界厕所峰会：阵阵激流涌动。

分析：第四届世界厕所峰会在北京召开，来自世界的专家们聚集北京探讨如何进行厕所革命，改善城乡的厕所条件，并主办世界厕所博览会，介绍各国厕所文化和各种新设备、新技术。该网络英语新闻标题中"flush"有两重含义，一是指冲刷厕所的"激流"，这是浅显的表层含义；另一个较为深层的含义是暗指峰会上专家们探讨和交流厕所革命和厕所文化的激烈场面。双关是一种值得人们回味的非常有趣的修辞方式。在网络英语新闻标题中使用双关语，风趣幽默，使读者印象深刻，让读者回味无穷、流连忘返。[②]

第二，比喻。

相较于其他文体，新闻标题有着显著的特点：目的明确、情感分明、简短精练、修辞多样，能够更有效地帮助读者阅读和理解新闻。[③] 标题浓缩新闻内容，体现着新闻的要义和记者的观点，甚至限定新闻的基调。比喻是英语新闻

[①] 范纯海. 英语新闻标题中修辞格的特点及翻译 [J]. 新闻爱好者, 2010 (18).

[②] 王静宜. 文化视角下新闻英语中修辞格的翻译研究 [D]. 咸阳：西北农林科技大学, 2012.

[③] 陶玉康. 英语新闻标题的修辞格与翻译 [J]. 南京理工大学学报（社会科学版）, 2008 (10).

标题常见的修辞手法。新闻记者或编辑在制作新闻标题的过程中会大量使用比喻（隐喻）。比喻（隐喻）涉及两个认知范畴：具体和抽象（熟悉和陌生），通过恰当运用隐喻的修辞手法，传播者不仅可以清晰地表达新闻内容，而且可以借此使传受双方的信息理解高度统一。同时，比喻（隐喻）使新闻标题鲜活灵动，可以激活读者的认知环境，从而有效地吸引读者。①

标题里含有比喻修辞格的新闻更容易让读者理解，同时更容易引起读者的注意和兴趣。网络英语新闻标题中常会运用一些比喻修辞手法，来增强新闻的趣味性，力求瞬间即能引起读者的注意。比喻是人们对事物或现象认知的一种方式，即将深奥的抽象的难以理解的事物或道理类比于浅显的具体的易于理解的事物或道理，旨在使读者获得对某些事物或现象中不为人们所知晓的某些特征更好的认知和理解。人们往往参照已知的、熟悉的、具体的概念去认知或思考未知的、陌生的、抽象的概念，在网络英语新闻标题中使用比喻这种修辞手法，不仅使新闻看起来更加形象、生动，而且可使读者阅读新闻更加便利，加深对新闻主题的理解。②

人类的语言是有限的，新闻编辑都试图用有限的词汇给人们报道世界发生的各种新奇事件或描绘出无限的世界景象。人们在试图表达某一特定的概念或新情境时，往往会借用现成的词语和人们熟知的一些概念。英语新闻标题中大量使用比喻（隐喻），把不断出现的新问题、新情况、新现象、新事物即时地报道出来，就属于这种情况。利用人们熟悉的事物，在新旧事物之间架桥，比喻（隐喻）不仅形象地表达了新闻信息，而且可以降低人们理解新闻信息的难度。③

例1

原文：Syria in the war："hell".

译文：战火中的叙利亚像人间地狱。

分析：该网络英语新闻标题将战火中的叙利亚比喻为 hell（人间地狱），用词短小精悍，意义丰富饱满，生动形象地反映了战火中的叙利亚人民悲惨的遭遇。正如该标题一样，英语新闻标题中的比喻（隐喻），有时还连带使用引号、冒号等标记，以突出"焦点词"的非常规意义，使信息的传播过程更加省时省力，同时又不损害表达的精确性和形象性。叙利亚原为中东比较富裕的国家，人民幸福，可以称得上是人间天堂，但连绵数年的战争导致人民流离失所、朝

---

① 范纯海. 英语新闻标题中修辞格的特点及翻译 [J]. 新闻爱好者，2010 (18).
② 陶玉康. 英语新闻标题的修辞格与翻译 [J]. 南京理工大学学报（社会科学版），2008 (10).
③ 范纯海. 英语新闻标题中修辞格的特点及翻译 [J]. 新闻爱好者，2010 (18).

不保夕。那些坚守家园的人们，生命时时刻刻都面临着威胁。

例2

原文：Smiles mask steel as Trump tough on North Korean nuclear threat.

译文：微笑面具下是钢铁，特朗普在朝核问题上态度强硬。

分析：在这个网络英语新闻标题中，编者将特朗普的"标志性"的微笑比作"面具"，实际上特朗普在朝核问题上的态度犹如钢铁一样的坚硬，这种比喻给读者留下深刻的印象。

例3

原文：Wall Street Catching the Asian Flu.

译文：华尔街患上"亚洲流感"。

分析：这是一篇关于亚洲金融危机使华尔街的股票大跌的报道。1998年的席卷亚洲许多国家的金融风暴使亚洲许多国家的经济遭到严重打击，其影响也波及世界其他的国家和地区。在这个全球经济一体化的年代，往往"牵一发而动全身"。该标题运用比喻的手段，将亚洲金融危机比作流感，形象地反映了金融危机给美国带来的影响。这一标题运用比喻修辞手法，可谓新颖别致、机智俏皮，其中的幽默风趣跃然纸上，令人慨叹不已。[1]

例4

原文：Second-hand smoke is a "killer at large".

译文：二手烟犹如在逃杀人犯。

分析：该新闻报道，5.4亿中国人的生命健康正面临着"二手烟"（被动吸烟）的严重威胁。该网络英语新闻标题运用了比喻的修辞格。标题中的本体"Second-hand smoke"（二手烟）和喻体"killer at large"（在逃杀人犯）分属不同的范畴，字面搭配不合逻辑，却使得新闻标题更加引人注目，也更加令人警醒。

第三，夸张。

夸张指用夸大的词句来形容事物的特点，是一种故意夸大其词或言过其实（overstatement）的修辞手法。换句话说，夸张是运用丰富的创造力和想象力，对某一事物或现象的特征在客观现实的基础上刻意放大或缩小的一种修辞手法。[2] 按性质分类，夸张分为扩大夸张（extended hyperbole）和缩小夸张（reduced hyperbole）。所谓扩大夸张是指将描写对象的形象、数量、作用、程度等特征性的东西说得特别高、特别大。例如 His eloquence would split the rock！

---

[1] 王静宜. 文化视角下新闻英语中修辞格的翻译研究 [D]. 咸阳：西北农林科技大学，2012.

[2] 王静宜. 文化视角下新闻英语中修辞格的翻译研究 [D]. 咸阳：西北农林科技大学，2012.

（他的雄辩之利能劈磐石）；所谓缩小夸张是指将描写对象的形象、数量、作用、程度等特征性的东西说得特别低、特别小。例如 It is the last straw that breaks the camel's back（骆驼负载过重，加根草就能压死）。

夸张旨在揭示事物或现象的本质特征，或是为了表达强烈的思想情感，以增强语言的艺术感染力。夸张虽然与事物或现象的真实情况有一段距离，但又合乎情理，能够引起读者的共鸣。在网络英语新闻标题中运用夸张的修辞手法，有利于揭示新闻事件的本质特征，能够刺激读者强烈的好奇心，引起读者的阅读兴趣。①

例1

原文：Suicide an awful hole in U. S. .

译文：在美国自杀问题非常严重（无底洞）。

分析：这则网络英语新闻标题运用夸张的修辞手法揭示了在美国自杀现象非常严重。美国是世界最发达的国家，也是自杀率最高的国家之一，统计表明45~54岁年龄段的人自杀率最高，这也说明在美国45~54岁年龄段的人社会压力最大。

夸张具有抒发作者或说话人的强烈感情，表达其内心的深刻感受，具有加深印象、幽默、讽刺的特点，还有简明、生动、形象、使人易懂的特点，在网络英语新闻标题中运用夸张（hyperbole）修辞格可用来渲染气氛，突出形象，增强感染力和标题的吸引力。②

第四，对偶。

对偶修辞指将意义完全相对的语句排在一起对比的一种修辞方法。也就是说，对偶是用字数相等、结构形式相同、意义对称的一对短语或句子来表达两个相对或相近意思的修辞方式。③ 在汉语中，"棋逢敌手，将遇良才""差以毫厘，谬以千里""当局者迷，旁观者清"等都是绝好的经典对偶句。英语也和汉语一样有对偶的修辞手法：

例1

原文：Remember what should be remembered, and forget what should be forgotten.

译文：记住该记住的，忘记该忘记的。

---

① 唐见瑞. 新闻英语标题翻译技巧简析 [J]. 新闻记者, 2005 (9).
② 陶玉康. 英语新闻标题的修辞格与翻译 [J]. 南京理工大学学报（社会科学版），2008 (10).
③ 王静宜. 文化视角下新闻英语中修辞格的翻译研究 [D]. 咸阳：西北农林科技大学，2012.

例 2

原文：Alter what is changeable, and accept what is mutable.

译文：改变能改变的，接受不能改变的。

例 3

原文：An optimist sees an opportunity in every calamity; a pessimist sees acalamity in every opportunity.

译文：乐观者于一个灾难中看到一个希望，悲观者于一个希望中看到一个灾难。

对偶由于其结构工整、音律和谐，而且能够拓展意义空间，在英语新闻标题中常常使用。

例 4

原文：Money Attracts, Money Attacks (Beijing Review).

译文：金钱吸引人，但也害死人。

分析：这则新闻报道讲的是某集团公司总裁经不起金钱的诱惑收受巨额贿赂，最终锒铛入狱的故事。标题中 attracts 和 attacks 语义上的鲜明对比，词尾重音和爆破音的强烈冲击，在凸现金钱对人的诱惑与腐蚀的同时，余音未尽，发人深省。

例 5

原文：Tiny Holes, Big Surgery.

译文：小创口，大手术。

分析：在这短短的网络英语新闻的标题中，编辑大胆地运用了对偶的修辞手法，Tiny 与 Big，这是一对意思上完全相反的词，一个不起眼的小伤口，确是个大手术，这到底是怎么回事？一种调侃和讽刺的口吻，使读者的胃口一下子被提了起来，强烈地吸引住了读者的眼球。

第五，典故。

典故（Allusion）是指古书或传说中的故事或词句，引用典故能形象地表达两种不同事物之间的相似性。在标题中使用典故，可增加标题的美感和力度。[①] 典故或"用典"绝对是非常好的修辞手法。但人们常不将它纳入常用修辞之列。典故或用典，即在诗文中援引典故的方法，为修辞方式之一种，指借用典故来表情达意。典故作为引用语料的特殊性在于：在被引入创作的现实语境的同时，它为源出语境所赋予的意义内核也一并引入，由此形成的古今语境的交融形成了用典修辞的丰富的意义含蕴。典故作为引导古今语境相遇的信息语码，

---

① 王静宜. 文化视角下新闻英语中修辞格的翻译研究 [D]. 咸阳：西北农林科技大学, 2012.

起着信息传递的功能。网络英语新闻标题运用典故,一是可以节省文字;二是可以作为说理表意的有力依据;三是行文显得厚重典雅;四是可以引发读者对所指之事与所表之意的模拟联想,收到"不尽之意见于音外"的表达效果。①

网络英语新闻标题中常使用典故的修辞手法。英语新闻尽管讲究所谓的"客观、简约",要求尽量"简化直白",但这并不影响记者、编辑在标题中对典故的妙用。网络英语新闻标题如果适当地用一些典故,会使标题甚至整个文章顿时生辉。

例1

原文:A Tale of Two Debtors.

译文:两个欠债国的故事。

分析:该网络英语新闻标题出自狄更斯《双城记》(《A Tale of Two Cities》)的典故。引用谚语典故(allusion)等可增强标题趣味性,在标题中,一般都借助原有的典故,带着联想,略加改动,其语言效果事半功倍。典故是语言的精髓,具有很强的文化意识,在翻译时,要根据译文读者对标题中的谚语和典故的了解程度来选择直译还是意译,若很了解,就使用直译;不太了解就意译。②

例2

原文:Jimmy Carter is a president of the Spartan habit. (Newsweek, Apr. 4, 1992).

译文:卡特总统生活简朴、严于律己。

分析:英语典故多来自《圣经》和古希腊古罗马神话,如,as old as Adam,据《圣经》记载,Adam 为人类的始祖,即最古老的人物,现意为"非常古老或非常陈旧"。该英语新闻标题中 Spartan 是古希腊神话的英雄。③ 他有很强的自律感,而且生活极其简朴,此处用以称赞卡特总统受人尊敬的品质和生活方式。因此,要准确地理解和翻译涉及典故的新闻标题,就要准确理解新闻标题中典故及其内涵,必须熟悉其产生的历史文化背景和它所使用的文化语境,以求准确地解读和传译原作中蕴含的社会文化信息。④ 这要求译者不仅要熟练地运用两种语言,更重要的是要熟悉两种文化。翻译是一项历史悠久的活

---

① 陈振东,孙矞.英语经济新闻标题常用修辞格及其翻译[J].河北大学学报:哲学社会科学版,2008 (5).

② 陈振东,孙矞.英语经济新闻标题常用修辞格及其翻译[J].河北大学学报:哲学社会科学版,2008 (5).

③ 王静宜.文化视角下新闻英语中修辞格的翻译研究[D].咸阳:西北农林科技大学,2012.

④ 王静宜.文化视角下新闻英语中修辞格的翻译研究[D].咸阳:西北农林科技大学,2012.

动，是一种涉及不同语言和不同文化的交际过程。① 翻译不仅要跨越语言的障碍，而且要跨越文化的鸿沟，典故的翻译更是如此。典故是语言与文化的重要组成部分，记录了不同民族的历史，反映了不同民族的经济生活，透视了不同民族的文化心态和思维方式，沉积了浓厚的文化色彩。② 然而，从英汉翻译的视角着眼，典故是最难翻译的语言现象之一。因此，译者要将孕育于不同文化背景中的典故译成不同的语言而又不产生文化冲突，确实并非易事。③

第六，押韵。

押韵是利用词语的语音特点创造出来的修辞手法。押韵使得新闻标题节奏鲜明、抑扬顿挫、格调优美。对照或对比注重的是内容，而押韵注重的是形式。④ 英语的押韵可以根据单词的音素重复的部位不同而分成不同种类，最常见的有头韵（alliteration）和尾韵（rhyme）。头韵指词首重复，如"great"和"grew"；尾韵则指词尾音素重复，如"hustle"和"bustle"。头韵简明生动，可以渲染对比、突出重点、平衡节奏、加深印象，所以使用头韵已成为英语报刊中的一种时尚。⑤

英语喜押头韵（alliteration），而汉语少见头韵，倒常见尾韵（ending rhyme），各自的音韵特色在翻译时也很难转换。在英译汉的过程中，英语头韵的修辞格应该如何充分翻译呢？英汉两种语言都各有特色，我们在翻译时要充分发挥这两种语言各自的优势，最理想的情况是保留原语言的修辞特征和效果，如果不可行，则可适当采用汉语里的修辞手法，力求达到与原标题一样生动、形象的效果。⑥

例 1

原文： No Fans? No Fret!

译文： 赛场没人气？"咱可没生气！"

分析： 上面这则网络英语新闻标题点出这样一个新闻事实：在雅典奥运会开始几天，赛场观众寥寥无几。在一场网球比赛时，8000 多人的体育场只坐了

---

① 陈振东，孙颖. 英语经济新闻标题常用修辞格及其翻译［J］. 河北大学学报：哲学社会科学版，2008（5）.
② 吴自选. 文化差异与电视新闻翻译——以选送 CNN + World + Report 的新闻片汉译英为分析个案［J］. 上海翻译，2005（1）.
③ 陶玉康. 英语新闻标题的修辞格与翻译［J］. 南京理工大学学报（社会科学版），2008（10）.
④ 王静宜. 文化视角下新闻英语中修辞格的翻译研究［D］. 咸阳：西北农林科技大学，2012.
⑤ 陈振东，孙颖. 英语经济新闻标题常用修辞格及其翻译［J］. 河北大学学报：哲学社会科学版，2008（5）.
⑥ 吴自选. 文化差异与电视新闻翻译——以选送 CNN + World + Report 的新闻片汉译英为分析个案［J］. 上海翻译，2005（1）.

500 人。不过运动员显得颇有风度，在接受记者采访时，他们表示对此并不介意。原文两行标题结尾处用了由两个 f 起首的单词 fans（球迷）和 fret（烦恼），构成了英语中常用的头韵（alliteration）修辞手法，读来很有节奏感。译文通过押韵加叠词的手段，用"人气"和"生气"这两个词，在相当程度上体现出了原文的风味，使译文对译文读者达到了原文对原文读者几乎相同的修辞效果。①

例 2

原文：After the Booms, Everything Is Gloom.

译文：繁荣不再，萧条即来。

分析：该网络英语新闻标题中的"Boom"和"Gloom"构成尾韵（rhyme），而汉语译文通过"再"和"来"，也达到了押韵的效果，读来朗朗上口。而从结构上讲，译文也与原标题一样对仗工整，不失为一种好的翻译。当然，这则标题还可有其他译法，例如：一别繁荣一片愁容，也是两句八个字，不但首尾都押韵，而且把原文的事实性陈述化成了形象性描述，给人一种行文紧凑，一气呵成的感觉。②

例 3

原文：Ballots, no Bullets. （TIMES, 1995）

译文：要和平，不要战争。

分析：该英文标题的译文尽管没有把原来的 ballot 的字面意思充分译出，是一种意译。但综合整篇新闻内容，考虑到原标题的结构和修辞手法，汉译时我们可以适当地采用汉语的修辞格以求最大限度地达到与原标题相当的表达效果。"要和平，不要战争"首先在结构上是与原标题基本一致的，英语标题是后半句比前半句多一个单词，中文也尽量做到后半句比前半句多一个汉字。而从修辞上讲，汉语标题也适当采用了对比的手法，"要"与"不要"，"战争"与"和平"形成强烈的视觉与意义对比，同样可以达到增强语气的效果。③

综上，新闻标题作为传达给读者的第一信息，应当言简意赅、吸引眼球。在英语新闻标题中经常出现各种修辞手段，其主要目的是为了使标题生动、有趣，以便吸引读者的注意。修辞手法在英语新闻标题中的主要作用是生动形象、通俗易懂、朗朗上口。生动形象的新闻标题就如一双炯炯有神的眼睛，能够起到传神达意和吸引读者注意力的作用。生动形象的语言表达能赋予这双眼睛以神采，因此，标题中恰当使用修辞手法能够使标题生动形象，使抽象的东西具

---

① 王静宜. 文化视角下新闻英语中修辞格的翻译研究 [D]. 咸阳：西北农林科技大学, 2012.
② 王静宜. 文化视角下新闻英语中修辞格的翻译研究 [D]. 咸阳：西北农林科技大学, 2012.
③ 王静宜. 文化视角下新闻英语中修辞格的翻译研究 [D]. 咸阳：西北农林科技大学, 2012.

体化，使概念化的东西形体化，从而赋予标题以明晰的立体感，唤起读者丰富的联想，引起阅读的兴趣。英语新闻标题中恰当地使用一些修辞手段不仅可以为标题增光添彩，增强新闻本身的可读性，也使得新闻报道能更清楚地向读者传达信息。①

必须指出的是，修辞的使用也应当谨慎，决不能为了增强效果而滥用修辞手段，应当根据不同的新闻内容恰如其分地使用修辞手段。如果使用得不恰当，非但不能起到增光添彩的作用，反而会造成词不达意，违背了新闻创作的初衷，那就得不偿失了。

4.1.5　结语

英语新闻作为一种重要的跨文化传播媒介，正越来越受到英语爱好者及普通大众的关注。在英语新闻中，标题常被人们比作题眼，它是新闻内容的集中和概括，用简约的文字浓缩了新闻报道中最精华、最值得关注的内容。英语新闻标题在语言上有着自己独特的写作风格，在措辞、句式、修辞等方面的特点非常鲜明突出。② 为了吸引读者的注意力，现代英语新闻的编辑们往往采用各种手法来提升新闻标题的吸引力，所写就的文辞清新、简练、妙趣横生且富有时代气息。了解英语新闻标题在语言上的特色，不仅可以帮助我们更好地理解英语新闻，也能给汉语新闻的标题写作带来一些借鉴。③

新闻标题是新闻的精髓，对于由网络媒体发布的新闻而言尤为重要，因为网络新闻标题以链接形式逐行列出，是读者选择阅读新闻内容的导航。如果网络新闻标题吸引度不够，读者就不会点击链接阅读该条新闻。因此，网络新闻编写者需把握网络新闻标题的特点和发展趋势，以适应时代和读者的需求。新闻的标题是新闻内容的"向导"和精华所在，既可高度概括新闻内容，又生动具体、直观易懂，吸引读者。因而网络新闻英语标题语言大多简洁精炼，表意清晰易懂。因要照顾到文化水准较低读者的理解力和接受能力，故句子多不太复杂，词语多用短词和常用词，但有时运用合适的修辞手法使表述显得生动有趣。④

在海量的英语新闻中，阅读标题是寻找自己感兴趣的内容的第一步。标题犹如新闻的"眼睛"，可以说是新闻报道的灵魂。为了抓住读者的眼球，网络

---

① 唐见瑞. 新闻英语标题翻译技巧简析 [J]. 新闻记者, 2005 (9).
② 陈振东, 孙翩. 英语经济新闻标题常用修辞格及其翻译 [J]. 河北大学学报：哲学社会科学版, 2008 (5).
③ 王静宜. 文化视角下新闻英语中修辞格的翻译研究 [D]. 咸阳：西北农林科技大学, 2012.
④ 王静宜. 文化视角下新闻英语中修辞格的翻译研究 [D]. 咸阳：西北农林科技大学, 2012.

英语新闻标题必须以其醒目而独特的形式，以高度提炼、立意新颖的词语并借助各种必要的修辞手法，向读者提示该则新闻的要点，使其一览而知其全貌。英语新闻标题在词汇、句式和修辞等方面与平常的英语表达方式有明显不同，作为中国读者，掌握英语新闻标题的一些特点，将会大大提高阅读和获取信息的效率。

4.2 英语新闻标题中的修辞格的翻译方法探析

4.2.1 引言

读者往往根据新闻标题来决定该篇新闻报道是否先读、可读或不读。一个精彩的新闻标题可以在瞬间拨动读者的心弦，犹如磁石一般吸引着读者。因此，新闻标题除了在选词上做到新颖、抢眼之外，通常还采用各种修辞手段来增强语言的简练性、形象性和趣味性。英语新闻要吸引更多中国读者的目光，新闻标题中的修辞法的翻译方法就很值得探讨。[1]

为增加报道的可读性、生动性，在新闻报道中经常灵活地运用某些修辞手段。修辞是用准确生动的语言文字传递信息、表达思想感情的技巧。为求形式的新颖以吸引读者，英语新闻标题经常使用修辞手法。新闻报道一般分为标题（headline）、导语（lead）和正文（body），其中，新闻标题是新闻的眼睛，也是读者阅读时的向导。有新意的标题可以一下子抓住读者的眼球，吸引读者的注意力。一个好的标题也同时是对新闻内容的高度概括，它提纲挈领、言简意赅。[2] 英语新闻标题具有概括性强且简约凝练的特点，不仅可以一语中的地传递出新闻的大致内容，而且还蕴含了一定的美学价值。[3] 为了能够更好地突出英语新闻标题的欣赏性，报道者应当结合新闻主题来灵活性地采用不同类型的修辞格，从而给读者带来耳目一新、轻松幽默之感。[4]

新闻的标题如同一本书的书名一样，是给读者的第一印象。有的标题平庸而常见，而有的却新颖独特，言简义丰。适当地运用修辞格是使英语新闻标题

---

[1] 范纯海. 英语新闻标题中修辞格的特点及翻译 [J]. 新闻爱好者, 2010 (18).
[2] 陈振东, 孙翻. 英语经济新闻标题常用修辞格及其翻译 [J]. 河北大学学报：哲学社会科学版, 2008 (5).
[3] 王静宜. 文化视角下新闻英语中修辞格的翻译研究 [D]. 咸阳：西北农林科技大学, 2012.
[4] 陈振东, 孙翻. 英语经济新闻标题常用修辞格及其翻译 [J]. 河北大学学报：哲学社会科学版, 2008 (5).

独树一帜的好方法。为了达到吸引读者、概括新闻内容的目的，英语新闻标题常常采用各种各样的修辞方法。翻译的过程中，译者应有意识地在不影响理解的情况下尽量保留原文的修辞特色。"英文新闻标题汉译不仅需要译者的语言、文化、艺术的综合能力、文字搭配创造性和想象力，而且更要考虑读者的审美情趣和接受能力"①。

新闻标题是新闻报道的浓缩和精华，是新闻报道的主题概括。在生活节奏如此快捷的时代，在浩瀚如烟的各种新闻报道中，读者往往透过新闻标题来决定是否继续阅读新闻标题之下的具体新闻内容。因此，各个新闻媒体都在新闻标题上下足了功夫，都力求使新闻标题简洁明快、言简意赅、新颖别致、引人注目。② 新闻标题是否能吸引读者的眼球，是否能给读者不同凡响的视觉刺激，是否能给读者异常别致的心理和情感体验，是否能激发读者的想象力和探求知识的欲望，其中恰如其分、精美别致的修辞格的运用是一个非常重要的因素③。修辞让新闻标题变得更加生动、幽默、形象，更好地吸引读者的眼球。因此，英语新闻编辑们总是试图在新闻标题中运用夸张、对偶、比喻、押韵、双关、典故、仿拟、拟人等各种修辞格，以便使标题具有音美、形美和意美，更加富有语言艺术的魅力，给读者带来美的享受并引起读者心灵的共鸣。④

在世界经济全球化和一体化的背景下，世界就是一个地球村。英语是世界通用语言，要了解地球村正在发生的重大事件以及其他新闻信息，就要看世界主要媒体发布的英语新闻，而中国读者数量庞大而英语水平参差不齐，因此在这个信息社会里，为了服务广大中文读者，英语新闻的汉译显得十分必要。很多情况下，英语新闻标题因其独特的选词、句型结构和语法特点，译成汉语并不容易，它不仅要求译者对西方国家的文化、历史及事件发生的背景有全面的了解，还要熟知中西方的历史及语言的修辞特点，并掌握特定的翻译技巧。只有这样，才能更好地传达作者的原意，达到翻译"信、达、雅"的效果。⑤ 而英语新闻标题中修辞格的翻译是英语新闻标题翻译的重点和难点。英语新闻标题中修辞格的翻译，要求新闻翻译工作者要多注意日积月累，对英语国家的国家历史，习语典故，文化背景有相当程度的了解，在翻译时，能将原新闻标题

---

① 廖志勤. 英文新闻标题及其翻译策略 [J]. 中国科技翻译，2006 (2).
② 陈振东，孙蒴. 英语经济新闻标题常用修辞格及其翻译 [J]. 河北大学学报：哲学社会科学版，2008 (5).
③ 王静宜. 文化视角下新闻英语中修辞格的翻译研究 [D]. 咸阳：西北农林科技大学，2012.
④ 陶玉康. 英语新闻标题的修辞格与翻译 [J]. 南京理工大学学报（社会科学版），2008 (10).
⑤ 陈振东，孙蒴. 英语经济新闻标题常用修辞格及其翻译 [J]. 河北大学学报：哲学社会科学版，2008 (5).

的妙笔生花、画龙点睛之笔用同样精炼的汉语表达出来,让读者感受到异曲同工之效。在对英语新闻标题中进行翻译时,还应该充分考虑英语和汉语的差异性,能兼顾到汉语的表达习惯。本书认为,英语新闻标题中修辞格的翻译方法主要有:通过直译保留原修辞格、通过归化翻译再现原文修辞格和舍弃原修辞格进行归化翻译三种方法。以下对英语新闻标题中修辞格的三种翻译方法进行分析。

4.2.2 通过直译保留原文修辞格

直译和意译孰是孰非在我国翻译界争论不休,迄今未有定论。笔者以为,两种译法各有长短,翻译中需视实际情况而定,扬长避短。① 但无论直译还是意译,都应把忠实于原文内容放在首位。就英语新闻标题翻译而言,笔者以为,如果英语标题的含义明白,译成汉语以后中国读者不至于产生理解上的困难,可考虑采用直译或基本直译。在一般的应用翻译中,译者应尽可能采用直译法,因为用直译法翻译书名、篇名和标题,不仅能传达源语的形式美,而且能较好地保留其旨趣。②

人类文化存在种种共性,它形成了人类对自身和外部世界的种种共识。基于这点,英、汉两种不同语言中修辞的使用存在着惊人的相似之处。两者实现修辞的基本手法和主要模式极为相似,两者的修辞效果也几乎完全等值。因此如果原新闻标题中的修辞格在汉译后不会令人误解,则可通过直译或基本上直译来再现源语的内容、形式与风格,实现等值翻译。③

无论英语还是汉语,新闻的标题都非常简洁精炼。这种简练的方式通常都会运用各种修辞方式,不但有效传递了信息,而且引人注目。所以,在翻译英语新闻时,要尽可能地展现原标题的修辞特点,使得译文的修辞方式与原文的修辞方式一致。虽然各种语言之间差异性毋庸置疑,但世界上任何语言的共性是占主导的,英语和汉语在修辞方面也有相通性,因此大部分英语新闻标题中的修辞格,都可以通过直译原汁原味地在汉语中体现出来,且一般不会造成误译或歧义以及导致汉语读者理解上的障碍。因此凡属于可译范围的修辞格,为了保留原文修辞的特色,应该尽可能采取直译。④

---

① 陈振东,孙嬛. 英语经济新闻标题常用修辞格及其翻译 [J]. 河北大学学报:哲学社会科学版,2008 (5).
② 王静宜. 文化视角下新闻英语中修辞格的翻译研究 [D]. 咸阳:西北农林科技大学,2012.
③ 陈振东,孙嬛. 英语经济新闻标题常用修辞格及其翻译 [J]. 河北大学学报:哲学社会科学版,2008 (5).
④ 王静宜. 文化视角下新闻英语中修辞格的翻译研究 [D]. 咸阳:西北农林科技大学,2012.

例 1

原文：Israeli and Palestinian, to be fight or not to be fight?

译文：以色列和巴勒斯坦，是战还是和？

分析：该英语新闻标题运用了典故的修辞手法。典故是一个民族文化的精华体现，来源于历史典故、神话传说、名著、名言、艺术、文学、电影、音乐或是谚语。新闻标题中的典故让人体会到英美文化妙不可言的魅力。① 该英语新闻标题运用的"典故"的修辞格，套用了莎士比亚的作品《哈姆雷特》中的经典名句"To be, or not to be: that is the question"（生存还是灭亡，这是个问题）。该标题的汉语译文"以色列和巴勒斯坦，是战还是和？"则体现了原文修辞格原有的蕴意和语言艺术的魅力。②

例 2

原文：New blood, ancient wounds.

译文：新血旧伤。

分析："New blood, ancient wounds"是一篇报道战后伊拉克恐怖活动频繁、社会秩序混乱的新闻标题，该标题运用了"对比"的修辞格，即 new 与 ancient 相对照，有意造成语义上的对比，增强语言的表现力。押韵注重的是形式，而对比注重的是内容。对比是利用词义间的相反来突出文章的内容。如 New Blood, Ancient Wounds 中使用一对反义词 new 和 ancient，说明伊拉克新选的领导人执掌的却是一个朝着内战蹒跚而行的国家。该标题的译文再现了原文修辞格，很容易吸引译文读者的眼球。中国读者通过阅读这篇新闻报道，对处于水深火热的伊拉克人民深表同情，同时更加珍惜我国政通人和、人民安居乐业的美好现状。③

例 3

原文：Red star over Hong Kong.

译文：红星照耀下的香港。

分析：该新闻报道主要是介绍回归后的香港一片繁荣的景象。此例的英语新闻标题就是模仿美国著名作家兼记者斯诺的经典著作"Red star over china"（红星照耀下的中国）。编辑常在英语标题中模仿名著、名言、成语、诗歌等来表现标题的特殊魅力。实际上，该新闻标题就运用了"仿拟"的修辞手法。为

---

① 陈振东，孙翩. 英语经济新闻标题常用修辞格及其翻译 [J]. 河北大学学报：哲学社会科学版，2008（5）.

② 王静宜. 文化视角下新闻英语中修辞的翻译研究 [D]. 咸阳：西北农林科技大学，2012.

③ 王静宜. 文化视角下新闻英语中修辞的翻译研究 [D]. 咸阳：西北农林科技大学，2012.

了使标题语言活泼、幽默，有时甚至为了达到吸引读者眼球的目的，英语新闻中大量采用了仿拟修辞格①。新闻标题中借用现有的词、句，或进行语音形式或句式上的仿造，可获得独具审美情趣的、新意义。仿拟就是模仿人们非常熟悉的典故、成语、习语、谚语②以及经典著作或经典的名言警句等，达到吸引读者的眼球的修辞手法。换句话说，仿拟指的是套用那些人尽皆知的习语③、谚语、典故、名诗佳句、文学名著或名人名言，以达到新奇幽默的效果。在新闻标题中灵活使用仿拟的修辞手法，不但可以生动形象地表达新闻内容，更能瞬间抓住读者的眼球，吸引读者注意力，让人回味无穷。就英语和汉语④而言，二者都有悠久的发展历史，而且文化也源远流长，留下了大量可供仿造和借鉴的熟语及典故，这些都为仿拟的使用提供了广泛的空间。这则新闻标题翻译给我们的启示就是，对于这些仿拟修辞格，翻译时，可采用套译（也称仿译）法。从某种程度上说，套译法也是一种直译法，但又不尽相同。套译法能较好地体现原文的修辞特点，传达原文的交际和美学修辞效果。⑤ 例如：Don't Cry for Me, England（英格兰，别为我哭泣），这则标题原文（仿体）仿拟了一首脍炙人口的歌曲名 Don't cry for me, Argentina，仿体中将 Argentina 替换为 England，非常形象生动。译文套用了本体的翻译，保留了原文的修辞格。再例如 To Arm or Not to Arm—That Is the Question（携带武器还是不携带武器是个问题），这是一则关于英国警察是否佩带武器的报道，标题套用了莎士比亚名著《哈姆雷特》中的一句名言 "To be or not to be, that is the question"（是生存还是毁灭，这是一个问题），如此再现了警察是否佩带武器这一艰难抉择。

---

① 刘金龙，戴莹. 英语新闻标题中的仿拟辞格及其翻译研究 [J]. 上海翻译，2012 (4).
② 谚语 (Proverb)：指广为流传的固定语句，语言精练，寓意深刻。如 A bird in the hand is worth two in the bush. 一鸟在手，胜似二鸟在林。
③ 习语 (Idiom)：是指那些经过长期反复使用后自然沉淀的形式固定、简洁明快、寓意深刻的短语或短句，它们的意义不是来自单个词的意义，而是必须从整体上来理解。如 fight the clock 是习语，其表达方式简捷精炼，语言生动活泼，可译为"争分夺秒"。还如 give sb a taste of his own medicine 也是习语，译为"自食其果"。
④ 无论是汉语，还是英语，仿拟都是一种非常生动有趣的令人印象深刻并耐人寻味的修辞格，如"默默无闻的奉献"（蚊香的广告语）就模仿了成语"默默无闻"。在英语中，仿拟同样达到类似的效果。在翻译这部分英语新闻标题时要相对于其他修辞格的汉译要容易得多，因为大部分被使用的习语、谚语、典故、名诗佳句、文学名著或名人名言在日常生活中都已经有了约定俗成的译法，在翻译的时候我们只需要把握好标题的内涵，把"仿拟"的具体内容以适当的方法表达出来就可以了。即对英语新闻标题中仿拟修辞格进行翻译时，可以参考其"仿拟"的原文的翻译，基于此，将"Red star over Hong Kong"译为"红星照耀下的香港"就会达到与原文同样的修辞效应。
⑤ 刘金龙，戴莹. 英语新闻标题中的仿拟辞格及其翻译研究 [J]. 上海翻译，2012 (4).

例 4

原文：Ugly Duckling N-Ship at Last Gets Happy Home.

译文：丑小鸭核动力船终于找到安乐窝。

分析：这则新闻讲述的是某国一艘核动力船，因许多国家担心核污染而拒绝让其靠岸，所以只得在海上到处漂泊，历经周折之后最终被获准在一个港口停泊。原标题中以调侃的语气将这艘核动力船比喻成安徒生笔下的"an ugly duckling"（丑小鸭），这也是广大中国读者早已熟悉的典故，故译者采用"拿来主义"的直译手法，读者一看也就明白怎么回事了。

以上几则英语新闻标题属于直译或基本直译，没有洋腔洋调，显得很自然流畅，而且以汉语的形式体现了原文的修辞格。直译虽能较好地传达原作的形式和内容，但也并非是字字对译的文字转换。也就是说，直译时，译者也可以进行适当的文字调整。通常情况下，可分为增词直译和减词直译两种。①

增词直译：由于新闻标题编辑时受字词数的限制，很多情况下一些相关的背景知识，如人物、事件等未必都能尽含其中。若字对字进行直译，读者未必能了解该报道的主题内容。增词直译可视具体情况，在译文中增添一些有关人物、事件的补充信息，使译文明白易懂。所以说，增词直译是一种有效的补偿方法和手段。例如：Pilot's Final Flight（特拉格纳的告别飞行）。该标题采用了头韵②的修辞手法，读来琅琅上口，但读者不读新闻内容就难以知晓究竟是谁在进行告别飞行，结果很可能不会去浏览这则新闻。基于此，译文中增添了人名特拉格纳，使原文主旨瞬间明了。

减词直译：由于英汉语言的不同特点，有些词语或句子成分在原文中必不可少，但翻译时，若照搬到译文中，就可能影响到译文的简洁和通顺。故译者应对其进行必要的"瘦身"手术，使其符合目的语的表达规范。③ 例如：500 Reported Killed in South Korea Building Collapse（韩国大楼倒塌致使500人丧生）。该标题遵从了交际修辞中的简约美这条原则，省略了不少成分，补充完整后应该是："500 People Were Re-ported to Be Killed in South Korea Building Collapse"。原标题中，省略了 People，Were Reported 和 to Be 这三个成分。而译文中，则省略了 Reported 一词，而不会影响原文含义的传达。

---

① 王静宜. 文化视角下新闻英语中修辞格的翻译研究［D］. 咸阳：西北农林科技大学，2012.

② 头韵简明生动，可以渲染对比、突出重点、平衡节奏、加深印象，所以使用头韵已成为英语报刊中的一种时尚。

③ 陈振东、孙翩. 英语经济新闻标题常用修辞格及其翻译［J］. 河北大学学报：哲学社会科学版，2008（5）.

4.2.3　通过归化翻译再现原文修辞格

所谓归化翻译就是在意译的基础上充分考虑译入语的语言特点和译文读者的文化背景进行翻译。追求新奇有趣是英语新闻一个重要特点，为了引起读者的注意，英语新闻标题中往往使用了大量的修辞手法，一个优秀的译者在翻译时，应尽量保留原文的修辞特点，使读者更好地体会到原新闻标题的幽默风趣、生动形象的语言魅力。① 许多新闻标题不仅以其简洁精炼引人注意，同时也通过运用各种修辞技巧，既有效地传递一些微妙的隐含信息，又使读者在义、音、形等方面得到美的享受。因此，如果由于英、汉两种语言的文化背景和语言特色的差异，导致无法通过直译体现原文的修辞格，译者在翻译时也应尽可能地通过归化翻译再现原文修辞特点，如双关、比喻、押韵等，使译文和原文在修辞上基本吻合，从而让译文读者得到与原文读者近乎一样的感受。② 换句话说，如果原英语新闻标题采用直译的方法不能准确概括新闻的内容，或不能如实体现新闻信息和作者意图，或者不合汉语的表达习惯时，可根据情况适当采用归化翻译去再现原文的修辞格。因此考虑到读者的接受能力等情况，翻译时还需对一些修辞格作适当的变通，做到雅俗共赏，否则译文也难以达到预期的功能。③

英语媒体的新闻标题往往迎合英语读者特别是西方读者的阅读需要，而且由于思维习惯与中国人不同，英语新闻标题的表达方式也与中文有所不同。因此，翻译过程中必须充分考虑到文化背景、思维方式和语言习惯的差异以及我国读者的阅读心理，对国人可能不太熟悉的有关信息、文化背景知识以及不符合国内读者阅读习惯的表达方式等进行必要的变通。④ 在保证翻译准确的前提下再现原文修辞格，是英语新闻标题中的修辞格最佳的翻译方法。通过适当的变通在译文中体现原文的修辞格，可以较完美地体现原文的语言风格和特色以及语言艺术魅力，可以使译文读者对译文获得与原文读者对原文几乎相同的感受。⑤ 以下举例说明：

---

① 陈振东、孙翩．英语经济新闻标题常用修辞格及其翻译［J］．河北大学学报：哲学社会科学版，2008（5）．
② 王静宜．文化视角下新闻英语中修辞格的翻译研究［D］．咸阳：西北农林科技大学，2012．
③ 王静宜．文化视角下新闻英语中修辞格的翻译研究［D］．咸阳：西北农林科技大学，2012．
④ 陈振东、孙翩．英语经济新闻标题常用修辞格及其翻译［J］．河北大学学报：哲学社会科学版，2008（5）．
⑤ 王静宜．文化视角下新闻英语中修辞格的翻译研究［D］．咸阳：西北农林科技大学，2012．

例 1

原文：Japanese dash to v. s to say "I do".

译文：日本情侣蜂拥美利坚，牧师面前誓言"我愿意"。

分析：这则报道是说，美国许多旅行社专门为亚洲国家的情侣推出美式婚礼服务，包括他们在教堂举行正式婚礼等。这一举措立刻受到众多日本情侣的青睐，纷纷赶往美国体验那种教堂婚礼情调。英语原题运用了引喻（metaphor）的修辞手法。以"say，I do"来代替"get married"。略知西方文化习俗的读者都知道，西方人在教堂举行婚礼时，主持婚礼的教士会问双方，"do you take… to bey our lawful wedded wife/husband to live together in the state of matrimony?"[①] 待双方回答"I do"（我愿意）之后，教士即宣布双方正式结为夫妇。因此，"I do"在英语国家中已成为在教堂里举行婚礼的代名词。由于多年改革开放，大多数中国人对西方教堂婚礼并不陌生，但如果把原题直接译成"日本人涌往美国说'我愿意'"，难以让中国读者理解其含义。而译者通过归化翻译再现原文修辞格，根据新闻内容加入"情侣"和"牧师"等词，使译文意义完整、更具可读性。[②]

例 2

原文：No Fans? No Fret!

译文：没有人气，我不生气。

分析：这则新闻的背景是在一个国际大型体育比赛的场馆里，观众出乎意料的特别少，看台上空荡荡的，在比赛一结束，记者采访运动员的感受时，运动员随口机智说出了"No Fans? No Fret!"（没有人气，我不生气）。记者将其作为新闻标题。该新闻标题巧妙地运用了"押韵"的修辞手法，具体来讲属于押韵中的"头韵"，因为"No Fans"与"No Fret"两句中头三个字母是相同的。"Fans"与"Fret"分别是"球迷"和"烦恼"的意思，如果翻译为"没有球迷，我不烦恼"就没有体现原文"押韵"的修辞手法，于是译者将"Fans"与"Fret"分别翻译为"人气"和"生气"，这同样翻译准确，更为重要的是，在中文译文（没有人气，我不生气）中也押韵了，实现了中文读者对中文译文与原文读者对原文几乎相同的反应和语言艺术美感，体现了原文的修辞特点、语言风格和节奏感，属于比较成功的修辞格的翻译。当然也可译成"赛场无人气，咱也不生气！"这同样不仅形式美观，节奏感强，而且读起来朗

[①] 译为："你愿意娶/嫁某某为合法妻子/丈夫，共同过婚姻生活吗？"
[②] 严丽霞．英语新闻标题中修辞的翻译［J］．安徽文学月刊，2009（4）．

朗上口，实现了同样的押韵的修辞效果。①

例3

原文：Kitty going strong at 30.

译文：三十而立，魅力不减当年。

分析：这则英语新闻报道的是，某一国际品牌的玩具Kitty受到中国消费者的青睐，在中国市场已经畅销了30年，而且仍然保持较高的市场份额和强劲的市场前景。这则英语新闻标题采用了"拟人"②的修辞手法，显得生动形象。但如果直译为"Kitty三十岁更强壮"，虽然保留了原文"拟人"的修辞格，但不符合原文的意蕴和汉语的语言风格，有可能使中文读者无法把握该新闻标题的真正含义和实际要传递的新闻资讯，而译为"三十而立，魅力不减当年"，则充分考量了汉语的语言特色和文化背景，而且再现了原文"拟人"的修辞格，使译文看起来更地道，更富有汉语的语言艺术魅力，使译文对译文读者实现了原文对原文读者几乎相同的由于修辞带来的美感。③

例4

原文：After the Booms Everything Is Gloom.

译文：繁荣不再，萧条即来。

分析：该英语新闻标题中的"Boom"和"Gloom"构成尾韵（rhyme），而汉语译文通过"再"和"来"，也达到了押韵的效果，读起来朗朗上口。当然，这则标题还可有其他译法，例如：一别繁荣一片愁容也是两句八个字，不但首尾都押韵，而且把原文的事实性陈述化成了形象性描述，给人一种行文紧凑，一气呵成的感觉。④

例5

原文：Zidane's a hero to zero.

译文：齐达内从真心英雄到伤心英雄。

分析：zero的意思是"零"，由此是说Zidane在足球生涯中英雄一世，却在最后一场比赛中因用头撞人而被红牌逐出，使一世英明化为乌有。这则标题

---

① 王静宜. 文化视角下新闻英语中修辞格的翻译研究 [D]. 咸阳：西北农林科技大学，2012.

② 拟人（Personification）是把事物、观念等拟作人，赋予它们以人的思想、感情和行为方式，使句子更加生动、形象，让读者产生一种亲切感。如：Lonely gibbon from Zhuhai seeking loving wife（September 2 1, 2005 China Daily）珠海一孤独长臂猿苦寻爱妻。在此标题中，长臂猿被赋予了人的情感：孤独（lonely）；以及人的行为方式：寻爱妻（seeking loving wife）。读者读后不禁莞尔一笑，自觉甚是有趣。

③ 王静宜. 文化视角下新闻英语中修辞格的翻译研究 [D]. 咸阳：西北农林科技大学，2012.

④ 陈振东，孙翩. 英语经济新闻标题常用修辞格及其翻译 [J]. 河北大学学报：哲学社会科学版，2008（5）.

使用了押韵的修辞格。新闻标题制作中采用一些修辞格旨在增强其信息传递的交际功能和美学感召功能。修辞在运用逻辑思维的同时，偏重于随景应情，运用和联想，通过修辞格的音律和意蕴唤起生动的意象，使语言文字新鲜活泼，意蕴优美，发挥更大的感染力，取得艺术性的表达效果。如果直译为"齐达内从英雄归零"则无法再现原文修辞格的语言艺术魅力，无法保留原文的意蕴、趣味和语言表达力[1]。因此，译者没有局限于标题字面语言表达进行直译，而是采用变通的手法，将原作中的修辞美学内涵传译了出来。新闻文本属于信息功能性应用文体，应用文体翻译重在传递文本信息，同时考虑信息的传递效果。[2]

例6

原文：Older, Wiser, Calmer.

译文：人愈老，智愈高，心愈平。

分析：这条新闻聚焦于当今老龄化社会，尤其是老人们退休以后在处理各种问题时表现出来的睿智和冷静。该新闻标题运用了押韵，具体来说是"尾韵"的修辞格。若按照原文逐字直译成"更老，更明智，更冷静"就不如增加"人""智""心"三字，使意义更加明确，句式更加整齐，更加符合中国读者的阅读习惯了，而且也像原文一样具有韵律和节奏感，朗朗上口。也就是说，通过变通或归化翻译基本实现了原文的修辞效果。[3]

例7

原文：Soccer kicks off with Violence.

译文：足球开踢，拳打脚踢。

分析：英语的语法是严谨的，足球是不会自己踢的。因此该英语新闻标题运用了"拟人"的修辞手法，使该英语新闻标题更加生动形象。但原文中的"kick off"在汉语的语言环境里指足球比赛中"开赛"或"中场开球"，翻译为汉语后则无法体现"拟人"的修辞手法。但译者充分利用了汉语的语言特点，联想到后面的"violence"（暴行）一词，立即在翻译者头脑中映出一副拳打脚踢的景象来。"足球开踢，拳打脚踢"这样的译文，既一语双关，又前后押韵，表达了原文的幽默效果。也就是说，虽然有时由于不同语言的文化背景和语言特点不同，在翻译时无法再现原文的修辞格，但译者可以充分利用译入语的文

---

[1] 陈振东，孙甜. 英语经济新闻标题常用修辞格及其翻译［J］. 河北大学学报：哲学社会科学版，2008（5）.

[2] 陈振东，孙甜. 英语经济新闻标题常用修辞格及其翻译［J］. 河北大学学报：哲学社会科学版，2008（5）.

[3] 王静宜. 文化视角下新闻英语中修辞格的翻译研究［D］. 咸阳：西北农林科技大学，2012.

化背景和语言特色通过变通或归化翻译，用另一种修辞格作为补偿，达到原文修辞类似的幽默风趣、生动形象、耐人寻味、富有语言魅力的效果。① 换句话说，如果英语标题寓意于某种修辞手段，如双关、比喻、押韵等，翻译成汉语之后中国读者也能同样感受得到，则尽可能体现原标题的修辞特点。但是翻译时如果不能保持原修辞格时，可换用其他修辞格进行补偿，实现等值的修辞功效。翻译，就其本质而言，是把一种语言转换成另一种语言，目的在于把原语的全部信息在译语中再现，同时取得最大限度的等值效果。②

以上英语新闻标题修辞格的翻译给我们的启示就是，若英语标题采用的修辞手法在语言的转换中难以用汉语直接完整地表达原意，则可兼顾汉语标题的修辞特点，灵活地进行意译或归化翻译，实现语义和修辞功效上的对等。英汉两种语言都各有特色，我们在翻译时要充分发挥这两种语言各自的优势，最理想的情况是保留原语言的修辞特征和效果，如果不可行，则发挥汉语的优势，可适当采用汉语里的修辞手法，力求达到与原标题一样的效果，即在汉译标题时可适当采用对仗、押韵、成语甚至文言用语，使英语新闻标题的译文同样甚至比原文更加出彩。③

4.2.4 舍弃原文修辞格进行归化翻译

有时当一些英语新闻标题的修辞手法因文化及语言差异，在汉语中难以表达其微妙意义时，不妨舍弃原修辞格进行归化翻译，根据英语新闻标题的作者意图，结合新闻内容翻译出合适的能被不同层次的汉语读者理解的标题，以准确地传输新闻信息④。

英语新闻中的修辞格令标题形象鲜明，夺人眼球，但不同民族的人有不同的思维方式，这种思维方式反映到修辞活动中，便形成修辞的民族特色，因此英汉修辞并不完全对等。由于译文服务于译文读者，不同的读者文化背景不同，如果为了原汁原味地保留原修辞格，可能导致译文读者无法理解或无法准确理解译文的含义。简言之，由于语言特点和文化背景等方面的差异，一些英语新闻标题中的修辞或精彩之处很难用汉语再现。此时则必须退而求其次，放弃原修辞格，对英语新闻标题用中文读者能够理解的方式进行归化翻译，毕竟翻译

---

① 陈振东，孙麟. 英语经济新闻标题常用修辞格及其翻译［J］. 河北大学学报：哲学社会科学版，2008（5）.
② 王静宜. 文化视角下新闻英语中修辞格的翻译研究［D］. 咸阳：西北农林科技大学，2012.
③ 刘金龙. 英语新闻标题中的修辞格及其翻译［J］. 中国科技翻译，2011（2）.
④ 陈振东，孙麟. 英语经济新闻标题常用修辞格及其翻译［J］. 河北大学学报：哲学社会科学版，2008（5）.

的准确性、通俗性和可理解性是首要的和基本的。①

例1

原文：Britannia Rues the Waves.

译文：大不列颠望洋兴叹。

分析：该例是来源于《英汉修辞比较与翻译》中举出的英国《听众》杂志上的一则新闻标题。该新闻标题很具典型意义。这个标题是变换英国海军军歌"Rule, Britannia"中的叠句——Britannia rules the waves（不列颠统治海洋），将"rules"（统治）改为"rues"（悲悼），意在讽刺日益衰落的英国海航运输业。从英语角度来看，这是一个非常成功的仿拟（parody）修辞手法，因为Rules与Rues读音几乎一样，意义却相去万里，所以，不难想象富有幽默感的英国人看了标题会有何感受。然而，这种兼具文化特色及语法修辞特点的幽默实在难以通过汉语再现，在这种情况下，只能舍弃原英文标题的修辞特色，争取译出标题的基本含义，否则可能会因词害意，造成误译或歧义。当然，虽然在该则英语新闻标题中体现西方文化特色的"仿拟"修辞格无法在汉语中再现，但译者可以充分运用汉语的语言特色用汉语的其他修辞格进行补偿，② 如将该英语标题译为"大不列颠望洋兴叹"，就是运用了双关的修辞手法。双关是指一个词在句子里有双重或多重的含义，可作不同的解释，以造成滑稽、幽默的效果，因此它们被广泛运用在新闻标题里。换句话说，双关是指在一定的语言环境中，利用词的多义和同音等条件，有意使语句具有双重意义，言在此而意在彼的修辞手法。双关可使语言表达得含蓄、幽默，而且能加深语意，耐人寻味，给人以深刻印象。③

例2

原文：The Chinese market: a bottomless pit.

译文：中国市场潜力巨大。

分析：a bottomless pit 汉语意思是"无底洞"，显然该英语新闻标题运用了比喻的修辞格。比喻是一种常用的修辞手段，可以使语言精练、生动。比喻格是对"感知过程中的某种联想关系进行描述的一种语言艺术手法"。在保证新闻报道的纪实性和正确性的前提下，在新闻中恰当巧妙地使用比喻格，确实能增加神采，吸引读者们的阅读兴趣。如果某种修辞手段译成汉语后不会使读者产生理解上的困难，则可直译或基本直译。这样不仅给译语输入新鲜的血液，

---

① 王静宜. 文化视角下新闻英语中修辞格的翻译研究 [D]. 咸阳：西北农林科技大学，2012.
② 刘金龙，戴莹. 英语新闻标题中的仿拟辞格及其翻译研究 [J]. 上海翻译，2012 (4).
③ 王静宜. 文化视角下新闻英语中修辞格的翻译研究 [D]. 咸阳：西北农林科技大学，2012.

还会让读者体会异国情调之美。① 例如 "Children Under Parents' Wing（China Daily，Oct18，2002）"，原文标题中形象地用翅膀来比喻父母的保护，读者接受这种喻体，可直译为父母"翅膀"底下的孩子。但是，如果由于文化因素不能直译，则只能意译。也就是说，如果修辞手法在语言的转换中难以直接完整地表达原意，则不得不舍弃原文的字面意义，以求译文与原文的内容相符。如该英语新闻标题 "The Chinese market：a bottomless pit" 中 "a bottomless pit" 译为"无底洞"，在西方文化背景下，"a bottomless pit"（无底洞）比喻"潜力或能量超级大"。但在汉语文化背景下，"无底洞"往往指"负面的因素或影响超级大"，如"随着公司的继续运营，其负债或亏损将是无底洞"。因此，如果保留原修辞格进行直译，则该英语新闻标题就译为"中国市场是个无底洞"，这就有可能使中文读者理解为"中国市场负面因素相当大，潜伏或蕴含着巨大风险"，这就造成了误译或歧义。也就说如果直译出"中国市场是个无底洞"，不易被译语读者接受，相反，用意义相近的符合原文意蕴的词语表示出来，既保留了原文信息，又在译文中再现了与原文相似的形象和意蕴。因此为了避免造成误译的风险，有时不得已舍弃原修辞格，而根据原文的意义，并根据汉语的语言特色和文化背景对其进行归化翻译，毕竟对于英语新闻翻译而言，准确传递新闻信息是首要的目标。②

例 3

原文：Obama Faces "Glass-Houses" Criticismover Camp Fund Raising.

译文：奥巴马筹款成绩喜人，对对手的批评置若罔闻。

分析：这则新闻标题中套用了谚语 "People who live in glass houses shouldn't throw stones"（自身不保，休惹他人）中的 "glass-houses" 一词，比喻不具杀伤力的批评。该词的选用，符合新闻标题的交际修辞中使用俚语、俗语、习语、典故使行文简约、活泼的原则，大大提高了原标题的可读性。不过，这给翻译带来了巨大困难，译文采用了归化翻译法，并使用了对仗修辞法，形象地部分再现了原文的幽默性和活泼性。③

例 4

原文：Wall Street takes a dive.

译文：美国股市大跳水。

---

① 陈振东，孙翩. 英语经济新闻标题常用修辞格及其翻译 [J]. 河北大学学报：哲学社会科学版，2008（5）.

② 王静宜. 文化视角下新闻英语中修辞格的翻译研究 [D]. 咸阳：西北农林科技大学，2012.

③ 陈振东，孙翩. 英语经济新闻标题常用修辞格及其翻译 [J]. 河北大学学报：哲学社会科学版，2008（5）.

分析：该英语新闻标题运用了两个修辞格，一个是比喻，将股市受挫或大跌比喻为"takes a dive"（大跳水）；还有一个修辞格是"借代"。对于第一个"比喻"修辞格，可以原汁原味地进行翻译，中文读者可以理解。而对于第二个"借代"① 的修辞格则要进行归化翻译。新闻英语的受众是极其广泛的，他们的文化程度高低悬殊，这就要求记者或新闻编辑尽量使用大多数人都能理解而又生动形象的词语。其中较有效的手段之一就是经常借用各个领域里为大众所熟知的词语来表达自己的意思。借代所具的种种优点与新闻写作力求言简意赅、生动有趣的目标一致，所以借代颇受现代新闻工作者的青睐。语言是文化的载体，借代承载着大量的文化信息。英汉两种语言在文化背景方面存在的差异，使借代常常成为中国读者正确理解英语新闻报道的拦路虎。在该英语新闻标题中，借"Wall Street"（华尔街）来代替美国证券交易情况或股市的情况，因为美国纽约市是世界金融中心，而纽约证券交易所就位于"Wall Street"（华尔街），因此对于西方人而言，提到"Wall Street"（华尔街）自然就会想到"证券交易情况"或美国股市，但对于中国人或东方人而言则难有这样的联想。如果将新闻标题"Wall Street takes a dive"翻译为"华尔街大跳水"则会使读者感到莫名其妙。而将其翻译为"美国股市大跳水"，汉语读者就能清楚地理解该新闻标题的意义。当然，随着信息传播的推广和深入、英语和汉语两种文化不断相互渗透，一些原来各自特有的代体形象，逐渐被对方读者了解并最终接受而进入其语言体系。如白领、蓝领、五角大楼、"9.11"、好莱坞等词语在当今的汉语新闻中已屡见不鲜。因此如果新闻英语中有些借代词语已经融入汉语语言体系，含有指代本体的固定义项而成为汉语中的固定借代，已为广大中国读者所接受，这些借代则可采用异化法直译，尽可能保留原语形象，以再现原文的修辞风格和表现力。②

新闻是一种对事实准确性要求极强的文体，而渗透其中的修辞格使抽象的事物具体化，让概念的东西形体化，唤起读者的丰富联想。在翻译英语新闻报

---

① 借代修辞格（metonymy）指两件事物虽不同，但利用其不可分离的关系，借此代彼。换句话说，借代就是由于一个事物和另一事物之间有某种联系，于是就用一事物代替表示另一事物，以便使语句更加形象生动。也就是说，借代是不直接说出所要表达的事物或现象，而是用与其密切相关的另一事物或现象来替代的修辞格。借代（Metonymy）是用一事物的名称来代替另一事物的修辞手法，即借A（代体）代B（本体）。当然，A与B之间存在密切的联系。在汉语中也经常借用某地的典型特征来代替该地，如春城（昆明）、瓷都（景德镇）、冰城（哈尔滨）等。在英语新闻标题中，借用各国首都、机构行业所在地的地名、著名建筑物名称等代替该国或其政府及有关机构甚至有关人物或事物，这类借代运用最多。如下句标题中，以美国首都华盛顿代替美国，翻译时可将其还原。Israel Tests Washington's Tolerance（China Daily, Oct. 8, 2002）译为："以色列考验美国的忍耐力"。

② 王静宜. 文化视角下新闻英语中修辞格的翻译研究 [D]. 咸阳：西北农林科技大学，2012.

道中的修辞格时，一方面应该正确地处理原文的喻义，最大限度地传递原语信息，另一方面又不要拘泥于原文，生搬硬套。因此，当英语新闻标题的翻译出现"形""义"不能兼顾时，只好舍"形"而取"义"①。

4.2.5 小结

在国际新闻报道中，英语新闻占了相当大的比重。在英语新闻中，新闻标题被视作新闻报道全文的缩写，为了尽量吸引读者，编辑往往运用各种修辞手段，力争使新闻标题更具吸引力。许多新闻标题不仅以其简洁精炼引人注意，同时也通过运用各种修辞技巧，既有效地传递一些微妙的隐含信息，又使读者在义、音、形等方面得到美的享受。这为英语新闻翻译带来挑战。英语新闻中的修辞的翻译应尽可能地保留原语形象和特色，采取异化法或根据译语的文化及语言习惯加以归化，在形象再现、形象省略、形象增补之间作出选择，以达到译文措辞通俗易懂、雅俗共赏的目的。②

在翻译英语新闻标题时应尽可能地体现原文修辞特点，如双关、比喻、押韵等，使译文和原文在修辞上基本吻合，从而让译文读者得到与原文读者近乎一样的感受。因此，翻译者需调动各种翻译手段，力争把原标题的意义、语言风格和修辞特点以汉语形式再现出来。为此，翻译时应努力做到：准确理解标题意义，尤其是要透过字面理解其深层蕴意；在不曲解原意的情况下发挥汉语特点，以增强译文可读性；在文化背景缺失的情况下，注意译文的可接受性和新闻信息的准确传递③。有时，当一些英语新闻标题或因修辞手法，或因文化及语言差异，在汉语中难以表现其微妙意义时，不妨根据英语新闻标题字面意义，结合新闻内容译出合适的中文标题。这样处理时，可根据汉语以及汉语新闻标题的特点，采用不同的修辞手段，以取得最佳效果。④

要做好英语新闻标题中修辞格的翻译，首先要了解英语新闻标题翻译的一般注意事项。英语新闻标题翻译时应注意三个方面：一要准确理解英语新闻标题的意义；二要翻译得当，增强趣味性；三要注意读者的接受能力。英语新闻中的修辞格令标题形象鲜明，夺人眼球。但不同民族的人有不同的思维方式，这种思维方式反映到修辞活动中，便形成修辞的民族特色。因此译者要考虑译入语读者的理解接受能力，照顾各个阶层的读者、各个年龄阶段的读者。这要

---

① 范纯海．英语新闻标题中修辞格的特点及翻译 [J]．新闻爱好者，2010 (18)．
② 王静宜．文化视角下新闻英语中修辞格的翻译研究 [D]．咸阳：西北农林科技大学，2012．
③ 陈振东，孙翩．英语经济新闻标题常用修辞格及其翻译 [J]．河北大学学报：哲学社会科学版，2008 (5)．
④ 王静宜．文化视角下新闻英语中修辞格的翻译研究 [D]．咸阳：西北农林科技大学，2012．

求新闻翻译工作者要对英语国家的历史、文化、典故以及新闻背景知识有相当程度的了解，在翻译时，能将原新闻标题的、画龙点睛之笔用同样精炼的汉语表达出来，让读者感受到异曲同工之效。①

新闻标题追求新颖多采用修辞格，在对英语新闻标题进行翻译时，应该充分考虑英语和汉语的差异性，并且能兼顾到汉语的表达习惯。在语言转换中则应注意与汉语的契合，做到流畅地道，毫无斧凿痕迹，译成汉语后中国读者才不至于产生理解上的困难。标题的翻译可采用：a. 如果英语标题寓意于某种修辞手段，在汉语中可以找到契合点就直译；b. 难以找到契合点，我们可以用直译加注解的方式来翻译；或者必须舍弃原来标题的修辞格，按照原文报道的内容概括出合适的译文标题。总之，翻译时切忌生搬硬套使标题晦涩难懂，要运用灵活的翻译手段，既表达出原标题的神韵，又吸引更多的读者。②

在英语新闻翻译一般要求的基础上，对英语新闻标题修辞格进行翻译时，译者必须对原文的新闻背景知识以及原文所运用的修辞格的种类、效应、意蕴和功能有深刻而透彻的把握，在此基础上首先考虑能否通过直译，体现原文的语言风格和修辞特色。③ 如果直译能让译入语读者感受到源语读者所感受到的一样的其中修辞的效应和阅读的快感，原汁原味地体现原文的修辞格是最理想的。但是，如果采用直译会造成误译、歧义或造成中文读者理解上的障碍，此时译者应该通过变通，实行归化翻译，尽可能再现原文的修辞特点，使译文实现与原文对等或大体相同的修辞效果，使中文读者对译文获得与原文读者对原文几乎相同或类似的感受。

编辑在新闻标题中运用修辞旨在激发读者的阅读兴趣。但是，由于英汉两种语言在语言特色和文化背景等方面明显的差异，有可能导致不管如何变通都无法再现原文的修辞特色和语言风格，此时也不要勉强，译者可以舍弃原文的修辞格，转而把注意力放在充分考量和利用汉语的语言特色，充分考量中文读者的文化背景，对原文的相关新闻信息进行准确传递，即不拘泥于原文的语言结构和修辞形式，而着眼于原文的意义对其进行归化翻译，使中文读者获得及时准确的新闻信息。也就是说，英语标题中运用了某种修辞手段，而这种修辞手段在语言转换中如与汉语难以契合，有时，英文标题中所使用的修辞手法不足以突显该新闻报道的重要性，硬译过来可能会太过平淡而不足以引起译入语

---

① 陈振东，孙翩. 英语经济新闻标题常用修辞格及其翻译 [J]. 河北大学学报：哲学社会科学版，2008 (5).
② 范纯海. 英语新闻标题中修辞格的特点及翻译 [J]. 新闻爱好者，2010 (18).
③ 陈振东，孙翩. 英语经济新闻标题常用修辞格及其翻译 [J]. 河北大学学报：哲学社会科学版，2008 (5).

读者的注意，则不妨意译或归化处理，即舍弃原来的语言风格和修辞形式，按内容概括出合适的译文标题，切忌生搬硬套，译成晦涩难懂的句子。因此译文中若无法保留标题原文的语言或修辞形式，只能在表达形式上另辟蹊径以求忠实地传达原文意思。译者应该充分发挥主观能动性，利用目的语的优势，进行创译。新闻标题的制作具有一般标题的写作特点，又有其特殊之处，形成了一种特殊的语篇文体风格。译者必须依据具体情况，采用各种不同的翻译方法，甚至同时采用几种翻译方法才行。本书提到的英语新闻标题修辞格的几种翻译的方法都具有一定的适应范围，并非万能钥匙。本书虽对新闻标题中修辞格的运用及其翻译方法做了一点探讨，其实对整个新闻翻译中修辞格的运用及其翻译也具有一定的启发性。

后　记

在撰写这本专著的过程中，经历了曲折、彷徨和痛苦，也收获了喜悦、充实和感悟。对于感悟，具体来说有三点：第一，目标感非常重要。目标感让我们即使朝目标迈进一点点，也无比兴奋和快乐。目标感决定你能否在一个方向持续走下去。我们做任何决策时都务必要知道，变更方向是有成本的，尤其是当你已经在一个方向上努力很长时间，此时变更方向的成本非常大。第二，透支身体得不偿失。无论是为了工作、事业，拟或是其他什么理由，生活不规律、久坐、熬夜等透支身体、牺牲健康都是不可取的。健康不仅是我们一生最大的财富和我们最大的利益，而且健康是我们做好任何事情的基础。第三，做任何事情贵在坚持。通过撰写这部专著，让我深深地知道，做学问抑或是做任何事情，开头最难。很多事情，都是坚持到了后面有了临界点，才会爆发出效果。因此，我们决定做一件重要的事情时，刚开始一定要有耐性，多给自己一些时间。时间是一位伟大的作者，它带来的回报一定超出你的想象。

最后，我要感谢我的领导、老师和同事，他们给了我太多的指导和帮助。我更要感谢我的父母，他们不仅给予我生命、哺育我成长，而且一直鞭策我发愤、鼓励我图强。我还要感谢我的爱人，在我写这部专著期间他承担了绝大部分的家务和生活琐事。最后我要感谢我即将出生的孩子，他（她）安安静静地生长，"不哭不闹"，让我能够专心致志写作。以上我致谢的人都是我在学术的道路上努力拼搏、不懈追求的动力源泉和精神支柱。

时宇娇写于西南政法大学天高鸿苑

2019 年 4 月 8 日